U0629149

中国石油天然气集团公司统编培训教材

工程建设业务分册

国际工程建设项目
合同与合同管理

《国际工程建设项目合同与合同管理》编委会　编

石油工业出版社

内 容 提 要

　　本书以合同管理的整个流程为基础，系统阐述了国际工程建设项目合同与合同管理的基本知识，解析了国际工程建设项目的合同体系，详细说明了合同形成、合同评审、合同谈判、合同签订、合同履行等不同阶段合同管理的具体内容和实务操作方法，以及贯穿合同整个过程中的合同文件的管理，强调了在各个合同管理环节合同管理人员应注意的事项和应完成的工作。

　　本书主要用于从事国际工程建设项目合同管理的人员进行学习和培训，也可作为相关专业人员的参考书。

图书在版编目（CIP）数据

国际工程建设项目合同与合同管理/《国际工程建设项目合同与合同管理》编委会编. —北京：石油工业出版社，2012.2
中国石油天然气集团公司统编培训教材
ISBN 978－7－5021－8659－3

Ⅰ. 国…

Ⅱ. 国…

Ⅲ. ①国际承包工程－经济合同－管理－技术培训－教材

Ⅳ. F746.18

中国版本图书馆 CIP 数据核字（2011）第 187778 号

出版发行：石油工业出版社
　　　　　（北京安定门外安华里 2 区 1 号　100011）
　　　　　网　址：www.petropub.com
　　　　　编辑部：(010) 64523580　图书营销中心：(010) 64523633
经　　销：全国新华书店
印　　刷：北京中石油彩色印刷有限责任公司
2012 年 2 月第 1 版　2017 年 3 月第 3 次印刷
787×960 毫米　开本：1/16　印张：21.25
字数：370 千字
定价：75.00 元

《国际工程建设项目合同与合同管理》
编审人员

主　　编：姚长斌

执行主编：周　磊

副 主 编：刘子胜　陈英杰

编写人员：周　磊　陈英杰　王永春　裴冬艳　李志勇

审定人员：黄晓宇　孙　申　辛荣国　徐　鹰　李松柏

序

企业发展靠人才，人才发展靠培训。当前，集团公司正处在加快转变增长方式，调整产业结构，全面建设综合性国际能源公司的关键时期。做好"发展"、"转变"、"和谐"三件大事，更深更广参与全球竞争，实现全面协调可持续，特别是海外油气作业产量"半壁江山"的目标，人才是根本。培训工作作为影响集团公司人才发展水平和实力的重要因素，肩负着艰巨而繁重的战略任务和历史使命，面临着前所未有的发展机遇。健全和完善员工培训教材体系，是加强培训基础建设，推进培训战略性和国际化转型升级的重要举措，是提升公司人力资源开发整体能力的一项重要基础工作。

集团公司始终高度重视培训教材开发等人力资源开发基础建设工作，明确提出要"由专家制定大纲、按大纲选编教材、按教材开展培训"的目标和要求。2009年以来，由人事部牵头，各部门和专业分公司参与，在分析优化公司现有部分专业培训教材、职业资格培训教材和培训课件的基础上，经反复研究论证，形成了比较系统、科学的教材编审目录、方案和编写计划，全面启动了《中国石油天然气集团公司统编培训教材》（以下简称"统编培训教材"）的开发和编审工作。"统编培训教材"以国内外知名专家学者、集团公司两级专家、现场管理技术骨干等力量为主体，充分发挥地区公司、研究院所、培训机构的作用，瞄准世界前沿及集团公司技术发展的最新进展，突出现场应用和实际操作，精心组织编写，由集团公司"统编培训教材"编审委员会审定，集团公司统一出版和发行。

根据集团公司员工队伍专业构成及业务布局，"统编培训教材"按"综合管理类、专业技术类、操作技能类、国际业务类"四类组织编写。综合管理类侧重中高级综合管理岗位员工的培训，具有石油石化管理特色的教材，以自编方式为主，行业适用或社会通用教材，可从社会选购，作为指定培训教材；专业技术类侧重中高级专业技术岗位员工的培训，是教材编审的主体，按照《专业培训教材开发目录及编审规划》逐套编审，循序推进，计划编审300余门；操作技能类以国家制定的操作工种技能鉴定培训教材为基础，侧重主体专业（主要工种）骨干岗位的培训；国际业务类侧重海外项目中外员工的培训。

"统编培训教材"具有以下特点：

一是前瞻性。教材充分吸收各业务领域当前及今后一个时期世界前沿理论、先进技术和领先标准，以及集团公司技术发展的最新进展，并将其转化为员工培训的知识和技能要求，具有较强的前瞻性。

二是系统性。教材由"统编培训教材"编审委员会统一编制开发规划，统一确定专业目录，统一组织编写与审定，避免内容交叉重叠，具有较强的系统性、规范性和科学性。

三是实用性。教材内容侧重现场应用和实际操作，既有应用理论，又有实际案例和操作规程要求，具有较高的实用价值。

四是权威性。由集团公司总部组织各个领域的技术和管理权威，集中编写教材，体现了教材的权威性。

五是专业性。不仅教材的组织按照业务领域，根据专业目录进行开发，且教材的内容更加注重专业特色，强调各业务领域自身发展的特色技术、特色经验和做法，也是对公司各业务领域知识和经验的一次集中梳理，符合知识管理的要求和方向。

经过多方共同努力，集团公司首批39门"统编培训教材"已按计划编审出版，与各企事业单位和广大员工见面了，将成为首批集团公司统一组织开发和编审的中高级管理、技术、技能骨干人员培训的基本教材。首批"统编培训教材"的出版发行，对于完善建立起与综合性国际能源公司形象和任务相适应的系列培训教材，推进集团公司培训的标准化、国际化建设，具有划时代意义。希望各企事业单位和广大石油员工用好、用活本套教材，为持续推进人才培训工程，激发员工创新活力和创造智慧，加快建设综合性国际能源公司发挥更大作用。

《中国石油天然气集团公司统编培训教材》

编审委员会

2011 年 4 月 18 日

前 言

市场经济条件下，合同为各项交易的基石，而现代企业作为市场经济的单位和个体，其经济往来主要通过与其他单位和个体以签署合同形式来进行企业的各项业务和交易，建立科学、系统的合同管理体系和框架，以及相应的管理程序和流程，并据之对合同进行有效管理，避免交易风险和不必要的损失，是企业维护合法权益，促进自身健康成长和发展的不可缺少的环节。因此，规范的合同管理已成为现代企业经营管理工作的重要组成部分，并是企业经营成败的关键环节之一。

本书编写的宗旨和目的是通过对国际工程项目合同与合同管理进行全面和系统的描述，明确合同与合同管理的含义、原则、框架和管理业务流程等，从而提高相关企业国际工程建设项目合同管理的水平，帮助相关企业实现合同管理的有形化、制度化、程序化和规范化，促使相关企业合同管理水平的不断提高。

从目前情况来看，从事国际工程建设项目的相关企业在合同管理方面还存在着诸多的问题，其中主要有：

（1）合同签订审查不严。合同正式签订前没有对合同的条款、合同的主体及签字人的身份等进行严格审查，以至于签订了无效的或可撤销的合同，或合同内容存在无效的、不公平的、模糊的条款或遗漏一些重要的内容，造成合同履行的困难，甚至遭受合同诈骗，给企业带来无法弥补的经济损失。例如，买卖合同中对合同标的的质量标准约定不明确，造成合同履行时因双方对交付的合同标的质量是否合格的理解不一致而产生争议。

（2）合同履行监督不力。合同履行监督不力最主要的表现是没有注重对合同签订后履行阶段合同履行行为的监督和检查。某些合同履行人员在合同签订后就将合同放在一边，只顾埋头工作，而不考虑合同的具体规定，造成在合同履行过程中违反合同相关规定，或因未按合同约定及时处理，诸如数量、质量、时间等问题而不能索赔或被合同另一方索赔等；此外，还有随意更改合同内容而不通知合同另一方，随意转让或解除合同而不考虑相关的后果等，这些不正当的合同履行行为如果不能得到有效的监督和检查并及时处理，同样会给企业带来无法弥补的经济损失。例如，国际工程承包合同中因忽视了索赔时间的规定而无法有效提出工期和费用的索赔。

（3）合同文件管理不当。合同文件是合同履行的依据，也是处理合同争议等问题的相关证据。由于不注重合同文件的管理，使合同原件丢失、合同文件不全、合同内容泄密等，特别是在合同履行过程中不注重保存相关的文件资料，导致在法院或仲裁机构裁决合同争议时，可能因无法提供有效的证据而败诉。此外，还有忽视书面证据的重要性，对重要和关键的合同履行行为没有用书面的形式固定下来，即没有留下书面证据，以至于关键时候"口说无凭"。

（4）合同管理机构不健全。企业不注重合同管理工作，认为可有可无，或认为任何人均可以做合同管理工作，没有设立专职或兼职的合同管理部门或合同管理员，或虽然有专职合同管理部门，但没有配备足够的合同管理员，导致合同管理机构要么没有，要么不健全，人员不充足等，无法保证合同管理工作的顺利完成。

企业的合同管理之所以存在上述问题，除了由于多年的计划经济时期不注重合同和合同管理的历史原因外，主要还有以下两个方面的原因：

（1）意识原因。即企业和企业人员缺乏合同和合同管理的意识，不注重合同信用，没有充分认识到合同和合同管理的重要性。虽然经常讲合同和合同管理如何重要，却并没有真正落到实处。合同和合同管理意识要求企业领导注重合同管理机构的设置、合同管理制度的建立和合同管理人员的配备；要求合同管理员熟悉和掌握与合同和法律相关的知识，运用科学的方法和先进的理念，认真履行自己的合同管理职责；要求合同具体履行人员严格按照合同约定履行合同并学会运用合同分析的方法解决合同履行过程中出现的各种问题。不具备这些先进的合同管理意识，就无法有效地做好企业的合同管理工作。

（2）制度原因。即企业缺乏行之有效的合同管理制度。正是由于意识上的原因，导致企业没有一整套相应的合同管理制度来对合同进行有效管理。或者，虽然制订了合同管理制度，但其具体的内容不完善、不科学，在制度的实际执行上不严格，同样无法有效实现合同管理的目标。

在合同管理方面，另一个不容忽视的问题是法律风险防范问题。法律风险贯穿于合同履行的整个过程，尤其是工程承包合同的履行。法律风险是以法律责任为特征的，包括因违反相关法律法规、违反合同规定、侵犯知识产权、怠于行使法律赋予的权利或承担法律规定的义务等行为而导致的法律上应承担的后果。这些后果一旦发生，企业往往难以掌控，会给企业带来难以估量的经济和信誉损失。目前中国的企业防范法律风险的能力还比较低，主要原因是企业负责人及其相关人员法律意识、合同意识淡漠，事先不进行业务经营的法律风险评估，业务经营上随意性较大，把关不严，法律人员参与经营过程不够深入等。法律风险不是不可避免的，而是可防可控的，关键在于企业要对业务经营的法律风险给予足够的重视，要建立相应的法律风险评估制度，健全相应的法律风险防范机制，提高企业全员的法律风险意识等。

国际工程建设项目合同具有的涉外性、多样性和竞争性，以及合同期限的长期性、合同履行的风险性等特点，决定了国际工程建设项目合同的复杂性及其履行的艰巨性。而且，国际工程项目建设合同具有众多的合同关系方，如业主、承包商、分包商、供货商、服务商等。因此，确实有必要编写一本这样的书。

本书所称"合同"是指相关企业为开展国际工程建设业务，而与不同国家的自然人、法人或者其他组织之间，为实现一定经济目的而签订的、明确各方权利义务关系的、具有法律效力的协议，主要包括工程承包合同及与之相关的其他所有合同/协议等。合同管理，即对上述工程建设项目涉及的所有相关合同从启动到谈判、签订、履行再到合同关闭的全部过程所进行的全面的、系统的、动态的管理。

本书共分为八章，其中，前言、第一章、第二章、第三章、第四章、第五章由周磊编写；第六章第一节、第二节由王永春编写；第六章第三节、第四节由裴冬艳编写；第七章由刘子胜编写；第八章由李志勇编写；姚长斌、周磊负责全书的统稿和修改工作。

由于水平有限，难免有错误和不足之处，恳请读者批评指正。

编　者

2011 年 8 月

目　录

第一章 国际工程建设项目合同

第一节 合同概述

一、合同的含义

1. 合同的含义

合同❶(Contract),是指"平等主体的自然人、法人、其他组织之间设立、变更、终止民事权利义务关系的协议"❷。合同的法律含义(定义)可从以下几个方面来理解。

1)合同主体的法律地位是平等的

合同主体即合同当事人,或称合同签字方、合同订立方等,是指自然人、法人或其他组织。其中,自然人是指具有民事权利能力,依法享有民事权利,承担民事义务的公民;法人是指具有民事权利能力和民事行为能力,依法独立享有民事权利和承担民事义务的组织;其他组织是指依法成立,有一定的组织机构和财产,但不具备法人资格的组织。合同主体的法律地位是平等的,即合同是平等主体之间签订和履行的协议。法律地位的平等性可通过《合同法》确立的以下基本原则予以说明:

(1)自愿原则,即合同当事人是否订立合同,采用何种方式订立合同的自由

---

❶ 国际工程建设项目合同属于合同的一种,因此,学习本书的主体内容之前应了解合同的基本常识。

❷《中华人民共和国合同法》(1999年3月15日第九届全国人民代表大会第二次会议通过并于同年10月1日正式实施)的第二条之规定。下文将《中华人民共和国合同法》简称为《合同法》,本书涉及的我国其他法律亦同,如《担保法》即指《中华人民共和国担保法》。

意志不受干涉,合同当事人一方不得将自己的意志强加给另一方。同时,合同当事人与何方当事人订立合同自愿,任何其他方不得非法干预或强迫。

(2)公平原则,即合同当事人在合同中设立、变更和终止民事权利和民事义务的具体内容时应当公平合理、权责对等,不得强行加入不平等的条款。

(3)同时约束原则,即依法成立的合同,对合同当事人的每一方均具有约束力,任何一方均应按照合同的约定诚实履行自己的义务,不得擅自变更、转让、解除或终止合同。

2)合同的内容是合同主体之间设立、变更和终止的具体民事权利和民事义务

合同主体之间享有民事权利、承担民事义务的行为是一种民事法律行为,是合法的行为,具有一定的法律约束力。

3)合同是协议(Agreement),是合同主体之间意思表示一致的体现

意思表示是指一方当事人向特定或不特定人做出的拟与之设立、变更、终止民事权利义务关系的意图,该意图若获得积极回应,并形成"合意",即可构成合同。

上述含义是《合同法》上的含义,不包括婚姻、收养、监护等具有身份关系的协议,属于狭义的合同含义。广义的合同是指自然人、法人和其他组织之间设立、变更、终止权利义务关系的所有协议,如遗赠抚养协议等。本书主要论述的国际工程建设项目合同属于狭义含义范畴内的合同。

2. 合同的分类

从学术角度,依据不同的标准,合同可以有如下分类。

1)有名合同和无名合同

按照合同名称是否在法律法规上有明确规定可分为有名合同和无名合同。有名合同即《合同法》上规定的十五种合同❶和其他法律法规规定的一些合同种类等。例如,《担保法》规定的保证合同、《著作权法》规定的出版合同、《保险法》规定的保险合同、《劳动法》规定的劳动合同、《中外合资经营企业法》规定的中外合资经营合同。实践中,凡是没有在相关法律法规中明确规定名称的合同均为无名合同。

---

❶《合同法》上规定的十五种有名合同分别是:买卖合同、建设工程合同、租赁合同、承揽合同、运输合同、借款合同、保管合同、委托合同、居间合同、技术合同、仓储合同、行纪合同、赠与合同、融资租赁合同、供用电水气热力合同。

2）有偿合同和无偿合同

按照合同权利义务内容是否存在对价关系可分为有偿合同和无偿合同。合同内容中存在对价关系的合同为有偿合同,如加工承揽合同;合同内容中不存在对价关系,即合同一方当事人取得利益无需向合同另一方支付相应的对价的合同为无偿合同,如赠与合同。实践中,有些合同既可以是有偿合同,也可以是无偿合同,如保管合同,合同规定需要支付保管费的,为有偿合同;合同规定是免费保管的,为无偿合同。

3）双务合同和单务合同

按照合同当事人是否互有对待给付义务可分为双务合同和单务合同。合同当事人互为享有合同权利和互为承担合同义务的合同为双务合同,如货物买卖合同;合同当事人一方只享有权利,另一方只承担义务的合同为单务合同,如赠与合同。

4）诺成合同和实践合同

按照合同的成立是否需要实际交付标的物可分为诺成合同和实践合同。合同双方当事人意思表示一致即可成立的合同为诺成合同,如买卖合同;合同双方当事人除了意思表示一致外,还需要实际交付标的物才可成立的合同为实践合同,如保管合同。

5）主合同和从合同

按照合同的主从关系可分为主合同和从合同。不以其他合同的存在为前提而独立存在的合同为主合同;不能独立存在而以其他合同的存在为前提的合同为从合同,如借款人与贷款人签订借款合同时,贷款人为确保借款人能够按时向其归还借款,要求借款人提供担保,于是,借款人、第三人与贷款人签订了一份保证合同,约定在借款人没有按时归还贷款时由该第三人负责归还。其中,借款合同独立存在,为主合同,保证合同附属于借款合同,为从合同。

6）要式合同和不要式合同

按照合同的成立是否需要具备特定的形式可分为要式合同和不要式合同。法律规定要求采用书面形式才成立的合同,要求经过登记才成立的合同等,均为要式合同,如建设工程合同等。没有特定形式要求的合同均为不要式合同,如买卖合同等。

上述分类可以有助于理解不同类型合同的性质、法律特征、权利义务关系、适用的法律规则等。

二、合同的成立

1. 合同成立的方式

合同的成立,通常采取要约(Offer)和承诺(Acceptance)的方式。

1)要约

要约是指希望与他人订立合同的意思表示,该意思表示的内容应具体明确,表明经受要约人承诺,要约人即受该意思表示的约束。

要约到达受要约人时生效。采用数据电文形式订立合同,收件人指定特定系统接收数据电文的,该数据电文进入该特定系统的时间,视为到达时间;未指定特定系统的,该数据电文进入收件人的任何系统的首次时间,视为到达时间。

要约可以撤回。撤回要约的通知应当在要约到达受要约人之前或者与要约同时到达受要约人。

要约可以撤销。撤销要约的通知应当在受要约人发出承诺通知之前到达受要约人。但如果要约人确定了承诺期限或者以其他形式明示要约不可撤销;或者受要约人有理由认为要约是不可撤销的,并已经为履行合同作了准备工作的,要约不得撤销。

要约失效的情况:拒绝要约的通知到达要约人、要约人依法撤销要约、承诺期限届满,受要约人未作出承诺、受要约人对要约的内容作出实质性变更。

要约邀请不是真正的要约。要约邀请是指希望他人向自己发出要约的意思表示。寄送的价目表、拍卖公告、招标公告、招股说明书、商业广告等为要约邀请。

2)承诺

承诺是指受要约人同意要约的意思表示,合同自承诺生效时成立。承诺应当以通知的方式作出,但根据交易习惯或者要约表明可以通过行为作出承诺的除外。

承诺应当在要约确定的期限内到达要约人。要约没有确定承诺期限的,如果是以对话方式作出的,应当即时作出承诺,但当事人另有约定的除外;如果是以非对话方式作出的,承诺应当在合理期限内到达。要约以信件或者电报作出的,承诺期限自信件载明的日期或者电报交发之日开始计算。信件未载明日期的,自投寄该信件的邮戳日期开始计算。要约以电话、传真等快速通信方式作出的,承诺期限自要约到达受要约人时开始计算。

承诺通知到达要约人时生效。承诺不需要通知的,根据交易习惯或者要约的要求作出承诺的行为时生效。

承诺可以撤回。撤回承诺的通知应当在承诺通知到达要约人之前或者与承诺通知同时到达要约人。

受要约人超过承诺期限发出承诺的,除要约人及时通知受要约人该承诺有效的以外,为新要约。

受要约人在承诺期限内发出承诺,按照通常情形能够及时到达要约人,但因其他原因承诺到达要约人时超过承诺期限的,除要约人及时通知受要约人因承诺超过期限不接受该承诺的以外,该承诺有效。

承诺的内容应当与要约的内容一致。受要约人对要约的内容作出实质性变更的,为新要约。有关合同标的、数量、质量、价款或者报酬、履行期限、履行地点和方式、违约责任和解决争议方法等的变更,是对要约内容的实质性变更。承诺对要约的内容作出非实质性变更的,除要约人及时表示反对或者要约表明承诺不得对要约的内容作出任何变更的以外,该承诺有效,合同的内容以承诺的内容为准。

经过要约和承诺,如果采用合同书形式订立合同,自双方当事人❶签字或盖章时合同成立;或在签字或盖章之前,当事人一方已经履行主要义务,对方表示接受时合同成立;如果采用信件、数据电文等形式订立合同,当事人要求在合同成立之前签订确认书的,签订确认书时合同成立。依法成立的合同,自成立时生效,即对合同双方均具有法律约束力。

2. 合同成立的效力

合同成立时的效力,可从以下方面来确认。

1)合同主体条件

订立合同的当事人应当具备相应的民事权利能力和民事行为能力,即不具有合法主体资格的当事人订立的合同,如果没有经过相应的有资格的主体的追认或授权,将不能有效成立。例如,《合同法》规定,限制民事行为能力人(十周岁以上未成年人和不能完全辨认自己行为的精神病人)订立的非纯获利益或非与其年龄、智力、精神健康状况相适应的合同,只有在其法定代理人(父母等)追认后才有效。再如,代理人只有在被代理人授权的情况下,并在相应的授权期限和授权范围内订立的合同才可有效成立;行为人没有代理权、超越代理权或

---

❶ 合同当事人通常为双方,但也有三方或以上的情况,本书统称合同双方。

代理权终止后以被代理人名义订立的合同,如果未经被代理人追认,则对被代理人不发生法律效力,其责任应由该行为人承担。

2)合同形式条件

合同可以采用书面形式,也可以采用口头形式或其他形式订立。具体采用何种形式订立由合同当事人自愿。但需要注意的是,法律、行政法规规定或当事人约定采用书面形式的,合同应当采用书面形式订立,这种情况下,如果采用口头等非书面形式,合同均不能视为有效成立。例如,《合同法》规定,建设工程合同应当采用书面形式,即非书面形式订立的建设工程合同将不能有效成立。书面形式不仅仅指合同书,还包括信件、数据电文等可以有形地表现所载内容的形式。数据电文包括电报、电传、传真、电子数据交换和电子邮件等。书面形式的合同是当事人之间存在合同关系的有效证据,因此,书面形式的合同在实践中被广泛采用。

3)合同内容条件

合同当事人虽然可以自由地设立、变更或终止民事权利义务关系,但其设立、变更或终止的民事权利义务关系的内容必须合法,不能损害国家、集体、第三方和社会公共的利益,也不得违反法律、行政法规的强制性规定。此外,合同中也不得含有对造成合同另一方当事人人身伤害和因故意或重大过失造成另一方当事人财产损失的免责条款。否则,该合同就可能被视为全部或部分无效。另外,合同内容不能显失公平,否则,当事人一方有权申请法院或仲裁机构予以变更或撤销❶。无效或被撤销的合同被视为自始没有法律约束力,也即自始没有有效成立。

4)订立行为条件

从法律角度来说,合同当事人订立合同的行为也不能说是绝对自由的,即合同当事人订立合同时的欺诈、胁迫、乘人之危或恶意串通、重大误解,或以合法形式掩盖非法目的等行为均将影响到合同的有效成立。根据《合同法》的规定,当事人一方以欺诈、胁迫手段订立的损害国家利益的合同,恶意串通损害国家、集体或第三人利益的合同,以合法形式掩盖非法目的的合同,均为无效的合同;当事人一方以欺诈、胁迫方式或乘人之危,使对方在违背真实意思的情况下

---

❶ 需要注意的是:《合同法》规定,撤销权如果自知道或者应当知道撤销事由之日起一年内没有行使,则归于消灭;另外,具有撤销权的当事人知道撤销事由后明确表示或者以自己的行为放弃撤销权的,撤销权也归于消灭。

订立的合同,或因重大误解而订立的合同,受损害方均有权申请法院或仲裁机构予以变更或撤销。同样,无效或被撤销的合同被视为自始没有法律约束力,也即自始没有有效成立。

除了上述生效条件外,如果法律、行政法规规定应当办理批准、登记等手续的,合同自该手续办理完成后生效;合同附了生效条件的,合同自该条件成就时生效;合同附了生效期限的,合同自该期限届至时生效。

三、合同的担保

为保障合同当事人依据合同享有的合法权利得以实现,促使合同当事人切实有效地履行合同规定的义务,法律设立了合同担保制度。根据《担保法》的规定,在借贷、买卖、货物运输、加工承揽等经济活动中,债权人需要以担保方式保障其债权实现的,可以依法设定担保。合同的担保主要有以下方式。

1. 保证

1)保证的含义

保证是指保证人和债权人约定,当债务人不履行债务时,保证人按照约定履行债务或者承担责任的行为。具有代为清偿债务能力的法人、其他组织或者公民可以作为保证人,但国家机关、公益事业单位或社会团体、企业法人的分支机构或职能部门不得作为保证人。

2)保证方式

保证的方式有一般保证和连带责任保证。当事人在保证合同中约定,债务人不能履行债务时,由保证人承担保证责任的,为一般保证;当事人在保证合同中约定保证人与债务人对债务承担连带责任的,为连带责任保证。

3)保证合同

保证人与债权人应当以书面形式订立保证合同。保证合同应当包括被保证的主债权种类、数额、债务人履行债务的期限、保证的方式、保证担保的范围、保证的期间,以及双方认为需要约定的其他事项等内容。

企业法人的分支机构未经法人书面授权或者超出授权范围与债权人订立保证合同的,该合同无效或者超出授权范围的部分无效,债权人和企业法人有过错的,应当根据其过错各自承担相应的民事责任,债权人无过错的,由企业法人承担民事责任。

4）保证人的免责

在主合同当事人双方串通,骗取保证人提供保证的情况下;或者主合同债权人采取欺诈、胁迫等手段,使保证人在违背真实意思的情况下提供保证的,保证人可以不承担保证责任。

2. 抵押

1）抵押的含义

抵押是指债务人或者第三人不转移财产的占有,将该财产作为债权的担保。债务人不履行债务时,债权人有权依照法律规定以抵押财产折价或者以拍卖、变卖该财产的价款优先受偿。债务人或者第三人为抵押人,债权人为抵押权人,提供担保的财产为抵押物。抵押物必须是法律规定可以抵押的物品,包括动产和不动产,如房屋、车辆等。法律禁止抵押的物品不得进行抵押,如土地所有权、社会公益设施、使用权或所有权不明或有争议的财产,以及依法被查封、扣押、监管的财产等。

2）抵押合同

抵押人和抵押权人应当以书面形式订立抵押合同。抵押合同应当包括被担保的主债权种类与数额、债务人履行债务的期限,抵押物的名称、数量、质量、状况、所在地、所有权权属或者使用权权属、抵押担保的范围,以及当事人认为需要约定的其他事项等内容。抵押合同自签订之日起生效,但法律规定必须办理抵押物登记手续的,自登记之日起生效。

3）抵押权的实现

债务履行期届满抵押权人未受清偿的,可以与抵押人协议以抵押物折价或者以拍卖、变卖该抵押物所得的价款受偿;协议不成的,抵押权人可以向人民法院提起诉讼。抵押物折价或者拍卖、变卖后,其价款超过债权数额的部分归抵押人所有,不足部分由债务人清偿。

同一财产向两个以上债权人抵押的,拍卖、变卖抵押物所得的价款按照以下规定清偿:

（1）抵押合同已登记生效的,按照抵押物登记的先后顺序清偿;顺序相同的,按照债权比例清偿。

（2）抵押合同自签订之日起生效的,该抵押物已登记的,按照上述第（1）项规定清偿;未登记的,按照合同生效时间的先后顺序清偿,顺序相同的,按照债权比例清偿。抵押物已登记的先于未登记的受偿。

3. 质押

质押包括动产质押和权利质押。

1）动产质押

动产是指债务人或者第三人将其动产移交债权人占有，将该动产作为债权的担保。债务人不履行债务时，债权人有权依照法律规定以该动产折价或者以拍卖、变卖该动产的价款优先受偿。债务人或者第三人为出质人，债权人为质权人，移交的动产为质物。出质人和质权人应当以书面形式订立动产质押合同，合同自质物移交于质权人占有时生效。

动产质押合同应当包括被担保的主债权种类和数额、债务人履行债务的期限，质物的名称、数量、质量、状况，质押担保的范围，质物移交的时间，以及当事人认为需要约定的其他事项等内容。质押担保的范围包括主债权及利息、违约金、损害赔偿金、质物保管费用和实现质权的费用。质押合同另有约定的，按照约定执行。

2）权利质押

权利质押是指债务人或者第三人将某项特定的权利作为债权的担保。根据《担保法》的规定，可以质押的权利包括：

（1）汇票、支票、本票、债券、存款单、仓单、提单，质押合同自权利凭证交付之日起生效；

（2）依法可以转让的股份、股票，质押合同自向证券登记机构办理出质登记之日起生效；

（3）依法可以转让的商标专用权、专利权、著作权中的财产权，质押合同自向其管理部门办理出质登记之日起生效；

（4）依法可以质押的其他权利。

权利质押合同的内容与动产质押合同的内容相似，可参照使用。

4. 其他担保方式

1）留置

留置是指债权人按照合同约定占有债务人的动产，债务人不按照合同约定的期限履行债务的，债权人有权依照法律规定留置该财产，以该财产折价或者以拍卖、变卖该财产的价款优先受偿。留置担保的范围包括主债权及利息、违约金、损害赔偿金、留置物保管费用和实现留置权的费用。

留置主要存在于保管合同、运输合同、加工承揽合同中。留置权人负有妥

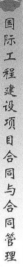

善保管留置物的义务。因保管不善致使留置物灭失或者毁损的,留置权人应当承担民事责任。

2)定金

定金是指当事人约定一方向对方给付一定数量的货币作为债权的担保。债务人履行债务后,定金应当抵作价款或者收回。给付定金的一方不履行约定的债务的,无权要求返还定金;收受定金的一方不履行约定的债务的,应当双倍返还定金。定金应当以书面形式约定。当事人在定金合同中应当约定交付定金的期限。定金合同从实际交付定金之日起生效。定金的数额由当事人约定,但《担保法》规定不得超过主合同标的额的百分之二十。

上述担保的设立可以采用单独订立书面担保合同的方式,如保证合同、抵押合同、质押合同、定金合同等;也可以是合同当事人之间具有担保性质的信函、传真等形式;还可以采用在主合同中增加担保条款的方式。

四、合同的履行

合同有效成立后即进入履行阶段,履行是合同当事人订立合同的最终目的。合同履行主要涉及以下几个方面。

1. 合同履行

合同履行是指合同当事人按照合同约定完成各自权利义务内容的行为。合同的正常履行需要合同当事人在履行合同时遵守以下履行原则。

1)按约履行原则

即按照合同的约定全面、切实和准确履行自己的义务,未经对方当事人的同意,不得擅自变更或转让自己的义务。

2)诚实信用原则

即根据合同的性质、目的和交易习惯,诚实、正确地履行合同约定的义务,包括通知、协助、保密等基本义务。

3)协作履行原则

即本着友好、团结的协作理念共同完成合同约定的各自的权利义务,并通过友好协商方式解决合同履行过程中出现的诸如合同解释、变更、转让、中止、解除、争议等问题,使合同得以顺利履行完毕。

2. 合同变更

合同生效后,双方当事人可以根据履行过程中的实际情况对原合同约定的内容进行修改和补充，即对原合同的具体内容进行变更。例如，履行过程中如果发现对数量、质量、价款或报酬、履行地点、期限或方式、责任承担等内容的约定有遗漏、不明确、错误、矛盾之处等，当事人可以通过友好协商，以签订补充协议、会谈纪要等方式对相应的内容进行修改、增加或减少，以达到完善和明确的目的，便于合同的履行。需要注意的是，合同当事人姓名、名称的变化或法定代表人、负责人、承办人的变动不属于合同变更，当事人不得以此为借口而不履行自己的义务。

合同变更必须经合同当事人的协商一致才有效，一方当事人擅自变更的合同内容对其他当事人不具有任何法律效力。为规范合同的变更行为，合同当事人可以在合同中约定相应的合同变更条件和程序。合同变更后，合同当事人应当依照变更后的内容继续履行合同中约定的各自的权利义务。没有变更的合同内容继续有效，合同当事人应当继续履行合同中没有变更的权利义务内容。

3. 合同转让

合同当事人可以将合同约定的权利和/或义务全部或部分转让他人，条件是合同当事人均表示同意，且不违反法律的禁止性规定和依合同的性质是可以转让的。合同转让广义上说也是一种变更，即合同主体的变更。

合同转让后，受让人取得原转让人的地位，在受让范围内享有相应的权利，同时也在受让范围内承担相应的义务。需要注意的是，如果法律、行政法规规定转让合同权利或合同义务时应当办理批准或登记手续的，只有在办理了相应的批准或登记手续后，合同转让才发生法律效力。

4. 合同中止

根据《合同法》的规定，应当先行履行债务的当事人，在有确切证据证明对方当事人经营状况严重恶化、有转移财产或抽逃资金以逃避债务的行为、丧失商业信誉，以及丧失或可能丧失履行债务能力的其他情形时，可以中止履行合同，即暂停履行己方的义务。需要注意的是，如果当事人没有确切的证据即中止了合同的履行，就要承担相应的违约责任。

合同中止后，中止合同的一方当事人应当及时通知对方当事人。合同中止不等于合同的终止，并不能因此而可以立即解除合同。中止合同的一方当事人在对方当事人提供了适当的担保后应当恢复合同的履行，只有对方当事人在合理的期限内未能恢复履行能力且未提供适当的担保时，中止合同的一方当事人才可以解除合同。

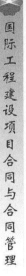
5. 合同终止

合同终止即合同约定的当事人权利义务关系的消灭。合同终止主要有三种情况:一是因合同约定的全部权利义务履行完毕,合同自然终止;二是因法院或仲裁机构的司法决定而终止;三是因合同当事人协商一致或合同中规定的终止条件成就或终止期限届至而终止。《合同法》规定了七种合同终止的情形:债务已经按照约定履行、合同解除、债务互相抵销、债务人依法将标的物提存、债权人免除债务、债权债务同归于一人,以及法律规定或当事人约定终止的其他情形。

合同终止后,原合同中约定的权利义务已经履行完毕或不再继续履行。但合同权利义务的终止履行,并不影响合同中相关通知、结算、清理、保密、争议解决等条款的效力。

6. 合同解除

合同解除是指合同当事人在合同有效期内提前终止合同约定的权利义务关系的行为。合同解除是合同终止的原因之一。合同解除主要有双方解除和单方解除二种情形。双方解除是指合同双方当事人经过协商一致,共同决定解除合同中的权利义务关系,使合同提前终止,不再继续履行的行为;单方解除是指合同一方当事人在法定或约定的情况出现时单方面终止履行合同义务的行为。单方解除必须符合法定或约定的条件。法定条件主要有:因不可抗力致使不能实现合同目的,在履行期限届满前当事人一方明确表示或以自己的行为表明不履行主要债务,当事人一方迟延履行主要债务且经催告后在合理期限内仍未履行,当事人一方迟延履行债务或有其他违约行为致使不能实现合同目的,以及法律规定的其他情形;约定条件是指双方在合同中约定的可以单方解除合同的各种情形。

合同解除后,尚未履行的,终止履行;已经履行的,根据履行情况和合同性质,当事人可以要求恢复原状、采取其他补救措施,并有权要求赔偿损失。

7. 争议解决

合同履行过程中,双方当事人可能因各种各样的原因而对合同条款本身或履行行为产生争议,故合同中一般含有解决合同争议的条款。解决合同争议的方式主要有以下三种。

1)友好协商

即和解,是指合同双方当事人通过友好协商方式就争议问题达成一致意见的争议解决方式。

2）调解与仲裁

调解，是指合同双方当事人和解不成，或不愿意和解时，共同邀请非仲裁机构的第三方进行调解并最终就争议问题达成一致意见的争议解决方式。

仲裁，是指合同双方当事人和解不成，也不愿意通过调解或调解不成时，通过事先在合同中约定的仲裁条款或事后达成的仲裁协议，在相应的仲裁机构通过仲裁来解决争议的争议解决方式。

3）诉讼

即司法解决，是指合同双方当事人和解不成，或不愿意和解；也不愿意通过调解或调解不成；合同中没有仲裁条款，没有签订或事后没有达成仲裁协议的，通过法院的判决来解决争议的争议解决方式，包括判决之前的司法调解。

基于协作履行的原则，当事人应当首先通过友好协商的方式解决争议，因为友好协商既可以节省时间，又可以节省费用，还可以免伤和气，利于以后的合作。当然，一方当事人对友好协商或调解的结果不满意，或一方当事人不履行双方友好协商或调解的结果时仍可以请求进行仲裁或诉讼，仲裁或诉讼是最终的争议解决方式。需要注意的是，诉讼和仲裁不可以同时请求。如果合同中订立了有效的仲裁条款或争议双方当事人达成了有效的仲裁协议，则争议应提交仲裁。否则，争议应通过诉讼方式解决。

五、合同的责任

合同责任是指合同当事人在订立和履行合同过程中因其行为依法应承担的民事责任。合同责任主要包括缔约过失责任、合同无效责任、违约责任和加害给付责任等。其中，最常见的是合同违约责任，即因违反合同约定的行为而依法应承担的民事责任。合同是双方当事人之间的契约，违反了合同约定的内容，不履行合同义务或履行合同义务不符合合同约定的，就应承担相应的合同违约责任。

1. 违约责任的构成要件

1）必须有违反合同约定的事实

即存在未全部或充分履行合同约定的义务或已经履行的合同义务不符合合同的约定等实际情况。例如，买卖合同中买方未按照约定的数额和期限支付合同约定的价款。再如，建设工程合同中承包人建设的工程质量未达到合同约定的标准和规范等。

2）主观上存在过错

违反合同约定的一方或多方没有法定免责事由或主观上存在过错（故意或过失）。例如，因第三方的原因而导致一方违反合同约定，违约一方应向守约方承担违约责任，虽然该违约方主观上没有过错，也并不想违反合同，但第三方原因并非法定的免责事由，如果因此造成了违约事实，也应承担违约责任。至于违约一方与第三方之间的争议，则依照法律规定或其相互之间的约定另行解决。再如，仓储合同中保管人因疏忽大意而造成了仓储物的损坏，应承担相应的违约责任，因为保管人主观上存在过失。

上述两个构成要件必须同时满足才可以认定违反合同的一方应承担相应的违约责任。有违约事实但具备法定免责事由或有过错但未形成违约事实均可不承担违约责任。例如，因不可抗力的影响而不能履行合同，虽然客观上也存在违反合同的事实，但由于不可抗力的发生对于违约方来说是不能预见、不能控制和不能克服的，因此，《合同法》规定违约方可以在不可抗力影响的范围内免除其无法正常履行合同的违约责任。再如，买卖合同中买方因暂时无力支付货款而计划延期支付，但因为及时取得了卖方的同意，并签订了关于延期付款的补充协议，因此，虽有不按时付款的主观过错，但因没有形成合同上的违约事实，因而也无须承担违约责任。

如果合同当事人均违反了合同，应当各自承担相应的违约责任。

2. 违约责任的承担方式

1）继续履行

一方当事人坚持要求违约方继续履行合同义务且根据法律和合同性质可以继续履行的，违约方应当继续履行合同约定的义务。

2）支付违约金

违约方应根据法律规定和合同约定向守约方支付相应的违约金。违约金的数额应与因违约行为而给另一方造成的损失相当，如果与损失相比过高或过低，违约方可以申请法院或仲裁机构予以适当减少或增加。

3）没收或双倍返还定金

如果合同约定了定金，则给付定金方违约，接受定金一方可以没收定金；接受定金方违约，应将定金双倍返还给付定金的一方。

4）赔偿损失

因一方当事人的违约行为给另一方造成了损失，违约方应给予相应的赔偿。损失赔偿额应当相当于因违约所造成的损失，包括合同履行后可以获得的利益,但不得超过违反合同一方订立合同时预见到或应当预见到的因违反合同可能造成的损失。另外,在计算损失赔偿额时,如果一方当事人在对方当事人违约时没有采取适当的措施防止损失的扩大,则此扩大的损失违约方可以不予赔偿。同理,遭受不可抗力的一方当事人如果没有采取相应的防止不可抗力所造成的损失扩大的措施,应就此扩大的损失给予赔偿。

5)其他方式

法律规定或合同约定的上述补救措施之外的违约责任承担方式。例如,买卖合同中卖方对交付的质量不合格货物采取的退货或折价处理等补救方式。再如,建设工程合同中承包人对存在质量问题的工程采取的返工、维修或减收工程款等补救方式。

第二节　国际工程建设项目合同概述

随着我国加入世界贸易组织,以及改革开放的进一步深化,我国的工程承包企业越来越多地参与到持续发展的国际工程建设项目市场,按照国际惯例到国际工程建设项目市场承包国际工程建设项目的建设,是我国工程承包企业拓宽市场渠道、提高经济效益和与国际接轨的有效途径,也是国家"走出去"战略的重要组成部分。同样,我国的工程项目市场也越来越多地对外开放,通过国际招投标方式,吸引国外工程承包企业来我国承包工程项目的建设,使我国国内工程项目市场也融入了国际工程建设项目市场。

国际工程建设项目的建设离不开国际工程建设项目合同,国际工程建设项目合同是国际工程建设项目的基石,任何一个国际工程建设项目的建设均是通过合同来规范参与建设各方的权利义务关系以达到完成该工程项目建设的目的。为此,作为国际工程建设项目的管理人员,特别是合同管理人员,有必要了解、掌握和熟练运用国际工程建设项目合同,切实做好国际工程建设项目的合同管理,为国际工程项目的建设提供行之有效的服务和保障。

一、含义与特点

1. 国际工程建设项目合同的含义

国际工程建设项目合同是指就某个具体工程项目的建设而签订的明确参

与各方不同国家当事人权利义务关系的协议。

国际工程建设项目的合同当事人分别来自不同的国家。合同当事人同属于一个国家，且其工程所在地位于本国的工程项目不具有涉外性，不能称为国际工程建设项目。国际工程建设项目合同最主要的，或称终极的标的是一项工程，属于不动产范畴。例如，油田、管道、炼油厂等石油石化建设工程、道路修筑工程、房屋建筑工程等，合同的内容是明确参与工程项目建设的不同国家合同当事人应享有的具体权利和应承担的具体义务。

国际工程建设项目合同既然是合同的一种，同样也具有合同的基本特征。例如，合同当事人法律地位的平等性、权利义务的同时约束性等。另外，国际工程建设项目合同属于有偿的、双务的、诺成的要式合同。

1）国际工程建设项目合同是有偿合同

即国际工程建设项目合同双方当事人之间设立的权利义务存在一定的对价关系。也就是说，承包商为业主建设特定的工程项目，业主需要支付一定的工程价款作为合同的对价。

2）国际工程建设项目合同是双务合同

即国际工程建设项目合同双方当事人互为享有权利，互为承担义务。例如，业主享有获得建设完成的工程项目的所有权，但应承担支付相应工程价款的义务；承包商享有获得工程价款的权利，但应承担建设工程项目的义务。

3）国际工程建设项目合同是诺成合同

即国际工程建设项目合同不以实际交付工程项目的标的物为合同成立的必要条件。也就是说，业主和承包商就工程建设项目的工期、价款、质量等权利义务内容达成一致的意思表示，该工程建设项目合同即可成立。

4）国际工程建设项目合同是要式合同

即国际工程建设项目合同双方当事人必须采取书面形式订立，且有些国家规定，合同签订后，还需要经过该国相关政府机构的登记或审批后，合同才能生效。书面形式、登记或审批等均为相关国家法律规定的国际工程建设项目合同成立和生效的必要条件。

2. 国际工程建设项目合同的特点

国际工程建设项目合同与其他类型的合同相比，具有以下特点。

1）合同的涉外性

国际工程建设项目合同的涉外性主要体现为合同的主体属于不同的国家，

即合同当事人的法定注册地址位于不同的国家;或者合同的客体,即工程项目位于国外;或者履行合同的行为发生在国外;或者兼而有之。

2)合同的多样性

国际工程建设项目合同并非由单一的合同构成,而是由所有与该工程项目建设有关的各种单项合同组成的合同综合体。另外,在合同适用的法律、支付的货币种类、工程适用的标准与规范等方面也具有多样性。

3)合同的竞争性

国际工程建设项目合同主要通过国际招投标方式来进行。无论国际工程建设项目的业主采用的是公开招标还是邀请招标方式,国际工程建设项目的承包商均要通过投标竞争的方式获得相应的国际工程承包合同或其他相关合同。

国际工程建设项目合同除了上述特点外,还具有合同期限的长期性、合同履行的风险性等特点❶,正是由于上述特点,决定了国际工程建设项目合同的复杂性及其履行的艰巨性。

二、合同关系方与合同体系

1. 合同关系方含义

国际工程建设项目的合同关系方,是指通过订立与国际工程建设项目建设有关的各种合同而成为合同一方当事人的政府部门、国际组织、企业或个人等,也即国际工程建设项目合同的主体。没有合同关系或虽有合同关系但该合同与国际工程建设项目无关的合同主体不能称为国际工程建设项目的合同关系方。

与一般合同只有二到三个合同关系方不同的是,国际工程建设项目合同具有众多的合同关系方,这是由国际工程建设项目合同的多样性特点所决定的,即国际工程建设项目合同绝大多数不是由一个单项的合同组成,而是由各种类型合同组成的合同体系,不同类型的合同具有不同的合同关系方。

2. 合同关系方类别

国际工程建设项目合同关系方,根据不同的合同类型和在合同中所处的地位不同,主要有以下类别。

---

❶ 参见本章第二节之四中的相关内容。

1）业主（Employer/Owner/Client）

或称雇主，是国际工程建设项目的发包人（招标人），国际工程承包合同的一方当事人。业主既可以是一国单独的政府部门、企业或某个国际组织等，也可以是一国或不同国家的各方联合体。通常，业主在国际工程建设项目合同的各方当事人中处于主导和优势的地位。

2）承包商（Contractor）

即是国际工程建设项目的承包人，国际工程承包合同的另一方当事人，也是国际工程分包合同的一方当事人。承包商一般为具有相应工程承包资质和经验的企业。承包商可以独立承包，也可以联合其他企业组成联合体（Joint Venture）共同进行承包，在承包商联合体中通常由一方作为领导者（Leader）。

3）监理（Supervisor）

或称工程师（Engineer），是指在国际工程项目的建设过程中，受业主的委托作为业主和承包商之外的第三方对承包商履行合同的行为进行监督和管理的业主代理人。监理一般由与业主签有委托监理合同的监理公司的人员担任。

4）分包商（Subcontractor）

即是国际工程建设项目的分承包人，国际工程分包合同的另一方当事人。分包商一般也是具有相应资质和经验的企业。分包商根据分包合同直接对承包商负责。

5）供货商（Vendor/Seller）

即是国际工程建设项目设备、材料、机具和车辆等的供应者（卖方）。供货商既可以通过与业主订立合同成为业主的合同关系方，也可以通过与承包商、分包商订立合同成为承包商、分包商的合同关系方；或者通过与业主或承包商订立采购承包合同成为业主的承包商或承包商的分包商。

6）服务商（Service－Provider）

即是指为国际工程建设项目的某一方面提供服务的人。服务商与供货商一样，既可以通过与业主订立相关的服务合同为业主提供服务成为业主的合同关系方，也可以通过订立相关的服务合同为监理、承包商、分包商、供货商等提供服务成为其合同关系方。例如，提供网络服务的网络服务商，提供保险服务的保险公司，提供租赁服务的出租人，提供法律服务的律师等。

7）其他当事人

即除上述当事人之外的通过订立与该国际工程建设项目有关的合同而成

为国际工程建设项目合同体系中一方当事人的企业或个人。例如,通过签订劳动合同提供劳务的个体劳动者(Employee)、通过签订借款合同提供工程项目建设资金的银行(Bank)等。

3. 合同关系

在上述众多的合同关系方之中,业主与承包商之间是发包与承包的关系;业主与监理之间是委托与被委托的关系;承包商与分包商之间是总包与分包的关系;供货商与业主、承包商或分包商之间是卖方与买方的关系;服务商与业主、承包商或分包商之间是提供服务与接受服务的关系。此外,还有雇佣与被雇佣的关系、借贷关系等。以上这些关系通过订立合同的方式均成为合同关系。

需注意的是,业主与分包商之间不存在合同关系,即便是业主指定的分包商,也是由承包商与该分包商签订分包合同,如果业主直接与之签订了合同,则该"指定分包商"即成为业主的承包商,与业主的其他承包商所处的地位是一样的。也就是说,分包商应当特指与承包商签订分包合同的当事人。另外,承包商与监理之间也不存在合同关系,而是监理与被监理的关系,这种关系不是合同关系。

4. 合同体系

一个大型国际工程建设项目,从立项到勘察、设计,再到采购、施工,直至最后建设完成,需要签订一系列的合同,共同组成了一个自上而下完整的合同体系。

1) 第一层合同:工程项目设立合同

工程项目设立合同是指为建设某工程项目,由一国政府、企业与本国企业或他国政府、企业、国际组织等签订的关于该工程项目建设和/或管理的总体协议、框架协议、合作或合资协议等。工程项目设立合同中通常规定该工程项目的建设规模、总体完成期限、资金来源、投资总额、承包商的选择、项目管理等内容。合同当事人各方一般通过设立工程项目公司或共同组建项目管理组等形式来对该工程项目的建设和运营进行管理。

工程项目设立合同是国际工程建设项目的基础性合同,没有工程项目设立合同,就没有该工程项目之后的一系列合同。工程项目设立合同在国际工程建设中虽然经常出现,但也不能说每一个国际工程建设项目均存在工程项目设立合同,有的国际工程建设项目就没有。例如,在某国政府或某个企业单独作为工程项目的业主情况下通常就没有工程项目设立合同。

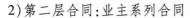

2)第二层合同:业主系列合同

业主系列合同是指国际工程项目的业主为该工程项目的建设而与承包商或其他合同当事人签订的明确双方权利义务关系的系列合同。国际工程承包合同是业主系列合同的核心。除了国际工程承包合同外,还可能有业主因该工程项目建设需要资金而与银行等金融机构签订的借款合同;业主因该工程项目建设需要监理与咨询服务而签订的委托监理与咨询服务合同;业主为该工程项目进行保险而与保险公司签订的保险合同;业主为工程项目建设用地而与土地所有人签订的土地转让协议或租借协议;业主为工程项目需要的设备而与供货商签订的采购合同等。凡是合同一方当事人是业主的合同,均可归入业主系列合同(业主签订的非与本工程项目有关的合同除外)。

3)第三层合同:承包商系列合同

承包商系列合同是指工程项目的承包商,或与业主签订合同的其他合同当事人,为完成业主系列合同中规定的工作内容而与除业主之外的其他合同方签订的明确双方权利义务关系的系列合同。例如,工程项目承包商与分包商签订的设计、采购、施工、运输等分包合同;承包商与供货商签订的设备、材料和施工机具的采购合同;承包商为其车辆、人员和施工机具进行保险而与保险公司签订的保险合同;承包商使用劳务而与劳务人员本人签订的雇佣协议或与人力资源公司签订的劳动力供应合同等。凡是合同一方当事人是承包商或直接与业主签订合同的其他合同当事人的合同,均可归入承包商系列合同(与业主的合同除外)。

4)第四层合同:分包商系列合同

分包商系列合同是指工程项目的分包商,或与承包商签订合同的其他合同当事人,为完成承包商系列合同中规定的工作内容而与除业主和承包商之外的其他合同当事人签订的明确双方权利义务关系的系列合同。例如,采购分包商为完成分包工作而分别与各供货商签订的设备或材料采购合同,施工分包商将工程的土建工作再分包给当地的土建公司而与之签订的土建再分包合同等。凡是合同一方当事人是分包商或直接与承包商签订合同的其他合同当事人的合同,均可归入分包商系列合同(与业主和承包商的合同除外)。

在第四层合同之下还可以细分为第五层、第六层合同等,这里不再一一说明。总之,国际工程建设项目合同体系的主体部分由上述四个层次的系列合同组成。不同层次的合同具有不同的权利义务和责任。下层的合同必须服从和服务于上层的合同,最终所有的合同均不能违反工程项目设立合同确立的宗旨。

　　例如,1997 年,中国石油天然气集团公司、苏丹苏达帕特有限公司、加拿大斯达特石油公司和马来西亚皮特罗纳有限公司组成四方联合体共同签署了非洲苏丹南部某盆地油田开发项目的投资与合作协议(国际工程项目设立合同)。基于上述投资与合作协议,四方联合体共同在苏丹设立了"大尼罗石油作业公司"(Greater Nile Petroleum Operating Co. Ltd. ,简称 GNPOC),对该国际石油开发项目的建设和生产进行管理。同时,四方联合体作为苏丹南部某盆地油田开发项目的业主,将该油田开发项目中的油田钻井工程、地面生产设施建设工程、输油管道工程以及相关炼厂项目、海上终端项目、配套电站等工程项目通过招标方式交由不同国家的公司进行工程承包并分别签订了相关的工程承包合同(业主系列合同)。其中,中国某石油工程建设公司作为设计、采购和施工承包商取得了油田地面生产设施建设工程项目,并与业主签订了"某盆地油田生产设施设计、采购、施工和试运合同"(业主系列合同)。为履行此合同,该石油工程建设公司将其中的设计工作分包给了作为设计分包商的加拿大某设计与施工有限公司和某工程有限公司组成的联合体并与之签订了设计分包合同(承包商系列合同),将设备和材料的全部海陆运输工作分包给了作为运输分包商的某国际运输服务公司并与之签订了运输分包合同(承包商系列合同),该运输分包商又将其中苏丹境内的陆路运输再分包给了苏丹当地某内陆运输公司并与之签订的苏丹内陆运输协议(分包商系列合同)。

三、业主方涉及的合同

　　业主方涉及的合同主要是由业主作为合同一方当事人而签订国际工程项目设立合同、国际工程承包合同、业主自行购买设备和材料的买卖合同、服务合同等。业主方涉及的最主要的合同是国际工程承包合同,同时也是承包商涉及的最主要合同,下文将给予详细的说明。

四、承包商涉及的合同

　　承包商涉及的合同主要是由承包商作为合同一方当事人而签订的国际工程承包合同、分包合同、供货合同、服务合同等。其中,最主要的是国际工程承包合同。

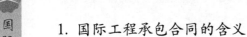

1. 国际工程承包合同的含义

1）含义

国际工程承包合同是指一国的业主通过招标或议标等方式与他国承包商签订的就其某一工程项目的建设而明确双方权利义务关系的协议。

国际工程承包合同的当事人一方为业主，另一方为承包商，在国际工程建设项目合同体系中属于业主系列合同，占据着首要位置，包括工程勘察、设计、采购、施工等承包合同。这些合同中，工程施工承包合同为其主体合同。

需要说明的是，委托监理合同虽然与工程项目的建设紧密相关，但其并不属于工程承包合同，而是与工程项目评估、可行性研究、招投标、工程造价、项目管理等咨询服务合同一样，同属于工程服务类合同，即国际工程服务合同，与国际工程承包合同同属于国际工程建设项目合同。

2）与国内工程承包合同的区别

与国际工程承包合同相对应的是国内工程承包合同，两者虽然都是工程承包合同，具有工程承包合同的基本特征，如均需要采用书面形式订立等，但还是有以下区别的：

（1）国际工程承包合同包括了不同国家的合同当事人，而国内工程承包合同的所有当事人则属于同一个国家。

（2）国际工程承包合同的当事人可以选择合同适用的法律，而国内工程承包合同的当事人无权选择，只能适用本国的法律。

（3）国际工程承包合同中施工的工程地点既可能在承包商本国国内，也可能位于国外，而国内工程承包合同中施工的工程地点只能是在承包商本国国内。

2. 国际工程承包合同的类型

1）国际工程承包合同按照权利义务的单一性划分

（1）勘察承包合同（Survey Contract），即就工程项目地质、水文、矿产等的勘察而签订的合同。

（2）设计承包合同（Engineering Contract），即就工程项目的基础和/或详细设计而签订的合同。

（3）采购承包合同（Procurement Contract），即就工程项目设备、材料、机具等的采购而签订的合同。

（4）施工承包合同（Construction Contract），即就工程项目的建筑、安装等施工内容而签订的合同。

2）国际工程承包合同按照承包方式划分

（1）总包合同（EPC Contract），又称交钥匙合同（Turnkey Contract）、EPC总承包合同，即承包商就工程项目的设计、采购和施工而与业主签订的一揽子总承包合同。

（2）单包合同（Contract），即承包商就工程建设的某一方面内容而与业主签订的工程承包合同。例如，单独就工程项目的勘察、设计、采购或施工而签订的勘察承包合同、设计承包合同、采购承包合同、施工承包合同等；或者单独就工程项目的设计和采购、采购和施工、设计和施工而签订的设计采购承包合同、采购施工承包合同或设计施工承包合同。

（3）分包合同（Subcontract），即承包商将其承包工程的某一方面内容交于分包商执行而签订的分承包合同。例如，土建分包合同、安装分包合同、劳务分包合同等。

（4）再包合同（Subcontract❶），即分包商将其从承包商分包而来的工作内容的某一方面再分包给其他再分包商执行而签订的再分包合同。

3）国际工程承包合同按照合同价格的确定方式划分

（1）总价合同（Lump Sum Contract），即合同价格是固定的一揽子总价，除了根据合同的约定进行调整外，合同价格固定不变。

（2）单价合同（Unit Price Contract），即合同价格根据承包商实际完成的工作量和合同中规定的工作量单价来确定的一种合同形式。

（3）成本加酬金合同（Cost Plus Fee Contract），即合同价格根据承包商完成的工作内容的实际成本加上业主与承包商商定的酬金来确定的一种合同形式。

4）国际工程承包合同按照合同条款的确定方式划分

（1）有固定参照合同，即合同条款采用某种通用的合同范本，并根据工程项目的实际情况加以修改和补充完善而成的合同。通用的合同范本一般由某国政府部门、行业组织或国际组织制订。例如，国际咨询工程师联合会（International Federation of Consulting Engineers）制定的 FIDIC 系列合同条件，英国土木工程师协会（Institution of Civil Engineers）制定的 ICE 土木工程格式合同，美国建筑师联合会（American Institute of Architects）制定的 AIA 系列合同条件，中国制定的建设工程勘察、设计和施工合同示范文本等。

---

❶ 再包合同其实也是分包合同，故其英文名称与分包合同的名称应是一致的。

(2)无固定参照合同,即合同条款没有采用某种通用的合同范本,而是由业主和/或承包商根据工程项目的实际情况拟订并经双方谈判而成。

3. 国际工程承包合同的特征

国际工程承包合同具有如下不同于其他类型合同的特征。

1)合同标的的特殊性

国际工程承包合同指向的终极标的物是一项"工程产品",具有地域性的特点,与自然环境关系密切,并受自然条件的影响较大。而且,工程产品只能单件定做,无法批量生产。标的物的特殊性使其在建设过程中需要获得工程产品所在国诸多方面的许可与批准。例如,海关、税务、劳动、土地、安全等政府部门的许可与批准。有些许可与批准由业主负责取得,但多数需要承包商来获取。否则,承包商就可能因此而违反工程产品所在国相应的法律法规。

2)合同内容的多样性

国际工程承包合同,尤其是国际工程总承包合同,由于其标的物的特殊性,其合同条款必须反映各个方面的内容。因此,这就决定了国际工程承包合同内容多样性的特征。例如,就国际工程施工承包合同的内容而言,除了一般应具有的当事人名称、标的(工作范围)、价格与支付、工期、质量、违约责任、争议解决方式、合同有效期等内容之外,还包括了安全与环保、文物考古、知识产权、风险与责任、税收、保险等特殊内容。一个大型国际工程承包合同的内容往往多达几十个条款,以及众多的附件、附录等。

3)合同期限的长期性

国际工程承包合同的期限一般均较长。工程项目的规模与施工难度越大,合同的期限相应就越长。换个角度来说,合同期限的长短是由合同中规定的工期来决定的,工期越长,合同期限也就越长。以国际工程总承包合同为例,合同工期除了包括设计、采购和施工的期限外,还包括了工程的缺陷责任期(也称质保期、保修期),而工程缺陷责任期少则 6 个月,多则 24 个月,一般是 12 个月。此外,在整个合同履行过程中,工期也可能会因各种各样的原因而加以变化,其中以工期延长为最主要的变化。在如此之长的期限内履行合同,需要承包商特别注意加强工程项目管理,以便安全、按时和保质保量地完成工程承包合同中规定的义务,最终向业主交出合格的工程产品。

4)合同履行的风险性

任何一个合同的履行均带有一定的风险,但由于国际工程承包合同标的的特殊性、合同内容的多样性、合同期限的长期性决定了国际工程承包合同的履行风险比一般合同的履行风险均大。国际工程承包合同的风险存在于各个方面，如属于不可抗力范围内的战争、恐怖活动、军事政变、骚乱、罢工等风险，以及地震、飓风、台风、洪水等自然灾害风险；不属于不可抗力范围内的汇率变动、物价上涨以及项目本身取消、工作内容减少与暂停、终止、设计与施工缺陷等因素的风险，以及政府行为、法律变化、意外事故等风险。如此之多的潜在风险，需要承包商在合同谈判和合同履行过程中特别加以注意如何规避和防范。

4. 国际工程承包合同的条款

1）常规条款

不同类型的国际工程承包合同，除了具备一般合同所具有的当事人名称、标的、数量、质量、价款或报酬、履行时间、地点和方式以及违约责任和争议的解决方式等条款外，通常还包括工作范围条款、合同文件组成条款、合同语言与法律适用条款、价款与报酬及支付条款、工作进度条款、索赔条款、不可抗力条款、保密条款、变更与调整条款、合同转让与分包条款、保险条款、税务条款、质量保证条款、合同暂停与终止条款等常规条款，这些常规条款共同构成了国际工程承包合同的基础框架。

2）特别条款

不同类型的国际工程承包合同，除了共有的常规条款外，根据合同中规定的权利义务的内容不同，还具备相应的特别条款，如设计承包合同包括设计文件的所有权、设计标准与规范等特别条款；采购承包合同包括采购计划的编制、供货商的选择、设备和材料的监造与验收等特别条款；施工承包合同包括设备和材料的供应与保管、施工安全与质量管理、工程试验与接收、缺陷责任、工程风险承担以及环境保护、文物保护等特别条款。

上述条款的相关内容及在谈判和履行的过程中需要注意的问题将在本书以后各章叙述合同管理的内容时详加说明。

五、FIDIC 及其他合同条件介绍

1. FIDIC 合同条件

1）FIDIC

FIDIC 是"国际咨询工程师联合会"法文首字母的缩写（Fédération Internationale Des Ingénieurs – Conseils）。国际咨询工程师联合会（以下均简称 FID-IC）❶于 1913 年在英国成立，目前有 60 多个国家和地区的成员协会，其秘书处位于瑞士的日内瓦。中国工程咨询协会于 1996 年 10 月加入 FIDIC，并获得在中国翻译出版 FIDIC 合同条件的授权❷。

2）FIDIC 合同条件

FIDIC 合同条件是指 FIDIC 制定和出版的提供给各类工程项目的业主和承包商确定工程项目合同具体条款的参考范本。FIDIC 合同条件建立了业主与承包商之间风险分配和权利义务关系的基本准则，也是确定业主与承包商之间的工程项目合同内容的基础。不同的 FIDIC 合同条件确定了业主和承包商之间不同的权利义务关系。因此，也可以说经过业主和承包商共同修改和补充后的 FIDIC 合同条件就是工程项目合同的基本内容。FIDIC 合同条件在国际工程建设项目的招标中经常被业主采用作为招标文件中所附的合同条件，并且已被各成员国、联合国有关组织和世行、亚行等国际组织普遍承认并广泛采用。

FIDIC 自 20 世纪 50 年代开始拟订用于工程建设的合同条件以来，出版了多种版本的 FIDIC 合同条件并数次修订，其中最常见的用于土木施工方面的《土木工程施工合同条件》（Conditions of Contract for Works of Civil Engineering Construction），也就是俗称的"红皮书"已出版了四版。除红皮书外，常见的还有用于机电工程方面俗称"黄皮书"的《电气与机械工程合同条件》（Conditions of Contract for Electrical and Mechanical Works），可以用于 BOT（Build，Operate & Transfer）交钥匙项目俗称"橙皮书"的《设计、施工及交钥匙合同条件》（Conditions of Contract for Design – Build and Turnkey），用于咨询服务方面俗称"白皮书"的《业主/咨询工程师标准服务协议书》（Client/Consultant Model Service Agreement）。1999 年，FIDIC 又出版了一套全新的 FIDIC 标准合同条件❸。

承包商在承包国际工程建设项目时，如果工程承包合同使用的是 FIDIC 合同条件，一定要明确使用的是何种版本的 FIDIC 合同条件（名称、版次、年份等）。因为，不同版本的 FIDIC 合同条件在权利义务的规定方面是有差别的。而且，FIDIC 合同条件并不是出了新版本，就废除了旧版本。在国际工程建设项目的实践中，往往新旧版本同时在被使用，这要看业主的喜好和工程项目的实际情况而定。当然，新版本在一定程度上反映了当前国际工程建设项目市场的

---

❶ 欲详细了解 FIDIC 的情况及联系方式，可登录其网站（网址：http//www.fidic.org）。
❷ 中文版已经由中国工程咨询协会组织专家进行了编译并已经出版发行。
❸ 参见下文第 4）小节的介绍。

流行趋势,吸收了旧版本的优点,修正和补充了旧版本中一些遗漏、争议之处,使之更加完善,相信会被越来越多地使用。了解时可以采用新旧对照的方式,分清新旧版本的区别,有利于熟练掌握和有效运用 FIDIC 合同条件为自身服务。

3) FIDIC 合同条件的基本原则

(1)平衡风险原则。

每一个工程项目的实施均存在很多风险。例如,设计错误的风险、施工质量的风险、战争和恐怖主义的风险、自然灾害的风险等。这些风险由谁来承担,如何在业主和承包商之间进行合理的分配,从某种程度上来说,是一份工程项目合同中业主和承包商之间的权利义务关系是否对等的体现。为了在业主和承包商之间平衡这些工程实施的风险,FIDIC 在其制定的不同合同条件中对这些风险在业主和承包商之间进行了尽可能合理的分配,减轻了业主和承包商之间的风险分配谈判的负担。例如,EPC 合同条件中,由于承包商是设计、采购和施工总承包,因此,承包商承担了绝大部分的风险,业主仅承担一些诸如战争、叛乱、内战、恐怖主义等风险。

(2)权责对等原则。

既然要在业主和承包商之间平衡工程项目的实施风险,那么,相应的业主和承包商之间的权责应当对等,即,某种风险和责任由承包商来承担,承包商就应享有相应的权利以便来预防、避免、克服和弥补上述风险和责任,这就是权责对等原则。例如,EPC 合同条件中,设计的风险与责任由承包商负责,相应的设计分包合同的签订与现场设计代表的管理等权利也由业主赋予了承包商。然而,现实情况是,虽然 FIDIC 基于权责对等的原则制定了合同条件,但具体到每一份合同并非均体现了权责对等原则。因为,业主在工程项目的招标和合同谈判中,总是处于优势地位,业主经常对 FIDIC 合同条件进行修改,将某些应由其承担的风险转嫁给了承包商,从而造成了业主和承包商之间的权责不对等。

(3)自由使用原则。

FIDIC 合同条件并不是强制性的规范或法律,而是提供给各个工程项目的业主自由采纳使用。不但任何一种 FIDIC 合同条件不具有强制性,而且每一种 FIDIC 合同条件的具体条款也不具有强制性。也就是说,每个工程项目的业主在制定招标文件时,既可以采用 FIDIC 合同条件,也可以自己制定相应的合同条件;即使采用了某种 FIDIC 合同条件,也可以自由地修改其中的内容。因此,FIDIC 合同条件可以称之为自由的国际惯例,既可以使用,也可以不使用。

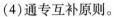
(4)通专互补原则。

每一个工程项目均具有其不同的特点和要求,具体到每一份工程项目合同的内容也均会不一样。因此,要求 FIDIC 制定的合同条件满足所有不同的工程项目的要求是不现实的。但是,为了满足不同工程项目的业主在采用 FIDIC 合同条件时,可以简单地删除或保留相关的规定,而不必作大规模的修改或附加很多的其他规定的要求,FIDIC 又必须考虑其制定的合同条件的通用性。基于解决上述矛盾的目的,FIDIC 确立了通用条件和专用条件互相结合、互相补充的原则。也就是说,FIDIC 合同条件是通用条件,业主可以根据其工程项目的实际情况,对采用的 FIDIC 合同条件进行删减、修改和补充,以此作为合同的专用条件。这样,通用条件和专用条件互相补充,共同构成了一份完整的工程项目合同条件。

4)新版 FIDIC 合同条件

1999 年,FIDIC 根据多年国际工程建设项目的实践经验及一些专家、学者的意见和建议,在以往版本的基础上经过重新编写和补充形成了一套四本的新版 FIDIC 合同条件:

(1)设计采购施工(EPC)/交钥匙工程合同条件(Conditions of Contract for EPC/Turnkey Projects)。

本合同条件(银皮书)又称"EPC 合同条件","E"即指"设计(Engineering)","P"即指"采购(Procurement)","C"即指"施工(Construction)",主要适用于以交钥匙方式提供加工或动力设备、工厂或类似设施、基础设施等工程项目,由承包商负责整个项目的设计、采购和施工,承包商的承包方式是"EPC 总承包",业主在承包商完工后,"转动钥匙"即可运行。本合同条件的内容由通用条件(General Conditions)、专用条件编写指南(Guidance for Preparation of Particular Conditions)和投标函、合同协议书和争端裁决协议书格式(Forms of Letter of Tender, Contract Agreement and Dispute Adjudication Agreement)三大部分组成,其中通用条件共有 20 条 166 款。承包商在运用此版本时应注意与 FIDIC 此前出版的《设计、施工及交钥匙合同条件》相区别并加以选择使用。

(2)施工合同条件(Conditions of Contract for Construction)。

本合同条件(新红皮书)中,工程设计已由业主自己或委托专门的设计商进行设计,承包商按照业主提供的设计文件进行工程施工,主要适用于单纯的由承包商施工的项目,也可以适用于工程的土木、机械、电气等部分由承包商设计和施工的项目,承包商的承包方式主要是"施工承包"或"部分设计和施工承包"。本合同条件内容的组成部分与 EPC 合同条件相同,其中通用条件共有 20

条 158 款。承包商在运用此版本时应注意与 FIDIC 此前出版的《土木工程施工合同条件》相区别并加以选择使用。

（3）生产设备和设计—施工合同条件（Conditions of Contract for Plant and Design – Build）。

本合同条件（新黄皮书）中，承包商按照业主的要求，设计和提供生产设备和/或其他工作，可以包括土木、机械、电气和/或构筑物的任何组合，主要适用于电气和/或机械生产设备供货和建筑或工程的设计与施工，承包商的承包方式主要是"设计和施工承包"。本合同条件内容的组成部分与 EPC 合同条件相同，其中通用条件共有 20 条 167 款。承包商在运用此版本时应注意与 FIDIC 此前出版的《电气与机械工程合同条件》相区别并加以选择使用。

（4）简明合同格式（Short Form of Contract）。

本合同格式（绿皮书）主要适用于投资金额较少的建筑或工程项目，或投资金额虽大但工作相对简单或重复性的工程项目，或工期较短的工程项目，承包商的承包方式主要是"施工承包"或"部分设计和施工承包"。本合同格式的内容由协议书、通用条件、裁决规则和指南注释四部分组成，其中通用条件共有 15 条 52 款。简明合同格式的内容中虽然没有专用条件编写指南，但如果根据工程项目的实际情况需要对通用条件的内容进行修改和补充时，修改和补充的内容也应特别标明为专用条件。

上述四种合同条件是 FIDIC 于 1999 年出版的最新标准合同格式的第一版，作为推荐的示范文本，供工程项目业主招标或商谈项目合同之用。

2. 其他标准合同条件

1）ICE 土木工程格式合同

ICE 土木工程格式合同由成立于 1818 年的英国土木工程师协会❶（Institution of Civil Engineers）制定，最初只有一个合同文本，但之后陆续出版了适用于不同类型工程项目需要的各种合同文本。例如，1991 年第六版的《ICE 合同条件（土木工程施工）》，共计 71 条 109 款，主要条款包括：工程师及工程师代表、转让与分包、合同文件、承包商的一般义务、保险、工艺与材料质量的检查、开工、延期与暂停、变更、计量、证书与支付、争议解决、特殊条款等。此外，与 FIDIC 合同条件类似，ICE 合同条件在最后也附有投标书格式及其附件、协议书格式、履约保证格式等。

---

❶ 有关英国土木工程师协会的详细情况可查阅其网站：http://www.ice.org.uk。

1993 年以来,ICE 陆续出版了适用范围广泛,简明清晰的 NEC(New Engineering Contract)系列合同条件。该合同条件由不同功能的合同组成,例如,工程施工合同(Engineering and Construction Contract,简称 ECC)及其简式合同(Engineering and Construction Short Contract,简称 ECSC)和分包合同(Engineering and Construction Subcontract,简称 ECS)、专业服务合同(Professional Services Contract,简称 PSC)、裁决人合同(Adjudicator's Contract,简称 AC)等。ECC 包括了 6 种可选择的合同形式(总价合同、单价合同、目标总价合同、目标单价合同、成本补偿合同、工程管理合同),9 项核心条款(总则、承包商职责、工期、检验与缺陷、支付、补偿、权利、风险与保险、争端与终止),15 项可选条款(完工保证、母公司担保、预付款、结算币种、部分完工、设计责任、价格波动、保留、提前完工奖励、工期延误罚款、工程质量、法律变更、特殊条件、责任赔偿、附加条款)。

2)AIA 系列合同条件

AIA 系列合同条件由成立于 1857 年的美国建筑师联合会❶(American Institute of Architects)制定,自从成立以来,AIA 一直致力于出版标准的工程项目设计和施工方面的合同文件。AIA 系列合同条件文件分为 A、B、C、D、F、G 系列。其中,A 系列是适用于业主和承包商之间的合同文件;B 系列是适用于业主和提供专业服务的建筑师之间的合同文件;C 系列是适用于建筑师与专业咨询顾问之间的合同文件;D 系列是适用于建筑师行业内部使用的文件;F 系列是财务管理报表;G 系列是工程项目管理表格。

AIA 系列合同条件的采用是协议书与通用条件结合的模式。例如,A 系列合同条件包括可供选择的适用于不同类型工程项目的业主与承包商协议书和通用条件,如 A 系列中的《施工合同通用条件》(A201)共计 14 条 68 款,主要条款包括:业主的权利和义务、承包商责任、建筑师及其合同管理、分包商、索赔与争议解决、变更、工期、支付、保险与保函、检查与改正、其他条款等。

3)建设工程合同示范文本

我国建设部❷、国家工商行政管理局自 1999 年以来监制发布了系列建设工程合同示范文本,分别是:1999 年的《建设工程施工合同》;2000 年的《建设工程勘察合同(适用于岩土工程勘察、水文地质勘察(含凿井)工程测量、工程物探)》(一)和《建设工程勘察合同(适用于岩土工程设计、治理、监测)》(二),

---

❶ 有关美国建筑师联合会的详细情况可查阅其网站:http://www.aia.org。

❷ 建设部于 2008 年更名为"住房和城乡建设部"。

《建设工程设计合同(适用于民用建设工程)》(一)和《建设工程设计合同(适用于专业建设工程)》(二),《建设工程委托监理合同》;2002 年的《建设工程造价咨询合同》;2003 年的《建设工程施工专业分包合同》,《建设工程施工劳务分包合同》。2005 年,建设部、国家工商行政管理局发布了《工程担保合同示范文本》(试行),包括投标委托保证合同、投标保函;业主支付委托保证合同、业主支付保函;承包商履约委托保证合同、承包商履约保函;承包商付款(分包)委托保证合同,承包商付款(分包)保函;承包商付款(供货)委托保证合同、承包商付款(供货)保函等❶;2007 年,建设部和国家发改委等九部委联合发布了《标准施工招标文件》,包括四卷八章,并在第一卷第四章规定了合同条款和格式。上述这些示范合同文本主要适用于国内工程建设项目。

第三节　EPC 合同概述

一、EPC 合同的含义

1. 含义

EPC 合同是指业主和承包商之间签订的明确双方权利义务关系的设计、采购和施工总承包合同,即交钥匙合同。另外,还有一种 EPCC 合同,即"设计、采购、施工和试运(Commission)合同",也属于 EPC 合同。

EPC 合同确立了承包商的"设计、采购和施工总承包方式",不同于单纯的施工承包或采购 + 施工、设计 + 施工承包方式。EPC 总承包方式是国际上常用的承包方式之一❷,对承包商的要求很高,并非所有的承包商均具备承担 EPC 工程承包的能力,能否签订和顺利实施 EPC 合同是衡量一个承包商真正实力的

---

❶ 上述合同示范文本均可通过住房和城乡建设部的网站(http://www.cin.gov.cn)下载。

❷ 但有些大型工程建设项目,业主出于减少风险,给本国实力较弱的承包商以承包机会等原因,将该工程项目的 E、P、C 拆分,分别委托不同的专业承包商来进行承包;或者,业主将该工程项目中的不同部分的 E、P、C 委托不同的承包商来承包。一个大型工程项目,往往有众多的承包商在共同进行该项目的承包工作。

重要标准之一❶。在采用 EPC 合同的国际工程建设项目中,业主对工程项目建设的过程干预较少,大部分的责任和义务由承包商承担。

EPC 合同涵盖了工程项目建设的主要内容,即设计、采购和施工。因此,无论从业主,还是承包商角度,EPC 合同工程的合同管理能够比较全面地反映国际工程建设项目的合同管理。本书以后各章在介绍国际工程建设项目不同阶段的合同管理内容时,如无特别指明,即以 EPC 合同作为叙述合同管理内容的主要合同模式。

2. EPC 合同与 FIDIC 之 EPC 合同条件的关系

一份有效成立的 EPC 合同,与 FIDIC 之 EPC 合同条件虽然同样是规范业主和承包商在设计、采购和施工方面的权利义务关系,但有如下之区别。

1) 法律地位不同

EPC 合同是业主和承包商之间签订的具有法律效力的合同,合同任何一方如果违反了合同的约定,即要承担相应的法律责任;而 FIDIC 之 EPC 合同条件只是 FIDIC 制定的供业主和承包商确定 EPC 合同权利义务关系的参考,在没有正式确定为 EPC 合同的组成部分之前,不具有法律上的约束力。

2) 确立目的不同

EPC 合同是由特定的业主和承包商为完成某个特定的工程项目之目的而共同签订的;FIDIC 之 EPC 合同条件是 FIDIC 为任何一个业主和承包商在订立 EPC 合同时作为示范文本采用之目的而制定的。

3) 文件构成不同

EPC 合同的构成具有随意性,既可以只有一个合同文本,也可以是采用 FIDIC 之 EPC 合同条件由合同协议书、通用条件、专用条件和其他合同性文件等构成,是业主和承包商之间已经确定的责、权、利的实际体现;FIDIC 之 EPC 合同条件由 EPC 合同通用条件以及专用条件编写指南、相关合同文件的范例格式等组成,是固定的参考性内容。

EPC 合同如果采用了 FIDIC 之 EPC 合同条件作为合同的通用条件,那么,这种 EPC 合同可以称之为"FIDIC 合同条件下的 EPC 合同"。如果业主和承包商之间签订的合同虽然包括了 EPC 的内容,也称之为 EPC 合同,但没有直接引

---

❶ 目前国际上有些工程承包实力很强的 EPC 承包商对于较大型工程项目并不总是进行 EPC 承包,而是只承包其中的一项,以减少 EPC 总承包的风险;或者联合其他承包商共同承包该项工程。

用或参照 FIDIC 之 EPC 合同条件,那么,这类 EPC 合同与 FIDIC 之 EPC 合同条件就毫无关系了。

二、EPC 合同关系

EPC 合同从广义上说存在着一个相对复杂的"合同关系网",复杂是因为其包含了 EPC 范围内各式各样大大小小的合同关系,不同的合同关系有其不同的合同对象和权利义务关系,相互之间虽有联系却不可混淆。狭义的 EPC 合同,也就是我们通常意义上所说的 EPC 合同,仅指由各种合同性文件构成的 EPC 总承包合同,即承包商与业主签订的"设计、采购和施工总承包合同"。然而,承包商为实施工程项目需要履行的 EPC 合同应该从广义的 EPC 合同来理解。以下从承包商的角度对广义 EPC 合同关系作一简单描述。

1. 基本合同关系

EPC 合同最基本的合同关系是业主和承包商之间的合同关系,这是 EPC 合同存在的基础。承包商的其他合同关系均由此而衍生出来。这个基本合同关系的核心就是"EPC 合同",合同关系的对象只有"业主"和"承包商"。

2. 分包合同关系

分包合同关系是 EPC 合同第二层的合同关系。承包商为完成总承包的 EPC 工程项目需要进行设计、采购、施工(包括建筑和安装等)、运输、保险等工作。这些工作可以由承包商自己来做,也可以将上述工作分包给其他公司等实体来做。一般来说,业主不允许承包商将工程整体分包,但允许在经过业主的同意之下将工程的部分工作进行分包。而且,有些工作承包商是无法独立完成的,如运输和保险工作等。承包商为分包而与其他实体(即分包商)签订分包合同,因此形成了承包商和分包商之间的 EPC 合同之"分包合同关系"。分包合同关系不能违反承包商和业主之间的基本合同关系。分包系列合同可由设计分包合同、采购分包合同、土建施工分包合同、安装分包合同、运输分包合同等组成,合同关系的对象是承包商与设计、采购、施工、运输等分包商。

3. 其他合同关系

承包商为完成工程项目的所有工作,除了将部分工作分包而订立分包合同外,还可能将其他相对单一的工作交付其他合同相对方❶来完成,由此形成 EPC

---

❶ 本书中合同"相对方"与"另一方"同义,均指除本方之外的合同其他各方。

合同之其他合同关系。例如,承包商为雇佣劳务人员而签订雇佣合同形成雇佣合同关系;为购买设备和材料而签订采购合同形成买卖合同关系;为租赁车辆、房屋、网络、机械等而签订租赁合同形成租赁合同关系等,诸如此类的合同关系均可归入"其他合同关系"之中。这个合同关系也是不能违反承包商和业主之间的基本合同关系的。其他合同关系所代表的合同由承包商签订的除 EPC 合同和分包合同以外的其他所有合同组成,合同关系的对象是承包商和其他合同相对方。

上述合同关系中,基本合同关系是主,分包和其他合同关系是从,主从分明。因此,承包商需要履行的是广义的 EPC 合同,包括 EPC 总承包合同、分包合同和其他所有承包商签订的与工程项目建设有关的合同。

三、EPC 合同的基本原则

1. 合同原则

合同原则是所有国际工程建设项目的基本原则,自然也是 EPC 合同的基本原则。这是因为,业主和承包商、业主和监理、承包商与分包商等相互之间的权利义务关系完全由合同来确定和规范。合同是整个工程项目的灵魂,是承包商实施工程项目的基础。工程项目的管理从本质上也可以说是合同的管理。合同是业主和承包商之间的"法律",任何一方均不得无故违反合同约定的内容。否则,即要承担相应的合同违约责任。

合同原则要求承包商人员熟悉和掌握 EPC 合同的所有内容,并在工程实施过程中完全按照合同的约定履行。合同原则的关键是要求承包商人员具有强烈的"合同意识",遇到任何问题首先应从"合同角度"进行"合同分析",即该问题在合同中是否有规定,是否与合同约定一致,如何按照合同约定进行处理等。

2. 程序原则

EPC 合同在其条款中应规定业主和承包商之间的合同履行程序,或在合同中规定承包商在合同签订后应提交业主审批的各种工作程序。例如,计划与成本控制程序、环境健康与安全(HSE)管理程序、施工作业程序、质量控制与检验程序、文件传递程序、工程款申请与支付程序、变更程序、材料报验程序、争议解决程序等。业主和承包商均应按照 EPC 合同确定的这些程序进行工作。

程序原则要求承包商人员在实施工程项目过程中应严格按照合同确定的工作程序进行工作和与业主往来,不得随意篡改或违反程序的规定。另外,程序的修改也要遵循一定的修改程序。如果遇到业主明显违反程序规定的行为,首先不能盲从,其次应立即报告,并及时要求业主给予澄清和确认。

3. 计划原则

EPC 合同通常要求承包商在合同签订后提交各种工作计划,以便于业主审核和监督。例如,合同中规定,承包商应在开工日期后一定时间内(FIDIC 之 EPC 合同条件中规定 28 日内)提交实施工程各项工作(设计、采购和施工)的进度计划,由业主审批,并要求承包商严格按照合同确定的进度计划实施工程项目。这是因为,合同签订后,相应的工期也就确定了,在业主没有特别要求或批准的情况下,不得提前或延迟。计划原则在承包商的施工过程中占据重要地位,国际工程建设项目的建设不能实行"边计划、边施工"的工作方式,计划一定要做在前面;并根据实际情况进行修正。通常,业主要求在合同中规定,如果工程实际完成时间比合同确定的工期延误且没有合同规定的正当理由,则业主有权对承包商进行延期罚款。

计划原则要求承包商人员在实施工程项目过程中,一方面要严格按计划工作,另一方面要求将任何因业主或其他正当原因可以要求延长工期的情况记录在案并严格按规定的时间和程序向业主提出工期索赔。

4. 时间原则

EPC 合同详细规定了工程的开工时间、完工时间以及文件报表提交时间、工程款支付时间、工程试验与接收时间等各种工作时间和期间。时间原则和计划原则是紧密相关的。

时间原则要求承包商人员在自己遵守合同约定时间的同时,对业主违反合同约定时间的行为及时记录,如果因此延误承包商的工程进度或给承包商增加额外费用,应及时依据合同向业主提出工期和费用的索赔。严格按照 EPC 合同约定的时间和期间进行工作是对每个承包商人员最基本的要求。

5. 书面原则

EPC 合同要求承包商和业主之间的所有合同和往来信函、传真,业主向承包商发出的所有指令、指示、要求、通知等,承包商向业主提交的所有文件、建议、澄清、要求等均应采用书面形式。只有书面形式的文件才能有效证明业主和承包商之间具有法律效力的 EPC 合同履行行为。

书面原则要求承包商人员只接收业主或监理的书面指令、指示,任何口头形式的指令、指示、要求、通知等均应要求书面下达后才能执行,除非紧急情况下,为保护生命或财产或工程的安全,可以先执行,但在随后应立即要求业主或监理予以书面确认。

上述五项原则所体现的合同内容往往容易令承包商人员忽视，导致在实际工作中未能给予应有的注意，但这些原则却与合同履行的成败密切相关，应引起相关合同管理人员足够的重视。

四、EPC 合同文件

1. 文件构成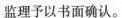

EPC 合同文件，以 FIDIC 之 EPC 合同条件为例，由如下部分组成。

1）合同协议书（Contract Agreement）

说明合同双方、合同签订时间、工作范围概括描述、合同价格、生效日期、完工时间等内容，是 EPC 合同的总纲。FIDIC 之 EPC 合同条件中给出了合同协议书的范例格式。

2）通用条件（General Conditions）

即 FIDIC 之 EPC 合同条件中的通用条件。

3）专用条件（Particular Conditions）

即对 FIDIC 之 EPC 合同条件中的通用条件的删减、修改和补充。有时业主将专用条件的内容糅合到通用条件中，形成一个统一的合同条件。

4）业主要求（Employer's Requirements）

指合同中包括的标明为业主要求的文件，主要说明工程的目标、范围和/或设计和/或其他技术标准，以及按照合同对该文件所作的任何补充和修改。

5）投标书和构成合同组成部分的其他文件（Tender and any other documents forming part of the Contract）

投标书是指由承包商提交的为完成工程而签署的报价，以及随同提交的其他文件。所谓构成合同组成部分的其他文件是指除上述文件之外的其他业主和承包商共同确认的与合同履行有关的会议纪要、补充协议、备忘录、往来信函和传真等文件，包括投标澄清文件。

上述文件共同组成了承包商实施工程项目所依据的 EPC 合同文件。如果没有采用 FIDIC 合同条件，通常在合同条款中规定合同文件具体由哪些部分

---

❶ 合同文件的详细构成与管理参见本书第八章的相关内容。

组成。

2. 文件矛盾和冲突的解决

如果合同文件相互之间产生矛盾、冲突,如何解决? 通常合同中会规定各种文件适用的优先顺序。例如,FIDIC 合同条件规定,按照先合同协议书,后专用条件、通用条件、业主要求、投标书和构成合同组成部分的其他文件的优先顺序进行解释。如果按照合同文件的优先顺序仍然无法解决,有的业主在合同中规定,以业主或工程师(监理)的解释为准;还有的规定如果双方无法达成一致,则作为合同争议进行解决。

3. EPC 合同主要内容

业主与承包商签订的 EPC 合同主要包括了以下三大内容❶。

1) 框架内容

EPC 合同的框架内容是指所有合同通常意义上应具备的内容,如有关合同当事人名称、合同份数、合同有效期间、法律适用和争议解决条款等规定。这些框架内容主要规定在合同的开头和结尾部分。

2) 实体内容

EPC 合同的实体内容,顾名思义乃是"设计、采购和施工",详细规定了承包商应完成的工作范围、承担的责任、业主的权利和要求等内容,即业主和承包商在 EPC 合同履行过程中各自所享有的权利和应承担的义务与责任。这些实体内容包括合同的主体部分和附件,还包括承包商在合同签订后实施工程项目过程中提交业主审批执行的各种程序性文件。

3) 格式内容

EPC 合同的格式内容是指业主在合同中规定的承包商提交各类报告、报表、计划、保函等的固定格式要求。

---

❶ EPC 合同中业主和承包商之间详细的权利和义务,参见本书以下各章叙述合同管理时的相关内容。

第二章　国际工程建设项目合同管理

一、合同管理的含义

合同是市场经济运行的纽带,是约束市场经济中各平等主体之间权利义务关系的法规,合同管理也自然就成为市场经济管理体系的重要组成部分。虽然计划经济也有合同,但由于其明确的计划性,使合同更多地成为一个"摆设",并没有充分发挥合同真正的约束和规范作用。因此,自我国开始实行社会主义市场经济以来,越来越凸现出合同和合同管理的重要作用。

1. 含义

合同管理,从单项合同角度,是指合同管理者对每一份合同从启动到谈判、签订、履行再到合同关闭的全部过程所进行的全面、系统和动态的管理;从企业角度,合同管理是指企业根据相关法律法规和内部规章制度在单项合同管理的基础上对本企业全部合同进行的整体和全面的管理。上述含义还可以从以下几个方面加以说明。

1)合同管理的主体

即合同管理者不仅仅是合同专职管理部门和人员,还应当包括企业的负责人和所有与合同有关的部门和人员。合同专职管理人员是合同管理的具体实施者,其他相关人员是合同管理的领导或协助者。合同管理在合同所处的不同阶段具有不同的管理内容,相应的,合同专职管理人员和合同管理领导与协助人员也具有不同的职责和义务。

2)合同管理的对象

即合同,包括每一份合同的条款、附件以及合同签订后履行过程中合同当事人共同确认的与合同有关的所有诸如补充协议、会议纪要或备忘录、往来传真与信件等具有合同性质的文件。

3）合同管理的内容

涵盖了每一份合同从产生到关闭的整个过程，即对该过程中的所有合同行为进行的管理。合同管理不是零散的、阶段性的管理，而是系统的、整体性的管理，是对合同有效存在的完整过程进行的全面管理。

上述含义是从广义的合同管理角度来说的，不仅合同管理的主体除了合同专职管理人员外，还包括了所有与合同决策与履行有关的人员，而且，合同管理的内容除了合同专职管理人员的管理内容外，还包括了其他人员在合同招投标、谈判、签订和履行过程中进行的所有合同行为。狭义的合同管理仅指合同专职管理人员在其职责范围内通过审查、监督、跟踪和处理等方式对合同进行的管理，合同管理人员也特指合同专职管理人员❶。本书以后各章，如无特别指明，即从狭义的角度叙述合同管理员在合同不同阶段的具体管理内容。

2. 特征

从合同管理的含义可以总结出合同管理具有如下特征。

1）全面性

合同管理的全面性主要体现在三个方面：一是合同管理的对象应包括一个企业签订的大大小小各式各样的合同，而不仅仅是其中的部分合同。简而言之，合同管理是对企业所有合同进行的管理，无一例外；二是对合同自产生到履行完毕整个过程进行的管理，而非只对其中某个阶段进行的管理；三是合同管理人员包括所有合同管理员、企业负责人和合同具体履行人员。

2）系统性

合同管理的系统性主要体现在两个方面：一是通过制定一系列系统的合同管理制度和程序来实现对所有合同的管理；二是建立一个系统的符合企业实际情况的合同管理体制来实现对所有合同的管理。系统的合同管理制度和合同管理体制是实现合同管理目标的基本保证。

3）动态性

合同从产生到履行，再到最终关闭，是一个动态的过程，处于经常的变化之

---

❶ 以下将合同专职管理人员简称为"合同管理员"，以区别于广义的合同管理人员。合同管理员有时也称合同工程师。

中,具有动态性的特征。例如,在合同履行过程中,合同管理员要时刻追踪和掌握合同可能或已经发生的变更、解除、终止等情况,及时采取相应的措施进行应对和处理,在动态管理的过程中来保证合同管理目标的实现。除此之外,合同管理员还要了解企业所有合同签约和履约的动态变化,总结其中的经验和教训,并提出相应的意见和建议。

合同管理的全面性、系统性和动态性决定了合同管理的重要性,使之成为是企业管理至关重要的一个方面。

3. 目标

合同管理的目标,也是合同管理的重要意义,主要有以下五个方面。

1)控制与监督

使每一份合同从开始到关闭均处在有序和有效的控制与监督之下,防范合同陷阱和合同诈骗,防止和避免出现管理漏洞,增强企业的自我保护意识。这是合同管理最重要的目标。

2)有效处理

保证每一份合同在履行过程中出现的任何问题均能获得及时与迅速有效的处理,为合同的正常履行保驾护航。

3)维护合法权益

充分维护企业根据合同应享有的合法权益,同时,敦促和监督企业按照合同约定履行自身合同义务,提高企业的合同信用。

4)明确职责

明确企业合同管理员和合同管理领导与协助人员在合同管理方面的职责、权限和工作程序,以便各司其职,保证每一份合同的顺利履行。

5)适应竞争

使企业逐步适应激烈的市场竞争,适应市场经济要求的现代化管理和市场国际化、全球化的需要,为企业的生存和发展提供必要的保障。

总之,合同管理应成为企业管理的必备方面,合同管理的成功与否,与企业的兴衰成败是紧密联系在一起的。如何有效地进行合同管理,是每一个企业在市场经济的潮流中所必须研究的重要课题。

4. 内容

1)单项合同管理内容

虽然每个单项合同的内容可能不同,但每个正常履行的单项合同所经历的

阶段则大体上是一致的,即可分为合同产生、签订、履行和关闭四个阶段。不同的阶段,具有不同的合同管理内容:

(1)合同产生阶段。

即合同自提出意向到正式签订之前的阶段,包括合同的立项、招投标、谈判和评审等管理内容。

(2)合同签订阶段。

即合同双方或多方进行合同签字的阶段,包括合同签字的审查与审批、签署、合同文件的分发与保管等管理内容。

(3)合同履行阶段。

即合同自签订后到履行完毕前的阶段,包括合同内容的履行、变更、索赔、暂停或终止、争议处理等管理内容。

(4)合同关闭阶段。

即合同最终履行完毕或因各种原因而提前终止,不再履行的阶段,包括合同关闭确认、合同文件的归档、经验总结等管理内容。

一份有效成立并顺利履行完毕的合同大致会经历上述四个阶段,但并不是说每一份合同都会经历产生、签订、履行和关闭这四个阶段。例如,有的合同在产生阶段因为合同双方未能就所有条款达成一致或一方当事人觉得无法履行等原因而最终未能签订,就没有经历合同签订阶段,更不要说经历此后的合同履行和关闭阶段;有的合同签订后因违法等原因成为无效合同或被法院或仲裁机构裁定撤销而未能进行任何实际履行就被关闭,则没有经历具体的合同履行阶段。

本书以后各章将根据上述合同所处的不同阶段❶对国际工程项目合同中的核心部分——国际工程承包合同管理的具体内容进行详细的叙述。在一定程度上,对工程项目业主的合同管理或对其他类型合同的合同管理也具有相应的借鉴与参考作用。

2)企业合同管理内容

上述合同管理主要就单项合同或某项系列合同而言。对企业的整体合同管理来说,除了单项合同的管理内容外,还主要包括以下合同管理内容。

(1)合同管理制度的制定与修正。

合同管理制度是指企业制定的对合同进行全面、系统和动态化管理的一系

---

❶ 如无特别指明,即从承包商的角度来叙述。

列规章和规定的总称。合同管理制度是企业进行合同管理的保障和准则。具体的合同管理制度应当依照国家相关的法律、法规,结合企业的实际情况来制定,并反映合同和其管理的各个方面。合同管理制度应与企业的生产经营制度相互融合。同时,合同管理的各种制度之间也必须相互衔接,不能出现矛盾、隔断和冲突之处。否则,同样无法利用此管理制度实现合同管理的目标。

另外,已经制定的合同管理制度在实际运用中可能会因为新的情况发生或旧的情况发生变化而需要不时地进行修正,以使之适应企业的发展需要,更好地为企业的合同管理服务。在合同管理制度的具体内容方面,每个企业不尽相同,不能照搬照抄,因为每个企业的经营性质、规模大小、业务范围及所签合同的具体情况等均不一样,反映在合同管理制度的具体内容方面也应有所不同。

(2)合同管理体制的设置与完善。

合同管理体制需要解决的问题是企业内部通过何种模式来实现合同管理的目标。合同管理体制的有效设置是企业合同管理成功与否的关键。如何设置并完善适合本企业的合同管理体制是合同管理的一项重要内容。例如,企业设置专门的合同管理部门,采取领导、主管与协助相结合的横向管理体制,即企业法定代表人或其他负责人等是合同管理的领导者,企业专职合同管理部门是合同管理的主管者,企业其他相关部门(如合同履行部门)是合同管理的协助者,三者互相配合、互相协作,共同完成企业的合同管理。

另外,对于集团企业来说,在上述横向管理体制之外,还应建立自上而下的纵向管理体制,即集团企业总部(母公司)的专职合同管理部门负责企业所有合同的管理,是集团企业的统一合同管理部门;集团企业的分公司、子公司等所属单位的合同管理部门或合同管理员具体负责本单位的合同管理,并接受总公司、母公司合同管理部门的监督、检查和指导,是集团企业的二级合同管理部门;在集团企业分公司、子公司等所属单位之下的孙公司、临时项目管理机构、驻外办事处等合同管理部门或合同管理员为集团企业的三级合同管理部门,以此类推,从而形成一个纵向的合同管理体制。

(3)合同管理员的选用和培训。

合同管理员是合同管理内容的具体执行者,因此,合同管理员的选用和培训与合同管理制度的制定、合同管理体制的设置具有同等重要的地位。合同管理员一般来说应具备合同、法律和管理,以及本企业经营业务方面的知识,并具有相关业务的工作经验。另外,还应根据企业业务发展的需要,及时对合同管理员进行专业化的培训,以提高合同管理员的业务水平。如果企业的业务范围中包括了涉外业务,需要签订和履行涉外合同,合同管理员还应具备一定的外语水平,企业也应及时对合同管理员进行必要的外语培训,以充分适应涉外业务的需要。

对企业来说,上述三项合同管理内容互相连接、缺一不可。合同管理制度的制定与修正可以使企业的合同管理工作规范化,合同管理体制的设置与完善可以使企业的合同管理工作责任化,合同管理员的选用与培训可以使企业的合同管理工作专业化。因此,只有制度、体制和人员三位一体的有机结合,才能使企业的合同管理工作真正做到规范化、责任化和专业化。

二、合同管理的模式

无论是横向合同管理体制,还是纵向合同管理体制,合同管理均需要专门机构和/或专职管理人员来负责,这个专门机构和/或专职管理人员就是横向合同管理体制中的合同管理主管者,也是纵向合同管理体制中合同管理的监督、检查和指导者。企业的合同管理可参考以下几种模式。

1. 设专职合同管理部门

大型或合同数量较多的企业可设专门管理合同的部门,如"合同部"、"合同管理处"等,以便专职和有效地管理企业的所有合同。鉴于合同管理与法律事务的密切相关性,目前有很多企业将合同管理与法律事务并列在一个部门进行管理,如有的企业设立"合同条法处"或"合同法务部"等,负责管理合同和法律事务以及企业合同、法律规章制度的制订和修正等方面的内容。另外,还有的企业在其相关业务部门中下设专门管理合同的科室,如"合同科"等。

2. 设专职合同管理员

小型和合同数量不多的企业,或为某个业务项目的特别需要,如果不设专门的合同管理部门,可设专职的合同管理员。合同管理员既可以直属于企业领导,也可以附属于企业的相关部门之中,如"业务部"、"综合科"等,但必须专门进行合同管理工作,其合同管理的内容同专职的合同管理部门一样,虽然工作量比较少,但合同管理职责是一样的。

3. 设兼职合同管理员

同样,小型和合同数量不多的企业,或为某个业务项目的特别需要,如果既没有设专门的合同管理机构,也没有设专职合同管理员,可设兼职合同管理员。例如,可以让企业的专职法律顾问兼任合同管理员。需要说明的是,企业作为常年法律顾问聘请的律师事务所的律师并不适宜作专门的合同管理工作。因为,合同管理是对合同进行的系统和整体性管理,需要对合同进行随时和全过程的跟踪和监督;而律师一般是在合同的起草、签订或履行中出现问题时为企业提供法律方面的意见和建议,律师还有其在律师事务所的其他工作,不可能像专职的合同管理员那样为受聘企业做具体的合同管理工作。

三、合同管理的方法

无论采用何种合同管理体制,均可通过以下两种方法来进行合同管理。

1. 制度化管理

制度化管理是指通过制定各种与合同管理有关的规章制度来实现合同管理目标的一种合同管理方式。合同管理制度包括授权与签字、评审与审批、监督与检查、履行与修改、变更与解除、争议处理、合同台账、合同责任、人员的选用与培训,以及合同文件的保管、分发、使用和归档等各项内容。例如,有的企业制定了专门的"合同管理办法",将上述内容囊括其中。制度化管理对企业来说是非常必要的,只有制定了切实可行的合同管理制度,才能使合同管理走上正规化、规范化、日常化、责任化的轨道。有了合同管理制度,就可以使企业的合同管理做到"有章可依、有章必依、执章必严、违章必究"。合同管理制度是企业规章制度中重要的一环,不容忽视。制度化管理方式对制定的合同管理制度的具体内容要求,除了原则性的规定外,还应强调具有实际操作性的内容,以方便合同管理部门和/或合同管理人员在实际工作中可以有效运用。制度化管理方式是目前企业采用较多的一种合同管理方式。

2. 程序化管理

程序化管理是指通过制定各种与合同管理有关的工作程序或管理流程图来实现合同管理目标的一种合同管理方式。程序具有操作性强的特点,比较适用于单项或同类系列合同的管理。例如,合同招标与投标程序、合同审批与签订程序、合同变更与解除程序、合同争议解决程序、索赔程序、合同文件管理程序等。同样,为了方便合同管理部门和/或合同管理人员在实际工作中加以有效运用,每个合同管理工作程序应明确合同管理的具体内容和步骤以及各相关部门和人员的职责。

当然,制度化管理和程序化管理并不是两种只能取其一的管理方式,事实上,两种方式在内容和目的上应是一致的,均是为了实现对合同的规范化管理,从而维护企业合法的合同权益。制度侧重于原则性,程序侧重于可操作性,两者可以充分地结合起来,即在合同管理制度确立的原则之下,制定各种细化的合同管理工作程序,做到合同管理体制清楚、内容明确、职责分明、程序规范,再通过专业人员的有效管理,定能实现对合同管理的目标。

四、合同管理的手段

为有效完成合同管理的具体内容,合同管理员可以采取以下基本手段。

1. 审查

审查分为合同签订前审查、合同签订时和合同签订后审查。合同签订前的审查主要指合同管理员对合同来源是否符合企业规定、合同另一方的资质与信誉是否符合企业要求、合同条款的公平性等进行的审查;合同签订时的审查主要指合同管理员对合同文本的完整性、合同签字人身份的合法性等进行的审查;合同签订后的审查主要指合同管理员对企业自身和合同另一方的合同履行行为进行的规范性审查。通过审查,可以避免漏洞、发现问题,便于及时处理。

2. 监督

监督主要是指合同管理员对企业自身和合同另一方的合同谈判、签订和履行等行为的监察与督促。监督与审查的区别是,审查是被动的,合同管理员只在问题提交后才进行审查;而监督是主动的,如合同管理员应对双方的合同履行行为主动进行监察并督促双方按照合同约定履行合同。通过监督,同样可以达到避免漏洞、发现问题的目的,并便于及时处理。

3. 跟踪

合同管理员可以通过"合同状态一览表"的形式,将所有签订的合同登记在合同状态一览表中并随时更新,对所有合同的签订、履行及完成情况进行日常跟踪。通过跟踪(如确定合同是否按期完成、合同价格有无变化、合同关闭时有无遗留问题等),既可让企业的领导随时掌握本企业所有合同的最新履行状态,又可随时发现问题,分析问题,并及时处理。

4. 处理

在审查、监督和跟踪过程中发现的合同方面的问题,最终应由合同管理员进行处理或提出相关的处理意见和建议。合同管理员处理合同问题时最根本的依据就是双方签订的合同,包括合同条款以及合同履行过程中双方确认的所有有关合同履行的往来传真、信件、会议纪要、备忘录等文件。如果在合同中无法找到依据,则通过相应的法律法规或行业惯例等寻找可以处理问题的有利依据。

五、合同管理的原则

1. 集中控制原则

依据规范统一的合同审查、批准制度,企业对各类合同管理过程中的立项、签订、履行、变更和关闭等关键管理过程中的审查、决策实行集中控制。

2. 授权管理原则

依据分级授权等相关管理制度,企业对执行国际工程建设项目的分公司、子公司、项目部等及相关职能部门在合同的上述管理行为方面实行授权管理。

3. 系统管理原则

合同管理过程贯穿于从合同立项至最终关闭的整个过程,因此,需要对合同管理的各个环节进行统筹规划,系统管理。通过建立系统的、覆盖企业合同管理全过程的合同管理文件和程序,制定相关工作流程图,实现合同管理活动的有章可循,做到合同管理内容的有形化和程序化。

4. 预防为主原则

为保证合同的公平性、合法性,避免合同因违法而导致无效,或因合同相关条款描述不清、不一致、矛盾而导致合同履行过程中产生争议等,合同管理的关键是在合同签订之前,做好合同无效或争议的预防,即加强合同谈判和合同评审工作,避免签订无效的或合同权利义务描述不清的合同。当然,合同履行过程中,因各种原因,难免会产生各种事先无法预防的合同问题与争议,此时,应依据合同和相关法律规定采取不同的补救措施以解决这些合同问题与争议。预防为主,补救为辅。只有事先的预防工作做好了,才能顺利履行合同,事后的补救也有相应的合同依据。

第二节　业主与承包商的合同管理

国际工程建设项目合同管理是指国际工程建设项目的合同当事人在工程建设项目的立项、招投标、合同谈判、签订、实施期间对该工程建设项目涉及的所有合同进行的管理。国际工程建设项目合同中最基本的当事人是业主和承包商,鉴于国内企业对外主要是承包国际工程建设项目,因此,在简要说明业主合同管理内容的基础上,重点说明承包商的合同管理。

一、业主的合同管理

1. 管理机构

本书第一章中已说明,国际工程建设项目合同是一个复杂的合同体系,其中,业主作为合同当事人签订的合同就可能有各种工程承包合同、借款合同、采购合同、保险合同等。因此,业主应由其总部的合同管理部门或合同管理员负责整个工程项目的合同管理。如果业主设立了己方专门管理项目的机构(如 Project Management Office,简称 PMO)或聘请了专门从事工程项目管理的"项目管理公司"(Project Management Company,简称 PMC),则应在该机构中设立合同管理部门或专职合同管理员负责整个工程建设项目的合同管理;如果业主没有设立专门的合同管理部门或专职合同管理员,也应专门就该工程项目的建设聘请相应的专职合同管理员来对其签订的所有工程建设项目合同实行全过程的管理。

设立专门的合同管理机构或聘请专门的合同管理人员是做好合同管理工作的前提。有些工程项目的业主不太注重工程项目建设期间的合同管理工作,认为合同管理主要是承包商的工作,业主没有必要设立专门机构或人员来进行合同管理。事实上,这种观点是错误的。承包商合同管理工作的好坏只关系到其承包的那部分工程项目建设工作的成败,而业主合同管理工作的好坏则关系到其整体工程项目建设的成败,承包商的工作只是该工程项目的一部分,即便是 EPC 总承包合同,也不能涵盖业主为该工程项目的建设而需要签订的所有合同内容。业主是该工程项目的实际拥有者,更应关心工程项目建设的顺利完成,也更有理由重视工程建设项目的合同管理工作。

2. 管理内容

国际工程建设项目最主要的合同是国际工程承包合同,因此,业主合同管理的主要方面也就是对其与承包商签订的国际工程承包合同进行管理,具体内容如下。

1)合同产生阶段

业主合同管理员在合同产生阶段的合同管理内容主要有:起草和审查招标文件中的合同条件、审查投标人的资质和信用、审查投标人对合同条件反馈的意见和偏离、参加与中标人进行的合同谈判,以及处理工程项目启动和招投标

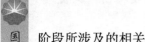

阶段所涉及的相关法律事务等。

2）合同签订阶段

业主合同管理员在合同签订阶段的合同管理内容主要有：审查合同文件的组成并准备正式的合同签字文本、准备己方并审查对方合同签字人的身份证明或授权书、合同原件的分发与保管等。

3）合同履行阶段

业主合同管理员在合同履行阶段的合同管理内容主要有：监督和检查己方和承包商合同履行行为是否符合相关法律规定和合同约定，处理并回复承包商有关合同解释与争议的问题，审查对承包商工程款的支付，处理合同履行过程中的补充、变更、暂停、解除、转让、索赔、终止等问题，以及处理合同履行过程中涉及的相关法律事务等。

4）合同关闭阶段

业主合同管理员在合同关闭阶段的合同管理内容主要有：审查承包商是否已经全部履行合同中规定的责任和义务，对是否颁发承包商临时验收证书、最终验收证书或履约证书等，以及退还承包商履约保函、保留金保函（或保留金）等提出意见和建议，收集整理所有合同文件资料并进行归档等。

二、承包商的合同管理

承包商的合同管理是指承包商对其和业主签订的国际工程承包合同及其项下所有分包等合同进行的管理。

1. 机构设置

就国内承包商而言，一旦中标国际工程项目，与业主签订了"国际工程承包合同"之后，即开始按照合同约定进行工程项目的建设，为完成此特定的国际工程建设项目，承包商一般会成立一个相应的项目管理机构来负责对该项目的建设进行全面的管理。项目管理机构通常称之为"项目经理部"❶，在项目部中，除了由项目部负责人❷组成的项目领导层外，还分设各个专业部门，或专业小

---

❶ 以下简称项目部。下文中将承包商为特定工程项目建设而设立的管理机构均统称为项目部。

❷ 以下简称项目负责人。项目负责人有时称为项目经理/副经理，也有时称为项目主任/副主任。

组,或管理专员,以便各司其职,共同完成工程建设的管理工作。

2. 管理模式

国际工程建设项目承包商的合同管理,有以下两种模式可供参考和选择。

1)项目部管理模式

即在项目部中设立专门的合同部门,作为合同管理的主管部门,直接负责所有工程建设项目合同的管理,承包商企业总部的合同管理部门仅依据企业相关合同管理规定对该工程建设项目的合同管理进行指导、监督和检查,只有项目部无法处理的合同问题,才由企业总部合同管理部门直接处理。此种模式比较适用于建设规模较大、合同数量较多的工程建设项目(如 EPC 合同项目),或者,承包商企业的合同管理员数量充足时也可采用此种模式。项目部中的合同部门与管理工程建设项目的其他部门,如施工部门、技术部门、安全环保部门、计划控制部门等处于平级地位。此种模式也可以不设立专门的合同部门,而是与其他相关部门合在一起,如与计划控制部门合称计划合同部或合同控制部等。但无论是设立专门的合同部门,还是与其他部门合在一起,均必须设专职的合同管理员,而且合同管理员的人数与项目的规模大小、合同数量的多少有直接关系,项目规模越大,合同数量越多,相应需要的合同管理员人数也就越多。

2)总部直接管理模式

即该工程建设项目的合同管理由承包商企业总部的合同管理部门直接管理,项目部中不设立专门的合同部门,但设 1~2 名专职合同管理员或兼职合同管理联络员,职责是及时将相关合同问题上报企业总部的合同管理部门处理,并将反馈的相关处理意见和建议进行落实。此种模式下,企业总部的合同管理员并不常驻工程建设项目所在国的工地现场,平时通过电话、传真、电子邮件等方式与现场保持联系,只在必要时才赴工程建设项目现场工作。因此,此种模式要求国内与工程建设项目现场之间的通信联系比较方便。

承包商无论采用何种模式,考虑到国际工程项目的国际性和属地性,均可以同时聘请外籍,包括当地的合同管理员,使合同管理员国际化、当地化,如此,既可以加强合同管理的有效性,还可以提高总部合同管理员的业务水平,获取先进的合同管理经验。同时,在语言交流方面也有一定的优势,特别是在英语为非母语或法定语言的国家。在国外进行工程项目的建设,聘请当地有经验的合同管理员应是中国工程承包企业予以特别重视的问题。当地合同管理员熟悉本国的工程项目建设规定,熟悉本国商人订立合同的习惯和方式,熟悉当地的语言等,具有中国和其他外籍合同管理员所不具备的优势。而且,相对的,人工成本也会比较低。

本书以下如无特别说明,均按照上述1)的模式来说明承包商在国际工程建设项目中合同管理的相关内容。

3. 管理岗位

在上述2中1)的模式下,无论是设立了专门的合同部门,还是只有合同管理员,承包商均应在项目部中设立相应的合同管理岗位,并根据不同的岗位要求制定相应的岗位职责,建立合同管理的"岗位责任制"。常设的合同管理岗位主要有以下6个。

1)合同经理岗

合同经理是合同部门的总负责人,其岗位职责是负责整个工程建设项目的合同管理,上对项目负责人负责,接受项目负责人和承包商总部合同管理部门的指示,下负责领导部门内的合同管理员进行工程建设项目的日常合同管理工作。规模较大的工程建设项目,还可设立1~2名合同副经理岗,协助合同经理进行相应的合同管理工作。

合同经理岗需要具备全面的合同、法律和工程方面的业务知识和能力,以及至少5年以上国际工程建设项目合同管理的经验。否则,将无法胜任此岗位。

2)合同管理岗

合同管理岗是合同管理最重要的岗位,无论工程项目的大小,是否设立专门的合同部门,在项目部中均应设立合同管理岗,主要负责工程总承包合同、分包合同等所有合同的日常事务性管理工作,如起草合同文件、评审分包等合同、处理合同变更、合同解释、合同争议等问题。如果项目部只有合同管理岗,则其管理职责还包括了上述1)和下述3)~6)岗位的职责。

合同管理岗通常需要具备合同和工程方面的业务知识和能力,以及至少2年以上国际工程建设项目合同管理的经验。

3)法律事务管理岗

合同管理与法律通常是紧密联系的,与合同有关的法律事务的处理也是合同管理的重要内容之一。法律事务管理岗负责处理合同履行过程中遇到的所有法律解释与适用、合同争议的诉讼或仲裁、律师的聘请等问题。法律事务管理岗在处理法律事务时涉及的法律主要是本国和工程所在国的法律法规、国际惯例等,以及工程承包合同约定的适用法律(与本国或工程所在国的法律可能一致,也可能不一致)。

法律事务管理岗需要具备法律方面的业务知识和水平,最好是法学专业的大学毕业生,并具备一定的实践经验。做好法律事务管理的关键是具备一定的法律意识,熟不熟悉项目所在国的法律法规倒在其次,因为各国法律规定尽管不同,但理念是一致的。

4)合同文件管理岗

合同文件是合同履行的依据和重要证据,其岗位职责是负责所有合同文件的收发、翻译、借阅、整理、保管和归档等。合同文件管理岗所管理的合同文件应包括国际工程承包合同、分包合同、采购合同、劳务合同等所有合同性文件。

合同文件管理岗需要具备一般的合同和工程方面的业务知识和一定的文控管理方面的工作经验。

5)索赔管理岗

其岗位职责是专门负责合同履行过程中所有因违约、变更、法律变化等原因而引起的向业主、分包商或供货商等提出的正索赔,以及业主、分包商或供货商等向承包商提出的反索赔等。索赔管理岗可以不单独设立,因为处理合同索赔事宜是合同管理的一项重要工作。如果项目规模较大,合同管理员充足,也可单独设立,以便加强工程建设项目的合同索赔工作。

索赔管理岗需要具有实际工作经验的人,对于变更索赔,最好是具备一定工程背景的人员,这样,才能深入了解索赔所涉及的工程方面的专业内容。

6)保险管理岗❶

其岗位职责是根据工程承包合同的约定,负责处理承包商工程项目建设中所有保险的投保和索赔工作,包括保险协议的谈判和审查、各项保险的办理、保险事故的通知以及保险损失的索赔等。

保险管理岗需要具备一定的保险方面的业务知识和能力。

合同管理岗位应根据项目的实际情况和需要进行设立。如果项目规模较大,或合同数量较多,或合同管理员人员充足,则应设立专门的合同部门,并在合同部门中设立上述所有的合同管理岗位。

上述管理岗位实际上是承包商企业总部的合同管理部门中的岗位在某一

---

❶ 保险管理岗有时候设在财务等其他部门,但考虑到保险协议的起草、谈判与签订,以及保险责任事故的索赔等由合同部门来进行更为便利,故也可以放在合同部门,尤其是大型工程项目的保险。

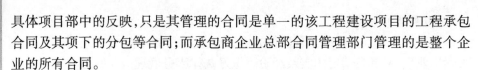
具体项目部中的反映,只是其管理的合同是单一的该工程建设项目的工程承包合同及其项下的分包等合同;而承包商企业总部合同管理部门管理的是整个企业的所有合同。

在上述2中2)的模式下,项目部就无须设立上述这些岗位。

4. 合同管理员的基本素质

一个合格的合同管理员,在进行国际工程建设项目合同管理的工作时,应具备以下基本素质要求。

1)专业与经验方面的要求

国际工程建设项目的合同管理员需要同时具备合同和法律,特别是涉外经济方面合同和法律的专业背景及相关工作经验,因为合同与法律通常是紧密联系的。合同管理员应当熟悉各种不同类型国际工程建设项目合同的主要内容,熟悉与工程建设项目有关的法律法规和国际惯例;合同管理员还应当具有相应的国际贸易、金融、工程承包等方面的专业知识,具有相应的合同管理方面的经验等。此外,合同管理员最基本的素质要求是具有独立起草合同文本和对合同草案或合同履行过程中产生的合同问题等提出相应的意见和建议的能力。一个没有合同、法律知识和经验的人员是不能做好合同管理工作的,特别对合同部门的负责人员而言。

2)语言方面的要求

国际工程建设项目的合同管理员应至少具备一种非汉语语言熟练听、写、说的能力。由于英语的广泛使用性,合同管理员至少应具备熟练的英语能力。国际工程建设项目有不同国家的合同当事人参与,使用的可能不止一种语言;工程位于国外的项目,需要与国外的业主、承包商、分包商、当地政府部门等进行交涉,需要使用当地的语言或英语;国际工程建设项目合同文本可能使用两种或两种以上的语言签订并且可能规定以英语等非汉语语言为主导语言等,这些均充分说明了合同管理员熟练掌握一门外语,尤其是英语的重要性。一个不懂外语的合同管理员,将无法准确理解以外语写成的合同文本、当地法律法规,无法就合同方面的问题与工程建设项目业主、承包商、分包商、当地政府部门和外国员工等进行充分和有效的沟通与交流,也无法充分体现出业主或承包商企业国际工程建设项目管理者应具有的基本素质。可以说,国际工程建设项目合同管理员外语语言能力的高低,直接影响到合同管理员的工作效率和合同管理工作的成效。

例如,中国石油天然气集团公司自2000年开始要求每一个到海外执行国际工程建设项目管理的人员(包括合同管理员)参加英语或其他语种的出国考试,成绩达标者才可以派往国外工程建设项目执行项目管理工作。

　　3) 团队协作方面的要求

　　国际工程建设项目的完成需要各方面的团结协作,共同努力。相应地,国际工程建设项目的合同管理员也应具备团队协作方面的能力和要求。合同管理涉及工程建设项目的方方面面:工作上,外部需要与业主、监理、承包商、分包商、当地政府部门、律师等进行联系和沟通,需要处理好各方面的合同关系;内部需要与企业总部、项目部的其他部门等交流信息,共同处理合同方面的问题;生活上,需要处理好各种人际关系,避免因个人关系的好坏和自身的情绪等影响到工作。因此,合同管理员需要较强的团队协作能力。只有合同管理员和所有相关人员的团结友好协作才可以共同做好国际工程建设项目的合同管理工作。

　　4) 敬业方面的要求

　　国际工程建设项目的合同管理员除了具备上述专业与经验、语言与团队协作方面的素质要求外,还应具备强烈的事业心和良好的职业道德,具备兢兢业业工作的素质要求,这也是对每一个国际工程建设项目管理人员的要求。就合同管理员而言,在工程建设项目合同履行过程中,需要其熟悉相关合同内容、当地的法律法规和风俗习惯;需要其主动与各种合同关系方进行交流;需要其了解本工程建设项目相关方面的各种知识;需要其努力做好本岗位的日常合同管理工作等。因此,合同管理员如果没有一定的敬业精神是无法有效完成国际工程建设项目合同管理工作的。

　　业主或承包商企业可以通过多种途径提高其合同管理员的基本素质。例如,选择具备丰富专业知识、语言能力强,并具有丰富经验的人员作为部门领导,使其发挥专长,带动企业合同管理员整体素质的提高。再如,通过专业培训和学习,使合同管理员及时补充相关的知识和先进的经验,使之在实践中加以有效结合,不断提高自身的业务水平。又如,引入竞争机制,做好考核与奖惩工作。考核可以反映一个合同管理员真实的业务水平,对于考核后业务水平不合格的人员应当下岗培训,合格后方可重新上岗。另外,对于合同管理工作有突出贡献的合同管理人员应给予相应的奖励;对于合同管理工作不认真,给企业和工程项目的建设造成经济损失的合同管理员,应给予相应的处罚。只有奖罚分明,才可充分调动合同管理员的积极性,促其严格要求自己,努力提高自身的业务素质。

5. 管理体系与管理职责

大型国际工程建设项目的承包商,特别是 EPC 承包商,项目部通常由项目领导层和各专业部门组成。从履行合同的角度来说,项目部所有部门和人员均在某一方面做着合同管理的工作。因此,承包商项目部的合同管理可分为以下三个不同层次的管理体系,依据承包商企业总部的管理规定,承担着不同的管理职责❶。

1)合同管理的领导者

项目负责人是合同的决策者和合同管理的领导与监督者,在合同管理工作中负有合同的决定、领导和监督等的管理责任,其职责相关如下:

(1)决定合同部门提出的与合同有关的意见和建议是否可行;

(2)决定并领导工程建设项目所有分包项目或设备材料采购等合同的招投标;

(3)决定并领导工程建设项目所有合同的谈判;

(4)决定并领导工程建设项目所有合同的评审;

(5)签署或授权他人签署分包等合同及其他合同性文件;

(6)决定并领导和监督工程建设项目所有合同的履行;

(7)决定并领导所有工程建设项目合同的变更、违约等索赔工作;

(8)决定并领导工程建设项目合同履行过程中所有合同争议的处理;

(9)决定并领导工程建设项目合同履行完毕的善后处理、文件归档、经验总结等工作。

2)合同管理的主管部门

合同部门或专职合同管理员是合同管理的主管部门或主管人员,在合同管理工作中负有合同的审查、监督、跟踪和处理等管理责任,其相关职责如下:

(1)参与分包等各项合同谈判并提出相应的意见和建议;

(2)了解和审查合同另一方的资质、信誉等;

(3)起草或审查分包等各项合同文本;

(4)组织或协助项目部其他相关部门进行分包项目或设备材料采购的招投标;

---

❶ 实际上,就国际工程承包合同本身而言,其评审、谈判与签订工作已经由承包商总部的合同管理部门完成,项目部成立后即为具体履行该国际工程承包合同,相应的合同管理工作也从该工程承包合同的履行阶段开始。

(5)组织工程建设项目各项合同的评审;

(6)提出合同问题处理的相关法律意见和建议;

(7)审查对方并提供己方合同签字人的身份证明或授权文件;

(8)协助项目负责人检查、监督工程建设项目各项合同的履行;

(9)审查各项收付款项是否符合相应的合同要求;

(10)组织和处理工程建设项目合同履行过程中出现的变更及违约索赔等工作;

(11)处理合同履行过程中产生的各种合同争议;

(12)提供合同的条款与法律解释服务;

(13)收集整理工程所在国的法律法规并处理相关法律事务;

(14)各类合同性文件的管理;

(15)工程建设项目合同履行状态的更新与分析;

(16)工程建设项目保险投保与索赔(如有);

(17)合同管理经验的总结与交流工作。

以上合同主管部门管理职责,也可以说是承包商企业总部合同管理职责在某一工程建设项目上的具体化。上述合同管理职责的具体细节,可参考以后各章叙述的国际工程建设项目合同不同阶段合同管理的具体内容。

3)合同管理的协助部门

项目部的其他部门,如施工部门、技术部门、质量部门、采购部门、计划控制部门等,既是国际工程承包合同及其项下所有合同某一方面内容的具体履行部门,同时也是合同管理的协助部门,即在本部门的职责范围内协助合同主管部门做好相应的合同管理工作,其相关职责如下:

(1)负责起草或审查分包或设备材料采购等项目招标文件中与本部门职责范围有关的内容;

(2)负责评审分包等合同中与本部门职责范围有关内容;

(3)负责具体执行所有工程建设项目合同中与本部门职责范围有关的内容;

(4)协助项目负责人和合同部门处理与本部门有关的诸如变更、违约、保险索赔和争议处理等合同履行方面的问题;

(5)协助合同部门和项目负责人总结本部门协助进行合同管理的经验。

总之,只有项目部的各个部门既各司其职,又相互协作,才能共同圆满地完成整个工程建设项目的合同管理。因此,简单说来,在国际工程建设项目的合同管理方面,合同主管部门是在项目领导层的指示和监督下,负责工程建设项目所有合同的日常管理工作,合同履行部门在各自的职责范围内积极协助配合合同部门的工作。如此,有领导,有主管,有协助,构成了一个完整且能够有效运作的承包商国际工程建设项目合同管理体系。

需要注意的是,项目部的合同主管部门还应接受公司总部合同管理部门的监督、检查和指导,项目部的合同管理情况应根据总部的相关规定及时通报总部的合同管理部门,两者之间应当是一种"上情下达,下情上报"的双向互动关系。换句话说,需要将项目部合同主管部门和企业总部合同管理部门在该国际工程承包合同管理上的界面划分清楚,如合同管理哪些方面的问题项目部的合同部门即可自行处理,哪些问题项目部的合同部门必须上报企业总部的合同管理部门。只有将两者具体的职责范围界定清楚了,才能有效地实施合同管理。如果职责范围界定不清,就有可能导致企业合同管理上混乱和疏忽。

图2-1为某工程建设公司承包建设的非洲某国某炼油厂扩建工程项目部组织机构图,图中项目经理/副经理为合同管理的领导者,合同部为合同管理的主管部门,其他部门为合同管理的协助部门:

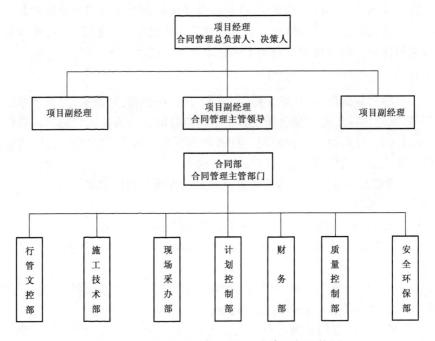

图2-1 某国际工程建设项目承包商组织机构图

6. 管理程序

前述合同管理有制度化和程序化两种管理方式。制度化管理主要作为企业整体合同管理的方式,一般不宜直接适用于单项国际工程建设项目的合同管理,因为单项国际工程建设项目的合同管理应更侧重于管理的可操作性,即让合同管理员和其他合同管理协助人员可以一目了然、按图索骥加以运用。而且,不同的国际工程建设项目具有不同的特点。因此,程序化的管理方式更适用于单项国际工程建设项目的合同管理。但企业的合同管理制度应是项目部进行程序化合同管理,制定具体的合同管理工作程序的依据和准则,是就不同工程建设项目特点而对企业的合同管理制度的细化。下面以国际工程总承包合同(EPC 合同)为蓝本对承包商可能涉及的主要合同管理工作程序进行简要介绍。

1)招投标管理程序

国际工程总承包合同的承包商在大多数情况下会将部分分项工程或某些工作内容进行分包并需要选择合格的分包商,或就设备材料的采购需要向多家供货商询价,或就设备材料的运输、人员和机具的保险等寻求合格和价优的运输商、保险公司等。凡此种种需要对上述工作进行招投标,而且以招投标方式确定该工程建设项目的分包商、供货商、服务商,也可能是相关国家法律法规或工程建设项目业主的要求。无论是公开招标还是邀请招标,均需要按照一定的程序进行。招投标工作有的项目部规定由合同部门负责,有的项目部规定由负责招标项目执行的合同履行部门(即合同管理协助部门)负责。例如,采购项目的招标由采购部门负责,安装分包工作的招标由施工部门负责等。招投标工作是合同管理的一项主要内容之一。因为,招标文件(合同条件)的制定、投标文件的审核、招标结果的评定等均涉及合同管理的内容。无论招投标的主体工作是由合同部门负责,还是项目其他相关部门负责,合同部门就招投标的全部工作内容及操作步骤制定专门的"招投标管理程序"是非常必要的。

2)合同评审管理程序

国际工程总承包合同中的设计或施工等分包合同、大型设备材料的采购合同等,其合同涉及的相关权利义务内容众多,除了商务和法律条款外,还有很多技术性条款,这些技术性条款均需要相关的专业人员提出意见和建议。因此,上述合同需要项目部各个部门在合同谈判和签订之前对合同进行各自职责范围内的评审。合同评审应由合同部门负责组织,是合同管理的重要内容。如何组织和进行合同评审,合同评审的具体标准是什么,各部门在合同评审中的职责有哪些,评审的结果如何处理等,均需要通过制定专门的"合同评审管理程序"来予以明确。

3)合同签订管理程序

经过招投标、合同评审及与中标者进行合同谈判之后,就需要准备正式的合同文本交由合同双方当事人签字。在合同签字的环节上,合同部门需要进行合同文本文字准确性与构成部分完整性的最终审查、己方签字人的授权及对方签字人的身份证明的审核、合同原件的保管等合同管理工作。这些工作如果有一个专门的"合同签订管理程序"来加以规定将简单明了,易于操作。

4)合同履行管理程序

合同签字生效后就需要合同双方当事人按照合同约定的内容进行履行。为规范各类合同的履行行为,明确项目部各部门在合同履行方面的职责,保证承包商顺利履行合同和及时处理合同履行过程中出现的诸如合同修订、合同解释、合同关闭等合同管理方面的问题,有必要制定专门的"合同履行管理程序"。

5)变更索赔管理程序

国际工程承包合同的变更和索赔,包括业主的变更、承包商的变更建议,以及违约索赔、变更索赔、法律索赔和保险索赔等。严格说来,变更和索赔也属于合同履行过程中出现的问题,既可以将其纳入"合同履行管理程序"中,也可以将变更和索赔问题单独列出,制定一个单独的"变更索赔管理程序"。因为变更和索赔问题是国际工程承包合同履行的关键问题之一,牵扯到业主、分包商、供货商、保险公司等各个外部环节和项目部的各个部门,涉及各个方面的实际利益,也是合同管理的主要内容之一。在"变更和索赔管理程序"中应明确变更和索赔相关概念、处理变更和索赔的专门机构、变更和索赔信息及变更索赔文件的收集、整理与分析、变更和索赔的提出与反馈、变更和索赔的最终处理等内容。

6)争议解决管理程序

合同履行过程中,合同当事人之间可能会出现各种各样的合同争议。例如,因合同条款的理解不同而产生的争议,因一方的违约行为而导致的争议,因业主的变更、暂停而产生的争议,因法律、物价等变化导致成本上升而产生的争议等。"争议解决管理程序"应立足于合同约定的争议解决方式,规定项目部解决争议的各项步骤、方法和策略,以便于各类合同争议均能及时、妥善地获得解决,从而有效维护承包商的合法权益。

7）合同文件管理程序

合同文件是国际建设工程项目承包商工作的基石,也是承包商处理合同履行过程中各项问题,尤其是变更和索赔问题的基本依据,其重要性自不待言。因此,合同文件的管理就成为合同管理的一项基本内容,即有必要制定相应的"合同文件管理程序"。合同文件管理程序应规定合同文件的保管、收发、借阅、保密、存档以及合同编号、合同台账等内容。

除分别制定上述囊括了合同整个过程的单项工作程序外,也可以制定统一的包括上述全部内容的"合同管理工作程序"。

第三章 合同形成管理

第一节 合同立项

一、项目选择

国内承包商进入国际工程建设项目市场,选择适合本企业的国际工程建设项目,需要搜集项目信息,确定目标市场国,对工程项目建设的各种环境进行调研、风险评估,并最终确定需要进行投标的具体工程建设项目。合同管理员从事某个具体的国际工程建设项目的合同管理即从此开始。

1. 项目信息

1)项目信息来源

项目信息来源渠道目前非常广泛,主要有以下途径:

(1)网络、报刊等媒体渠道:现今网络媒体非常普及和发达,通过网络渠道可以获取大量的国际工程建设项目招标信息(网络上有很多专门发布招标信息的网站)。此外,还可以通过联合国、世界银行、亚洲开发银行等国际组织的刊物等获取国际工程项目招标的信息。

(2)行业协会渠道:通过对外承包工程商会、中国石油工程建设协会、中国建筑业协会等行业协会渠道获取相关国际工程建设项目招标信息。

(3)国内大企业海外投资渠道:通过向海外投资的本国企业了解,获知相关投资项目的工程建设招标信息。例如,对于中国石油天然气集团公司所属的工程承包企业来说,可以通过集团公司的海外石油投资,获取大量的石油工程建设项目信息。

(4)其他相关渠道:如通过向本行业先行走出去的工程承包企业了解相关国家工程建设项目招标信息;通过向目标市场国驻中国的使领馆,或中国驻目标市场国的使领馆了解该国的工程建设项目招标信息等。

还有一种渠道在中东等阿拉伯国家常用，即通过与目标市场国的个人或企业签订相关代理协议，通过该代理寻找该国的国际工程建设项目招标信息。在通过该代理中标相关工程建设项目合同后，按照合同额的一定比例支付代理费。此种方式在有些国家是法律的强制性要求，有些国家则不要求。通过此种方式，合同管理员一定要签订好相关代理协议，如明确代理协议的有效期、被代理人有权随时取消该代理协议、代理人应承担相应的义务和责任、代理费只有在获取相关工程建设项目合同且获得业主的工程款之后才能支付、非独占性代理等，避免签订无期限的，无法随时取消的"霸王型"、"永久型"的代理协议。

2）项目信息选择

国际工程建设项目市场上的国际工程承包项目信息很多，但该工程建设项目是否适合承包商本企业的业务经营范围，该工程建设项目所在国家的环境，特别是法制环境对承包商开展工程承包业务有无风险，有何风险，风险有多大等，需要承包商从纷繁复杂的众多项目信息中做出正确的选择。项目信息选择应是建立在充分的前期调研和风险评估的基础上，并结合承包商自身的综合实力。

以下重点叙述承包商的前期调研和风险评估中合同管理员应完成的相关工作。

2. 前期调研

国际工程建设项目承包商在进入目标市场国之前，通常要对该国的工程建设项目市场进行前期调研，以确定是否可以和有能力在该国开展国际工程建设项目承包业务。前期调研通常由承包商企业总部组成调研小组前往目标市场国，具体负责调研事宜。相应地，合同和法律管理人员应作为调研小组的成员，主要负责以下调研工作。

1）法制环境调研

遵守工程建设项目所在国的法律法规是每个国内工程承包企业应尽的义务。因此，在海外工程项目投标之前，应首先对工程项目招标国家的法制环境进行调研，目的在于为承包商进入该目标市场国进行法律风险评估和合法经营提供法律上的决策依据。对承包商而言，法制环境是指工程建设项目招标国家或地区直接或间接约束和规范承包商在当地开展工程承包业务时所享有的权利和应承担义务的相关法律制度、法律法规的总称。承包商进行法制环境调研的主要目的是评价在工程建设项目所在国执行该工程建设项目的法律风险，以及对合同工期及投标报价等的影响。法制环境的调研主要包括如下方面内容：

(1)工程建设项目所在国的相关法律构成体系。相关法律构成体系是否完备，与工程承包相关的重要的法律法规是否健全，是否可以便利查找，对法律的执行是否严格等，将直接关系到承包商经营的法律风险。

(2)外国承包商在工程建设项目所在国经营所需的各种合法身份，以及取得该合法身份的程序，所需费用及时间等；在该国承包工程应办理的各种证照、许可，以及办理的程序，所需的费用、时间等。

(3)与外国承包商在工程建设项目所在国合法经营相关的法律、法规、法令、条例等具有法律效力的规范性文件，如工程建设、海关、劳工、税收、保险、外汇管理等方面的法律法规，该国与中国或其他国家、国际机构签订的双边条约、多边条约，以及认可的相关国际惯例等。

(4)工程建设项目所在国的法律服务环境和成本，如律师事务所的数量、规模、服务质量以及收费标准等，以明确是否可以在工程建设项目所在国有效地、便利地利用当地法律服务。

调研可以通过多种方式进行，如通过实地考察，并聘请当地律师事务所提供法律意见书、相关法律法规文件等方式；或者通过中国驻该国使馆(网站)了解，向其他驻该国的中国公司了解等方式。这些方式可以单独使用，也可以结合起来使用。无论通过何种方式进行法制环境调研，均要求准确，内容翔实。并且，需要注意的是，收集的相关信息应是现实有效的信息。如果相关的分析和评估建立在错误的、失效的、无用的信息基础上，则会给承包商的决策带来不必要的失误。调研结束后，负责调研的合同管理员应撰写相应的调研报告，并提供相关分析和评估的意见、建议等。

只有在对上述内容进行充分了解之后，才能在承包一个工程项目之前，能够预先防范或规避在该国经营涉及的法律风险，提前获取相关法律要求的特别许可等。并且，在投标时，也能够在了解该国涉及工程承包业务的相关法律法规中赋予承包商的权利及给予相关特殊优惠政策的基础上，占据有利地位。

另外，对于承包商已经进行过法制环境调研，并开展经营业务的工程建设项目国家，应对原有的法制环境调研内容进行及时的更新和补充；对于虽然未进行法制环境调研，但已经开展经营业务的老市场国，应对已经获得的相关法制环境信息内容进行归纳、整理和分析，并也应及时给予更新和补充。需要更新和补充的内容如下：

(1)该国新颁布或废止的与承包商正在经营的业务相关的法律法规、法令；

(2)该国新实行的对承包商正在经营的业务产生重大影响的政策；

（3）承包商正在经营的具体业务过程中出现的相关法律问题未在原调研报告中反映，而需要补充和完善的内容。

2）合法经营身份的确认

合法经营身份的确认是承包商投标之前项目形成阶段需要明确的另一个重要问题。合法经营身份是指依据工程建设项目招标国的相关法律法规，国内承包商以何名义在该国进行工程承包业务。通常，各国法律对于外国的工程建设企业在本国经营工程承包业务均要求具备一定的身份，如要求在本国注册分公司、子公司，或与本国公司成立合资公司等。但也有的国家允许承包商直接以外国公司的身份进行投标和施工，不要求另行成立分公司或子公司等。合法经营身份是承包商在招标国承揽工程项目建设业务的前提。为此，承包商在投标之前，进行法制环境调研时，就应依据招标国的法律法规，确认以何种合法身份经营最为有利，并办理相关法律手续。

具备了合法的经营身份，承包商才能在招标国取得相关税号，履行纳税义务，这是每个国家的基本要求。因此，在选择不同身份时，应从承包商企业的便利、当地对不同公司身份的优惠政策、税务统筹等方面综合考虑。

二、项目形成

在经过明确和充分的前期调研之后，承包商需要对调研的结果进行分析和评估，以确定是否需要在该目标市场国开展工程承包业务并投标其工程建设项目。在此阶段，合同管理员参与的工作主要有以下两项。

1. 风险评估

风险评估的目的是通过识别风险因素，预设应对方案，以最大限度地减少各类风险给投标和工程项目执行带来的不利影响。海外工程建设项目合同的法律风险评估，是以工程建设项目的合法和顺利执行为目标，从各类风险中将合同的法律风险要素识别出来，评估其可能的影响，并形成应对方案。

1）风险因素

（1）社会因素。海外工程建设项目合同执行国的社会稳定程度，该国对中国的友好程度，业主在该国的法律地位，该工程建设项目合同在当地的重要程度，工程建设项目执行的当地社会依托条件，当地的风俗习惯、宗教信仰、工会的活动情况、治安状况等。另外，法律风险也属于社会风险因素范围。

（2）自然因素。海外工程建设项目合同执行现场一般都在自然和生活条件比较差的地方,需要了解当地的自然风险因素,如气象条件、当地的水文地质资料、常见的自然灾害等。

（3）合同本身因素。包括但不限于保函、预付款、付款程序、工期罚款、性能保证、指定供货商、质保期、最高赔偿责任、变更、业主付款能力、保险要求等。

2）风险评估的内容与要求

（1）评估内容。法律风险内容主要有两类:一是上面提到的法制环境调研内容体现的风险因素,如承包商合法经营的身份（对执行项目的影响）,该国法律法规体系（健全程度,了解法律的难易程度）等;二是工程建设项目合同条件中的法律和责任条款体现的风险因素,如适用法律、合同内容不一致的法律解释权、承包商应承担的合同法律责任、争议解决的方式与地点等。

（2）评估要求。海外工程建设项目合同的法律风险评估,是作为承包商决定投标并执行该工程建设项目的整体风险评估的一部分。合同管理部门应根据本企业相关风险评估组织部门的要求,按照确定的程序、方法和时间,依据相应的法律风险要素评价标准,对具体工程建设项目合同的法律风险进行评估,提出相关意见和建议后交本企业相关风险评估组织部门统一汇总。

3）法律风险的分解手段

海外工程项目合同的法律风险,经过评估后,合同管理人员应就不同的分解手段提出意见和建议:

（1）转移。在与工程项目的业主进行澄清后,对于不能承受,也不能分担的风险,应提出相应的转移方法,如在投标时向业主提出合同偏离;组成联合体投标,将该部分风险转移至联合体一方;将具有保险利益可投保的风险向保险公司进行投保,转移至保险公司等。

（2）分担。对于不能转移,也不能承受的风险,可通过分包的方式,将该部分风险转移至分包商承担。分包方式不是真正意义上的风险转移,因为,对于业主来说,承包商无论分包多少,最终的法律责任首先是要承包商来承担的。只要在承包商承担之后,才可以按照分包合同转移至分包商。

（3）承受。对于经过评估后,一些无法转移,也无法分担,但必须要面对的风险,或依据承包商企业的能力和通过努力可以承担的风险,则可以建议企业直接承受该部分风险。

2. 项目确定

根据风险评估的结果,对于是否进入该目标市场国,承包商企业有如下几种处理方式。

1）放弃

通过风险评估，认为进入该目标市场国承包工程建设项目风险较高，依照现有的实力和风险应对能力，无法保证相关业务能够顺利开展，并获得一定的利润，则可以考虑放弃。

2）参与

通过风险评估，认为进入该目标市场国虽然有一定的风险，但根据企业的综合实力和风险应对能力，可以参与该目标市场国的工程建设项目，选择若干相对风险不大的工程建设项目进行投保和实施，积累经验。

3）进入

通过风险评估，认为进入该目标市场国对于承包商企业来说风险不大，企业完全可以应对，则可以考虑全面进入该目标市场国，积极参与相关工程建设项目的投标，占领一定的市场份额。

在选择上述2）和3）中方式的情况下，承包商企业可以确定该目标市场国若干个工程建设项目进行投标。

第二节　合同招投标

招投标❶，从广义上说，是指按照一定的程序和规则进行的一方提供并由他方通过竞争方式获取商业机会的一种经济行为，包含了招标和投标两个相辅相成不可分离的方面。招投标中的"标"是指"招"的"对象"，即招投标完成后所签合同的"标的"，既可以是需要购买的某项产品，也可以是需要提供的某项服务，还可以是需要建设的某个工程项目、需要租赁的房屋、需要转让的土地等，总之，招投标的适用范围非常广泛。

国际工程建设项目的招投标，其招投标的对象即是拟建设的该"国际工程建设项目"，无论是对国际工程建设项目的业主，还是承包商来说，均是一个相对复杂的和包含了诸多技巧的过程，涉及技术、商务、合同和法律的各个方面。

---

❶ 国际工程建设项目招投标的结果通常是签订一份国际工程建设项目合同。因此，国际工程建设项目的招投标也就是国际工程建设项目合同的招投标。

因此,合同管理员要想有效地完成国际工程建设项目招投标阶段的合同管理工作内容,首先应当了解其基本的运作过程。

一、项目主合同招标

1. 招标的含义

1)含义

国际工程建设项目的招标,是指业主将其拟建设的工程项目的内容和要求公开标明,以使意欲承包该工程项目建设的各国承包商对此进行投标报价,并按照一定的程序和规则确定中标人的行为。对其含义可补充理解如下:

(1)招标行为的主体是业主,即招标人、工程项目的拥有者、发包人。业主可以自行组织招标,也可以委托招标代理机构进行招标。

(2)招标行为的客体是拟建设的工程项目,包括工程项目的勘察、设计、建筑、安装,以及用于工程项目的设备、材料和机械的采购等所有与该工程项目的建设有关的经济活动指向的对象。

(3)招标行为的内容是招标的整个过程,包括准备和发布招标文件、资质审查、澄清、开标、评标和定标等所有活动。

2)特点

通常所指的招标,包含了投标在内,具有以下特点:

(1)竞争性。是招投标最基本的特点,之所以进行招投标就是为了引入竞争机制,使招标人在投标人的公平竞争中选择最佳的交易方。

(2)程序性。体现在招投标无论采用何种方式,均按照一定的基本程序进行。

(3)公正性。体现在招标时应对所有潜在投标人一视同仁,招标文件中不应含有倾向或排斥潜在投标人的内容,不应弄虚作假,进行虚假招标,投标人应公平竞争,不应相互串通,进行不正当竞争。

基于上述特点,为使招投标活动法律化、规范化,世界上很多国家均制定了专门的招投标法律法规,以保证招投标活动的公正性和保护招投标活动中各参与方的合法权益。例如,我国于 2000 年 1 月 1 日正式实施的《中华人民共和国招标投标法》、2003 年 5 月 1 日正式实施的由国家计委、原建设部等七部委联合发布的《工程建设项目施工招标投标办法》等,为在中国境内进行的招标投标活动提供了相应的法律保障。

2. 招标的方式

国际上通常采用的招标方式主要有以下几种类型。

1）公开招标

公开招标，即面向所有不特定的潜在投标人的招标，是一种无限竞争性招标。工程建设项目的业主通过其本国或国外的报刊、信息网络或其他媒介发布招标公告，邀请所有感兴趣的国内外工程承包商和设备材料供应商等进行投标，以期在最广泛的竞争中获得期望的中标人。公开招标最能体现招标的本质，多为政府投资和国际金融组织贷款的项目所广泛采用。公开招标方式相对于其他招标方式，耗费时间长，招标工作量大，因此，主要适用于大型工程项目的建设或成套设备的采购等。

2）邀请招标

邀请招标，即面向特定的受邀投标人的招标，是一种有限竞争性招标。工程建设项目的业主通过其自身的业务联系渠道或掌握的相关信息等通过邀请信的方式，邀请其认为合格的、有能力的或感兴趣的工程承包商和设备材料供应商等进行投标。通常情况下，邀请招标应当向三家以上特定的潜在投标人发出投标邀请。邀请招标虽然耗费时间相对较短，招标工作量也较少，但不具有广泛的竞争性，主要适用于建设规模较小、潜在投标人数量有限或涉及军事、国家安全等需要保密而不宜公开招标的工程建设项目。

3）综合招标

综合招标，即综合运用公开招标和邀请招标两种方式的招标。工程项目的业主先通过公开招标的方式进行无限竞争性招标，经过初步开标和评标后，再通过邀请招标的方式邀请若干技术和商务最具竞争力的投标人进行第二轮有限竞争性招标，以确定最终的中标人。一般说来，业主在进行公开招标后未达到预期目的，或在尚不完全具备招标条件时进行公开招标的情况下可考虑采用综合招标的方式。综合招标的程序与公开招标和邀请招标的程序大致相同。

4）其他招标

除了上述招标方式外，还有半公开招标和议标等方式。所谓半公开招标是指虽然工程项目的业主采用的是公开招标的方式，但却将潜在投标人的范围作了一定的限制。例如，某些使用国际金融组织援助或贷款的工程项目要求潜在的投标人限于该国际金融组织的成员国之内，从而排斥了非该国际金融组织成员国的潜在投标人参加投标。议标是指工程项目的业主邀请一家或数家工程承包商和设备材料供应商等直接进行合同谈判,如果同时进行多家谈判,一方的谈判结果也不向其他谈判方公布。谈判成功,则签署工程项目合同。议标方式严格说来不是真正意义上的招投标,因为这种方式不具有招投标所要求的竞争性。

3. 招标的程序

招标程序,不同的招标项目有不同的要求,但无论是何招标项目,也无论采用的是公开招标,还是邀请招标,其基本程序大致如下。

1)编制招标文件

招标文件是潜在投标人了解招标工程项目的基本内容、要求和条件,进行投标决策和报价的基础,因此,招标文件的篇幅虽然可长可短,但内容应当明确、细致和完整,各部分之间应相互连贯、一致,避免前后矛盾和冲突。根据《中华人民共和国招标投标法》的规定,招标人应当根据招标项目的特点和需要编制招标文件,招标文件应当包括招标项目的技术要求、对投标人资格审查的标准、投标报价要求和评标标准等所有实质性要求和条件以及签订合同的主要条款;按照《工程建设项目施工招标投标办法》的规定,招标文件一般包括:投标邀请书、投标人须知、合同主要条款、投标文本格式、技术条款、设计图纸、评标标准和方法、投标辅助材料等。

2)发出招标公告或投标邀请书

采用公开招标的,应当通过相应的媒介(报刊、网络等)发布招标公告;采用邀请招标的,应当向受邀人发出投标邀请书。招标公告或投标邀请书的内容主要说明三类基本信息:

(1)招标人基本信息,包括招标人名称、所在国家和联络方式等;

(2)招标项目基本信息,包括项目名称、规模、工作范围、资金来源、工程地点、工期等;

(3)投标基本信息,包括获取招标文件的时间、地点和费用、投标人的资质要求、投标书送交地点与截止时间等。

3)资格审查

资格审查是审查投标人是否有资格和能力承担招标工程项目建设的过程,分为资格预审和资格后审。资格预审是指招标人在投标前对潜在投标人进行的资格审查,资格后审是指招标人在开标后对投标人进行的资格审查。国际工程建设项目的招标通常采用资格预审。资格审查内容主要有:

(1)投标人的法律状况(是否为法定注册并具有相应资质的承包企业、是否具有独立签订合同的权力、是否在被禁止投标之列等）。

（2）投标人的经验（是否有圆满完成类似工程项目的管理、设计、采购和施工等经验，是否有相关业绩与评介证明等）。

（3）投标人的人员与设备（是否具备足够合格资历的管理与技术人员和足够的施工机械设备等）。

（4）投标人的财务能力（财务状况是否良好，是否具备充足的承包招标工程项目建设的财务能力，是否依法纳税，是否处于财产被冻结、接管或破产状态等）。

4）招标文件的发售或领取

招标人的招标文件一般是有偿出售的，潜在投标人需要支付一定的费用来购买招标文件。当然，也有的业主是免费提供招标文件的，任由对招标项目感兴趣的投标人领取。如果事先进行了资格预审，则招标文件只发售给通过资格预审的投标人。

如果招标人需要对己方发出的招标文件进行修改或补充，应在距离投标截止日一定时间之前书面通知所有购买或领取招标文件的投标人，以使其有足够的时间可以根据招标人修改和补充的内容考虑是否对投标文件进行相应的修正。招标人对招标文件的修改或补充对所有的投标人一视同仁。

5）招标文件的澄清和现场勘察

招标文件发出后，投标截止日之前，通常招标人会组织全体购买或领取招标文件的投标人勘察工程建设项目现场，了解工程建设项目现场周围的环境（道路、水电供应、地质、气候）等情况并回答投标人对于招标文件的疑问。对于投标人勘察现场，以及阅读标书时提出的疑问，招标人以召开标前会议等方式给予书面澄清和回复，并作为招标文件的组成部分向所有投标人公开。

6）投标

投标属于以潜在投标人（工程承包商或设备材料施工机械的供应商等）作为主体进行的行为，包括招标文件的购买、投标书的编制与递交、现场考察、招标文件的澄清等❶。

7）开标

在招标文件规定的或预先公布的时间和地点，在投标人或其代表均到场的

---

❶ 详细内容参见本节二中的相关内容。

情况下,招标人当众开启密封的投标文件,宣读投标文件的相关内容,并公布所有投标人的名称、投标价格、有效或无效的投标文件等情况。开标后,一般不允许投标人再更改投标书的实质性内容。

8)评标

评标是指依据招标文件确定的规则、要求和标准对所有投标人的投标文件进行审查和评价,以确定最后的中标人的过程。虽然大多数情况下,投标价格是决定性的因素,但投标人的技术、经验、承包方案(如工程进度或交货期)和其他优惠条件等均是影响投标人是否最终胜出的因素。

9)定标

通过价格和综合评比后,招标人确定最终的中标人,签发授标函(中标函),将招标的工程项目授予最终的中标人。自此,招投标阶段结束,进入工程项目合同的谈判阶段。

4. 相关合同管理内容

招标阶段属于国际工程建设项目合同的形成阶段,业主合同管理内容的重点是工程项目合同条件的起草。业主合同管理员在工程项目招投标阶段的合同管理工作主要有以下内容。

1)起草招标文件中的合同条件

合同条件是招标文件中的必要组成部分,是未来己方与承包商签订的国际工程承包合同文本的基础,因此,合同条件的起草工作相当重要。合同条件既可以根据工程项目的实际情况自行草拟,也可以采用诸如"FIDIC 合同条件"或其他标准合同范本的通用条件加专用条件的方式。

在采用 FIDIC 合同条件作为招标文件中的合同条件时,应注意区分不同类别和版本的 FIDIC 合同条件❶,选择与工程项目实际情况相适应的 FIDIC 合同条件。同时,还应注意起草好专用条件,即根据工程项目的实际情况对已选择的 FIDIC 合同条件中的通用条件进行修改和补充,使之充分反映己方的意图、要求和条件。

2)明确投标人的资格标准

根据相关国家法律法规(中国业主且工程所在地位于中国的为中国法律,国外投资且工程所在地位于该投资国的为投资使用地国家的法律),拟招标的

---

❶ 参见本书第一章第二节中相关内容。

工程项目对投标人的资格方面有无限制？是只允许本国的投标人进行投标，还是允许在任何一个国家注册的投标人都可以来参加投标，或者只允许其法定注册地址在特定国家的投标人才可以参加投标？如果是使用世界银行、亚洲开发银行等国际金融组织贷款的工程项目，世界银行、亚洲开发银行等国际金融组织对投标人的资格方面有无特别的要求？等等。上述问题，均需要合同管理员在招标时加以明确，以避免违反相关法律法规的规定或贷款方的要求。

3）审查投标人的资质

在对投标人进行资质审查（资格预审或资格后审）时，合同管理员需要审查的是投标人的法律资格，即审查投标人提交的资质文件中的法律文件（营业执照、资质证书、纳税证明等）是否符合招标文件的要求，相关证书是否是真实的和仍在有效期内的法律文件，根据相关法律投标人是否在被禁止投标之列等。可能的情况下，还应通过其他方式了解投标人的资信状况等。

4）审查投标人对合同条件反馈的意见

如果投标文件中附有投标人对招标文件中合同条件的反馈意见，则合同管理员应当审查投标人的意见是否合理，是否可以接受，并将审查意见和建议上报作为招标决策和中标后谈判时的参考。

5）其他相关内容

除了上述合同管理的内容外，合同管理员还可能进行如下相关的工作：

（1）招标手续方面。合同管理员需要明确，根据相关国家法律法规，进行招标活动是否需要履行一定的登记或审批手续？如果需要，应提前办理。

（2）投标人代表身份方面。代表投标人签署投标文件及处理投标过程中一切事宜的人需要提交证明其身份的文件（例如：授权书），该证明文件是否需要投标人按照己方制定的固定格式提交？是否要求投标人对其进行公证和认证？合同管理员应就此提出意见和建议。

（3）保函方面。保函格式一般由财务人员准备，但合同管理员需要审查各种保函格式的内容是否符合相关法律的规定，是否有遗漏或与合同条件相矛盾之处，是否充分保护了己方的合法权益等。

（4）参加标前会议。合同管理员应参加标前会议（或称投标预备会议）就投标人提出的有关合同和法律方面问题进行澄清和答复。

（5）保密协议。通常招标人均要求投标人对招标文件和投标过程中接触的招标人和工程项目的相关信息进行保密，如果要求投标人在投标时必须签署相应的保密协议，则合同管理员需要起草该保密协议的相关条款附在招标文件中。

二、项目主合同投标

1. 投标的含义

国际工程建设项目的投标,是指承包商根据业主招标文件的要求,编制相应的投标文件,并按照一定程序和规则进行投标报价,从而表明其承包该工程项目建设意愿的行为。对其含义可补充理解如下。

1）投标行为的主体

投标行为的主体是承包商,即投标人、意图承包招标工程项目的建设者、承包人。在投标过程中,承包商的承包地位是不确定的,只有最终中标并签订了工程承包合同之后,才可以称为该招标工程项目的承包商。

2）投标行为的客体

投标行为的客体与招标行为的客体是一致的,即拟招标建设的工程项目。

3）招标行为的内容

招标行为的内容是投标的整个过程,包括招标文件的购买与领取、投标书的编制与递交、现场考察、招标文件的澄清等活动。

投标与招标相对应,有投标,即有相应的招标。广义的投标包括了承包商为承包工程项目而进行的诸如跟踪招标信息等所有与投标有关的行为。

2. 投标的程序

投标程序,不同的招标项目可能有不同的规定和要求,但无论何种招标项目,也无论采用何种招标方式,对承包商来说,其基本投标程序如下。

1）跟踪工程项目招标信息并决策

招标信息是投标的前提,承包商应通过各种渠道了解和掌握国际国内发布的公开招标信息和潜在的邀请招标信息。

在获知了招标信息后,承包商应当根据招标信息中反映的工程项目的情况和要求进行分析和可行性研究,以确定是否投标。

2）参加资格审查

承包商如果对获知的某项招标信息决定投标,就需要与发布招标信息的招标人联系。同时,应了解是否需要进行资格审查,是资格预审还是资格后审。如果是资格预审,应当购买或领取资格预审文件,熟悉资格预审的程序和要求,并按照资格预审文件的要求积极准备相应的送审资料,争取在资格预审中通过,为之后的正式投标打好基础。否则,也就没有资格就该工程建设项目进行正式投标了。

3）购买或领取招标文件

如果资格预审通过，承包商即可购买或领取招标文件，并尽快熟悉招标文件的内容。同时，承包商应对拟投标的工程项目所在国的政治、经济、地理和法律环境等进行了解和考察，以充分掌握可能影响工程项目履行的风险和困难。另外，承包商还应积极参加招标人组织的现场考察和标前会议，通过现场考察和标前会议的澄清可以进一步了解和掌握工程项目的相关信息，这些均是承包商在投标文件编制前应当完成的投标前期准备工作。

4）编制投标文件

投标文件（标书）应严格按照招标文件的要求进行编制，否则，就有可能被招标人视为不合格标书（废标）。工程项目的投标文件一般包括投标书、投标报价单、投标保函等文件。编制投标文件时，对于技术和商务的主体部分一般会非常重视，但承包商需要特别注意的是招标文件中对于投标文件编制的不易引起注意的要求，如投标文件的份数、语言文字、文件的署名、相关文件的公证认证、保函的开立方式等，以免因一些细小的错误或遗漏而造成投标失败。如果是联合投标，还应注意在投标文件中附上联合投标人之间签署的联合体协议。

5）递交投标文件

投标文件编制完成，承包商应按照招标文件的要求对投标文件进行密封，并加盖相应的标记。工程项目的投标文件通常分为技术标和商务标两个部分，分别进行密封。承包商应在投标截止日前将投标文件递交招标人指定的地点。递交可以采用专人送交、特快专递等方式，只要符合招标文件的要求即可。

承包商应注意投标文件的递交不能迟到，招标人不会接受在投标截止日期之后收到的投标文件。另外，如果承包商希望撤回或修改投标文件，也应在投标截止日期之前按照递交投标文件的程序和要求以书面形式通知招标人。

6）接受定标结果

承包商投标后，经过招标人的开标、评标和定标，确定最终的中标人。如果中标，则承包商下一步将准备与招标人，即工程项目的业主进行工程承包合同的谈判。如果没有中标，也应总结本次投标失败的经验，寻求下一次投标的机会。

3. 相关合同管理内容

投标阶段属于国际工程项目合同的形成阶段，承包商合同管理内容的重点是工程项目合同条件的审查。

国际招投标是目前国际工程项目建设通常采用的工程承包合同确立方式，即业主通过竞争性的招投标方式来确定工程承包方,并与之签订国际工程承包合同。由于工程项目能否中标,最终是否可以签订国际工程承包合同在招投标阶段仍是个未知数,而具体实施工程项目建设的项目部一般在承包商企业中标后才成立,因此,这个阶段的投标工作是由承包商企业总部的相关部门来完成的,所涉及的合同管理工作也主要由承包商企业总部的合同管理员来进行。

承包商合同管理员在工程建设项目招投标阶段的合同管理工作主要有以下内容。

1)投标或工程承包资格的审查

承包商意欲在某国承包工程项目建设之前,或者在获知有关国际工程项目的招标信息之后,首先应确定自身是否具备在工程项目所在国承包工程的合法资格,以及是否符合该国际工程项目业主在招标文件中对投标人资格的要求。不同国家对外国承包商在本国承包工程项目的资格有不同的要求。有的国家法律没有具体的规定,只要符合本国业主在招标文件中资格要求的外国承包商均可以参加投标;有的国家规定,外国承包商必须根据该国的法律进行注册取得相应的营业执照后才可以进行投标承包该国工程项目的建设;还有的国家规定必须通过当地的代理人才可以进行投标。凡此种种,需要合同管理员在投标前了解工程项目业主所在国法律关于投标人的资格限制的规定,避免盲目投标。

如果承包商确定要在某国通过当地代理人进行投标,并要求其提供相关的业务咨询等服务,则合同管理员应起草相关的代理协议,或审查对方提供的代理协议草案,并参与进行商谈。

2)查看招标文件的组成

合同管理员在获得招标文件后,首先应查看构成招标文件的组成部分中是否包含了合同条件,合同条件是业主与承包商签订合同的基础,一般招标文件中均附有合同条件。

如果招标文件中包含了合同条件,则应审查该合同条件属于什么形式的合同条件。如果招标文件中说明采用的是由某个国家或国际组织等制定的通用合同条件,则一般包括通用条款和专用条款,通用条款即直接引用的通用合同条件,专用条款则是根据招标工程项目的特点对通用条款所作的修改和补充;如果招标文件中没有说明采用何种通用合同条件,则可能为业主自己拟订的合同条件。

如果招标文件中没有包含合同条件,或合同主要条款之类的内容,则合同管理员应注意招标文件中有关工程承包合同文本如何确定的规定,或者单就此问题向业主提出澄清。

3)提出对合同条件的审查意见和修改建议

在审查合同条件时,应注意业主有没有特别指明该合同条件是否是可以协商的,即是否允许投标人就合同条款提出修改意见。通常业主均允许投标人对合同条件提出修改意见并将其作为投标文件的一部分。投标人对合同条件的意见(偏离),是投标人与业主在中标后商谈合同的基础,一定要予以重视。但实际情况是,国内的承包商出于以下两种情况的考虑,并不十分重视对合同条件提出修改或补充意见:一是为了中标,怕提了意见后给业主留下不好的印象,不但不提,而且表示全部接受,则合同条件中对投标人不利的条款将给投标人将来履行合同带来无法预估的风险;二是投标时不提,想等到中标后商谈合同时再提,如此将很难再让业主接受,因为,如果投标时不提,业主会认为投标人对招标文件中所附的合同条件没有任何意见。

合同管理员对合同条件的审查是指从承包商的角度审查其内容是否公平、权利义务是否明确和对等、是否有含义不明确之处等❶。

4)投标担保的审查

投标担保主要有投标保函、现金、保兑支票、现金支票、银行汇票、备用信用证等形式,合同管理员主要审查的是投标保函。投标保函包括银行保函、公司保函等。通常业主均会要求投标人提交投标保函,而且是银行保函。如果保函的格式在招标文件中给出,合同管理员需要审查业主所附保函格式的内容是否合理,是否可以为己方开具保函的银行接受等(通常业主所要求的格式是不可更改的)。如果业主在招标文件中没有给出相关格式,则一般开具保函的银行均有固定的格式,但应注意业主对保函的特别要求,如是否要求投标人开具无条件的、不可撤销的、即时支付的保函。业主同意提交公司保函的情况不多见,这是因为银行保函比公司保函更能保护业主的利益,特别是国际工程建设项目。

5)参加现场考察

现场考察对承包商来说是十分必要的,尤其是投标大型的国际工程建设项目。通过现场考察,可以了解和评估工程建设项目所在地的政治、经济、环境、法律等各方面的情况,掌握第一手的资料,从而为投标的准确性打下坚实的基础。但国内的承包商到国外进行现场考察时一般不愿意带合同管理员,觉得没什么用。这种观点是不对的。合同管理员考察时,可以从专业的角度了解工程项目现场所在国与投标工程项目建设有关的各种法律、法规和法令,如民法、合同法、劳

---

❶ 如何审查合同条件中的具体条款,参见本书第四章和第五章的相关内容。

动法、建筑法、招投标法、海关法、税法、保险法、外汇管理法等。通过相应的法律风险评估,既可以使承包商了解在当地承包工程需要面临哪些法律上的风险,也可以使承包商在投标时避免违反相关法律的规定,及早对不符合相关法律规定的情况制定相应的对策,合理规避相关法律的限制性规定等。而且,一旦承包商中标,还可以更好地利用当地的法律法规为工程项目的建设提供有效的服务。也许有的承包商认为,当地法律法规在考察时搜集一下回来交给合同管理员研究就行了,这固然可以,但总不如专业人员实地搜集、整理和研究相对来得可靠和及时一些。

除了了解当地的法律法规外,合同管理员现场考察时还可以了解业主在本国的资信状况,以及就当地代理人和分包商的选择等事宜提供合同和法律方面的意见和建议等。

6)疑问或矛盾的澄清

合同管理员在审查合同条件时,如果发现合同条件中的条款相互之间或条款与招标文件的其他内容之间有疑问、矛盾或对条款本身有不明确之处,应在招标文件规定的时间内,通过业主确认的方式(如传真/电子邮件等)或在标前会议上及时书面向业主提出,并要求业主给予书面澄清。

7)相关法律文件的审查

招标文件中通常要求投标人提交的投标书中应包含可以证明投标人身份和资格等的法律文件,例如:营业执照、税务登记证、质量认证证明、银行证明书、财务证明文件、投标人负责投标的代表人的授权书、联合投标人之间联合投标协议或标前协议、投标保证文件、保密协议或保密声明等。合同管理员应对这些法律文件进行审查,即审查相关证照是否正确和是否在有效期内,审查授权书、保证书、意向书、证明文件、保密协议或保密声明等内容与格式是否符合业主招标文件的要求等。注意在提交的营业执照等相关证照的复印件上注明仅供本次投标之用。

8)合同条件的评审

根据投标人企业合同管理规章制度的规定,合同管理员组织企业内部各个相关部门对招标文件中的合同条件进行评审。合同管理部门评审的主要内容是其中的责任条款、法律条款,其他部门评审与本部门职责范围有关的技术和商务等条款❶。评审完毕,合同管理员将所有评审意见,连同本部门的意见,进行整理后

---

❶ 参见本书第四章相关内容。

作为投标决策之用。必要时,应建议召开企业合同评审会议。

9)联合体协议的起草或审核

如果承包商对于拟投标的工程项目需要联合其他的承包商进行联合投标,则合同管理员应起草相应的联合体协议,或对另一方提交的联合体协议进行审查,以确定该协议是否完整地明确了联合双方的权利义务,分清了双方的责任,是否存在不利于己方的内容等。

承包商联合其他承包商共同投标的方式主要有两种,一是利益共担方式,即联合体双方在该联合体中按照事先确定的比例承担责任和风险,及享受利润;二是责任分清方式,即联合体双方将工作范围划分清楚,双方以各自的工作范围作为承担责任和风险,及享受利润的依据。

10)标前协议的起草与审核

如果承包商对于拟投标的工程项目的投标文件需要某一方面的协助时,可以通过签订标前协议的方式,委托专业公司、分包商、供货商等,制作该方面的标书(含报价),作为承包商提交的整个标书的组成部分。标前协议与联合协议的主要区别是,联合体协议需要放在投标文件中,作为标书的组成部分,向业主表明联合体的存在;标前协议不能放在投标文件中,标前协议的另一方不是联合投标的一方,而是仅仅为承包商的投标提供服务的人。标前协议的另一方在承包商中标后可能会成为其分包商或供货商。合同管理员应起草相应的标前协议,或对另一方提交的标前协议进行审查,以确定该协议是否完整地明确了双方的权利义务,分清了双方的责任,是否存在不利于己方的内容等。

11)文件的整理与保管

投标完毕,合同管理员应收集和整理所有与合同管理有关的招投标文件,并按照一定程序和要求将这些文件作为合同管理资料进行保存。

三、分包及其他合同的招投标

1. 招标缘由

国际工程承包合同涉及的内容众多,特别是 EPC 总承包合同,涉及设计、采购、建筑、安装、运输和保险等各个方面,即便一个具有总承包资格的承包商仅靠自身的力量也是无法完成上述所有工作的,这就需要将其中某些工作内容交付给相关分包商或服务商来承担。前述已经说明,招标方式是获得质好价优的分包商或服务商的有效途径之一。而且,有的业主在招标文件或与承包商签订的工程承包合同中明确规定,承包商的某些工作内容必须进行分包,或规定承包商分包或采购主要设备和材料时,必须通过招标方式来确定分包商或设备材料供应商,甚至有的业主在招标文件或工程承包合同的附件中给出了承包商拟招标的、其认为合格的分包商或设备材料供应商的名单,规定承包商只能在上述名单中进行招标。因此,分包或其他合同的招投标在国际工程项目中是比较常见的现象,其相关的方式和程序与工程承包合同的招投标大致相同,既可以由承包商企业总部的合同管理部门进行,也可以由承包商企业组建的该工程项目部的合同部门进行,只是相对简单一些。

2. 招标程序与合同管理内容

如果承包商的项目部设立了专门的合同部门或合同管理员人力充足,则可以让合同部门主管此招标工作;或者,也可让负责具体执行招标项目的部门来主管招投标工作,如设计分包工作的招标由设计管理部门主管,采购及运输工作的招标由采购部门主管,施工分包工作的招标由施工部门主管等。下面按照由承包商项目部中的合同部门主管招投标工作的模式来说明此类合同的招标程序和合同管理员在招标过程中需要完成的合同管理工作的主要内容。

1)招标小组的成立

为便于顺利进行招标工作,项目部设立招标小组,招标小组不是项目部的一个部门,只是在需要进行招标时才组织起来。招标小组由项目负责人和各部门经理或负责人组成,组长由项目负责人担任,副组长由合同部门的负责人担任。招标小组成员因休假或其他原因不能履行成员义务时应指定本部门其他人员代行职责,项目负责人在必要时可临时指定其他相关人员作为招标小组成员。

招标小组的任务是全面负责招标工作。例如,审查招标文件、评标标准及投标文件,组织开标并决定中标的投标人等。招标小组的会议召集、会议记录、文件整理等日常工作由合同管理员负责。

2)招标项目的确定

以下为决定是否需要进行招标的因素:

(1)业主明确要求承包商进行分包的工作。例如,业主虽然要求承包商进行EPC总承包,但有时候考虑到承包商在某一方面经验或资历的不足,或业主为其自己利益的考虑,会在招标文件中指定某些工作承包商必须进行分包,如设计工作、关键设备的采购等。这种情况下,业主一般会提出其认为合格的潜在分包商或供货商的名单,要求承包商在该名单中确定相应的分包商或供货商,承包商应将名单中的潜在分包商或供货商作为投标人;有时业主会指定唯一的一家分包商或供货商、服务商,这样承包商只能与之进行议标,就不是真正意义上的招标了。

(2)已方不愿或自身独立无法完成的工作。有些工作内容是承包商自身无法完成的。例如,设备和材料的运输,如果工程项目需要运输的设备和材料比较多、分散且时间长,设备和材料在不同的国家购买,既有海上运输又有内陆和航空运输等,承包商可以将所有运输工作分包给一家运输代理,以减轻承包商的工作量。再如,与工程项目有关的保险,需要专门的保险公司来完成。

(3)设备、材料和施工机具等的采购。通过招标方式,可以用较低的价格来获取质量和交货期均比较满意的产品。

(4)其他需要招标的分项工作。例如,当地劳务人员的供应、当地法律服务等,均可通过招标方式来获取有竞争力的服务。

除了业主指定必须招标的和承包商自身无法独立完成的工作内容外,其他工作内容是否采用招标方式,应依据承包商企业总部的相关管理规定,或由合同管理员根据工程承包合同的要求向项目负责人提出意见和建议,并执行其决定。

3)招标文件的制定

根据需要招标的分项工程或设备材料采购等的性质,合同部门召集招标小组成员召开招标前会议,确定招标的时间、招标方式、招标文件的组成与制定要求等事项,并形成会议记录。会后,由合同部门负责组织各相关部门准备相应的招标文件。招标文件一般由如下几部分组成。

(1)招标邀请书:说明招标项目基本信息。例如,工程名称及地点,业主基本情况,招标项目名称、规模、范围及工作地点,招标文件免费提供还是需要付费,投标截止时间,标书递交地点,开标时间和地点等内容。

(2)投标人须知:投标人投标所必须遵守的规则。例如,投标人资格要求、招标文件的澄清、投标文件内容、组成和修改的要求、报价要求、投标书的递交规定、投标保函或保证金、开标评标规则与标准、合同授予条件等。

(3)合同条件:承包商关于招标项目的合同条件。需要注意的是,此项合同条件的内容不能违背承包商与业主签订的工程承包合同的内容。

(4)技术要求:承包商关于招标项目的详细工作范围描述和技术规格,以及计划完成时间、质量保证和控制(Quality Assurance & Quality Control,简称 QA/QC)、健康安全环保(Health,Safety,Environment,简称 HSE)方面的要求等。

(5)其他文件:投标保函、商务和技术标书的格式等。

上述招标文件中,需要合同管理员准备的文件是合同条件。其他文件由各相关部门准备。例如,技术部分由各专业的设计、施工等部门拟订;质量和 HSE 部分分别由质量控制和安全环保部门拟订等。合同管理员在规定时间内收集由各部

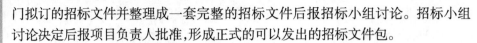

门拟订的招标文件并整理成一套完整的招标文件后报招标小组讨论。招标小组讨论决定后报项目负责人批准,形成正式的可以发出的招标文件包。

4)招标方式和对象的选择

根据招标项目的具体要求,可以采用以下两种方式进行招标:

(1)公开招标方式。由于潜在投标人的不确定性,审查其投标资格的工作量就比较大。考虑到工程项目具有很强的时间要求,一般承包商并不采用这种方式。因为公开招标方式相对于下文所述的邀请招标方式来说所耗费的时间比较长,在工期紧张的情况下容易延误时间。

(2)邀请招标方式。这是工程承包中分项工作和设备材料采购的招标经常采用的方式。由于是邀请投标,所以被邀请人的投标资格一般承包商均有所掌握,尤其是在业主特别规定了合格分包商或供货商名单的情况下。邀请招标的具体对象可由业主、己方企业总部或项目部相关部门提供,但至少应向三家以上的专业公司发出邀请。

合同管理员在拟选用的潜在投标人的名单确定后报招标小组审核决定。需要特别提醒的是,合同管理员在确定潜在投标人的过程中,应审查工程承包合同中对承包商确定的潜在投标人有无审批上的要求。因为有的工程承包合同约定,承包商在选择分包商或供货商时应先将拟选用的相关名单报业主批准,未事先经过业主批准的,即使招标完成了,业主也可能会因为承包商违反工程承包合同的约定拒绝承认承包商的招标结果。

5)招标文件的发放

根据招标小组确定的招标方式,由合同部门组织进行招标工作,公开或向邀请的潜在投标人发出招标文件。合同管理员在潜在投标人领取或收到招标文件时应注意要求其予以书面签字确认,以免日后产生诸如所持有的招标文件是否完整、是否给予了足够的投标时间等争议。

6)投标与开标

根据正式的招标文件的要求,由合同部门负责组织各部门制定标书评审标准。评审标准至少应包括潜在投标人的资质等级、法律资格、财务能力、履约能力、技术要求、商务报价等。

收到投标书后,合同部门组织进行公开开标,并组织各部门按照评审标准在各自的职责范围内于规定的时间对投标人提交的投标书进行形式和内容的评审,合同部门应制作"投标文件评审意见表",交各部门填写评标意见。合同部门将评标意见整理后连同本部门意见和建议报招标小组讨论。

合同管理员需要评审投标书中投标人提供的资质文件、法律文件、对合同条件修改和补充的内容等。

在招标过程中,合同部门应组织各相关部门对投标人的澄清要求给予回复。合同管理员负责合同条件中有关法律和责任等条款的澄清。

7) 中标人的确定

经过评标,根据己方相关的管理规定确定了最终的中标人后,合同部门应制作"授标函",并通知该中标人。

合同管理员还需要根据工程承包合同的规定,确定是否需要将招标结果报业主备案或批准。

授标后,合同管理员应立即组织与中标人进行合同谈判。在谈判时,应以工程承包合同为准则,重点是中标人对招标文件中所附的合同条件的意见。重大分包合同在谈判初步完成后,还应组织相关部门对合同文本进行最终的评审。谈判最终完成后,合同管理员应准备正式的合同文本交合同双方签字❶。

8) 失败的招标

如果投标过程中出现诸如潜在投标人均未能符合招标文件的要求,或承包商选定的中标人未获业主批准等情况,合同部门应随时将问题上报招标小组讨论,重新招标或另寻其他解决方案。

9) 招投标文件的保存

招投标工作结束,合同管理员负责将招投标文件作为合同管理资料收集整理后存档。

附录　某国际工程建设项目招标书(中文翻译稿)

文件1:投标人须知

1. 招标书标的

本招标书目的是指定一个合同执行人来完成下面所述项目中的指定的标段

---

❶ 合同评审和谈判参见本书第四章和第五章的相关内容。

工程。

项目名称:略。

标段名称:略。

工程描述:略。工程的详细描述见文件 2 中的卷 2。技术情况的描述见文件 6 中的卷 1。

签约方:×××石油公司。

施工总期限:28 个月,按下面方式执行:

   (1)从合同生效开始到运行试验结束,25 个月。

   (2)临时验收之前的试运行,3 个月。

保证期限:从临时验收之日起 24 个月。

投标保函:折算成本国当地货币,大于本标段的含税总金额的 1% 的投标保函。

标书提交地址:略。

提交标书的截止日期和时间:略。

标书的复制份数:2 份。

标书的有效期限:180 天。

施工经验要求:根据附件 9 中的格式,证明在提交本标书之前,投标人在过去的 10 年中至少完成了 2 项类似工程。

最低资金能力要求:根据附件 10 中的格式,投标人提交文件证明,其拥有的流动资金或信用贷款额度至少为 20 亿当地币。投标人应在投标文件中说明其最近 3 年的年平均营业额,年平均营业额至少等于 60 亿当地币。

投标人应提交 2006 年、2007 年、2008 年度审定的财务报表。

2. 使用的术语定义

"签约方"指业主,由业主对本工程进行招标,以便为其完成工程。需要明确:在招标文件开头部分的《招标书标的》章节中对签约方进行了确定。

"投标人"指的是向签约方提交带有报价的投标文件,以便取得本发标文件标的中的全部工程的人。

"合同"指的是行政和财务条款中第 1.03 款中规定的全部合同文件。

3. 合同签约方式

根据本国×年×月×日的×号总统令,"对公共合同规章的补充和修改"中的第×条和第×条规定,实行国内外有限招标。

除了投标须知规定的资格条件外,要求国内企业具有相应的资质证书和职业等级证书(Ⅵ级以上),或者,外国公司应具有相应的级别证书。

4. 联合投标人

"共同签约人"指的是,或者一个独自运作的公司,或者一个有统一指挥者的利益连带的联合体。

合同签字之时,此联合体应该由一份公证书证明其组合。

如果为联合体,共同签约人应该在其内部指定一位授权人,一直到合同的签订,并且在整个施工期间,此授权人负责与签约方间的协调和联系。

组成联合体的成员企业之间的联合体协议应注明联合体的牵头公司,并且注明联合体每个成员所占比例及相应的职责。

5. 提交给投标人的文件

获得许可的投标人可以从签约方购买招标文件。

此文件包括:

(1)文件1　投标人须知和需要填写的附件表格样式(附件1A到7,和9个附本)。

(2)文件2　特殊条款,包括:

卷1　行政和财务条款;

卷2　一般技术规定;

卷3　特殊技术规定。

(3)文件3　价格表。

(4)文件4　详细数量和概算表格。

(5)文件5　价格细分说明。

(6)文件6　信息文件构成:

卷1　概括文件;

卷2　地质技术勘测;

卷3　图纸。

6. 投标保函

要求投标人提供投标保函。投标保函以银行保函的形式,根据投标书中的货币币种和比例确立投标保函,当地币部分由本国国家银行提供,外币部分由获得本国国家银行认可的一级外国银行提供。从确定的开标之日起,保函的有效期限为180天。

保函根据附件中的格式提供,受益人为本文件开头部分"招标书标的"中确认的签约方。

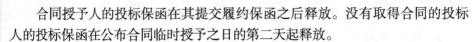

合同授予人的投标保函在其提交履约保函之后释放。没有取得合同的投标人的投标保函在公布合同临时授予之日的第二天起释放。

所有的技术标,只要没有提供符合本要求的投标保函,都将被视为没有满足招标书的条件而被排除在外。

如果投标人在标书的有效期限内将标书收回,或者拒绝签署和执行本合同,或者拒绝根据特殊说明书中的规定提供履约保函,那么,本投标保函将被扣留。

7. 概况、现场参观、标书的技术基础

文件6中所给出的数据只是指示性的,投标人应该进行分析,并承担相应的责任,这些分析将导致所使用的施工方法和价格的变化。

投标人必须亲自到施工现场进行参观,并在参观之前与业主联系。参观之后,由业主向投标人签发现场参观证明,此证明应该被附加到投标书中。

此外,业主签约方最迟可以在开标日之前15日,以偏离的方式对招标书进行修改。这种修改将会以书面的形式通知所有取得招标文件的各方。

8. 不同的方案

投标人必须根据招标文件中规定的图纸、概算书和技术条件来提供其投标文件。

除去其基本的解决方案之外,投标人还可以提供认为可行的1至2种修改或替代方案,但是都应该满足工程的技术要求。

每种修改方案都构成一个完整的特殊文件,此文件的制作条件和形式与基础方案相同并以单独的信封进行提交,投标人每次都要对特殊技术规定、估价细节以及图纸进行调整以便适应其方案。投标人需要提供每种解决方案或者替代方案的技术可行证明材料和所有的图纸,主要设备的相关资料以及详细的估价。

应该明确的是,由投标人做出的对规定和/或图纸的所有可能的修改,或者例外情况,哪怕是细节上的,都应该在技术备忘录章节中指出,并加以说明,以避免在对标书的比较和评估中出现误解。本章节的图纸和详细描述要附带足够清楚的比例尺。

在任何情况下,标书的裁定都将以基础方案为标准。可能的修改方案将在确定合同时进行讨论。

9. 标书的形式和提交

(1)标书的提交地址和日期。

投标书应该提交到本文件开头部分"招标书标的"中规定的地址,提交的最迟时间为本文件开头部分"招标书标的"中规定的日期和时间。

（2）标书的份数。

标书一份为原件,复印件的数量与本文件开头部分"招标书标的"中规定的数量相同。

总文件和投标文件应该按照本文件中 9 之（4）指出的顺序进行明确的说明和装订。

标书原件应该在封面上注明"原件"。标书原件和复印件存在不一致时,原件优先。

标书的原件和复印件应该使用不可擦拭的墨水打印,并且不得有行间评注或书写。所有的涂改和附加字将由投标人进行画押。

标书的原件和复印件的每页都要画押,需要签字的地方应该签字,签字由投标人进行,或者由授权人签字,签字人的授权书应该附加在投标书之中。

（3）由投标人提供的文件。

由投标人提供的文件,毫无例外,都必须用英文来完成。投标人和签约方之间的联系使用英文。只有使用英文书写的文件才有效。

本合同框架内的所有资料,包括书写的文件和图纸,必须绝对使用公制和相关的公制单位。当资料制作许多份的时候,投标人应该注意作出标记,以便区分出原件。存在不一致的时候,原件优先。

投标人提供的投标书必须符合特殊和总规定中的条款,在特殊和总规定中作出了注释。

我方希望投标人对招标书文件中包含的所有指示、格式、条件和说明进行检查。

如果投标人缺少所要求提供的信息,或者投标书在某方面不符合招标书中的规定,那么由投标人承担此风险。

如果缺少文件,没有提供所要求的信息,或者没有遵守所要求的标书样式,将会导致该投标书被作废。

（4）独立信封内的标书内容。

信封的外表:

标书应该被放置在双层密封和盖章的信封内。

所有的修改方案,制作类型同基础方案一样,都将被放置在一个外部信封之内,外部信封包含有加盖公章的双信封。

外部信封除了标明标书的提交地址之外,还应该有项目名称和标段的名称,所有这些信息都在本文件开头部分"招标书标的"中有规定。

标书不能带有任何可以辨认出投标人的标记,标书内包含有 2 个加盖公章的内部信封：

①第一个信封（A），装有带投标保函的技术标，带有"技术标"的字样，以及投标人的名称和地址。

②第二个信封（B），装有商务标，带有"商务标—不能和技术标同时打开"的字样，以及投标人的名称和地址。

技术标中的内容：

在任何情况下，技术标中都不能出现标书的报价金额。

如果技术标中没有下面所列出的内容，那么此技术标作废：

第一个内部信封（A），加盖公章合乎要求，并注明"技术标"字样，应该毫不例外地包含下面的内容，并且遵循下面的顺序：

①投标人介绍。

②根据附件6中格式进行签署的声明书。

③公司章程。

④标书签字人（一个或多个）的委托书和相关的法律文件，这些法律文件委托签字人（一个或多个）以承包商的名义进行投标和工程施工。

⑤如果投标人为自然人，需要提供其犯罪记录证明。如果是公司，则需要公司总经理或主管人的犯罪记录证明（这些规定对未在本国设立机构的外国公司不适用）。

⑥国内公司的从业资质证明和职业等级证书，如果是外国公司，则需要同等类型的从业资质证明。

⑦特殊技术规定中（文件2）不得标明商务价格。

（a）特殊条款书（卷1）：在任何情况下，标书的金额都不能被显示出来，否则标书无效。

（b）一般技术规定（卷2）。

（c）特殊技术规定（卷3）。

按照规定，对以上各规定进行签字和画押。

⑧根据附件7中的格式确立的投标保函。投标银行保函应该放置在一个密封信封之内，并且带有"投标保函—只有在商务标开标时才能被打开"的字样，以及投标人的名称和地址。

⑨现场参观证明。

⑩技术说明备忘录，其中包括所有的设备和机具以及相关的资料，还应该对承包商准备使用的不同方案进行详细的描述，以便遵守卷一中第3.15款规定的总计划。

在联合体投标的情况下,备忘录中还应该阐述联合体的总体组织形式,指出每个公司的责任和参与范围(施工、人员和设备)。组成联合体的各个公司都应该符合、满足被选资格条件。本备忘录中包括涉及承包商从工程开始到结束时保证投入的设备的详细描述(数量、描述和特征说明)。

本备忘录中应特别包括一个承包商准备使用的施工平面布置图,此平面图用于指出工程建筑、工地的安装、废弃物的存放、建筑材料的取用位置、生活区等。

必要的时候,此备忘录还应该包括一个 0 章节,在此章节中指出对特殊技术条款和平面图的修改和例外方案:

(a)根据附件 5A、5B、5C 的格式,完整地填写并签字的保证书。

(b)根据附件 9,由业主签字的技术参考。

(c)进行施工的总体计划。根据卷一中的第 3.15 款,投标人制定一份施工计划,此施工计划应该允许严格地遵守卷一中第 3.21 条款规定的施工期限。此施工计划应该对不同的工作顺序有足够详细的安排。以施工计划为基础,提供一份图解清单,清单中应该说明,在整个施工期限内,每个月的预计工程进度。由上述施工计划和技术备忘录组成的"总体计划"将对投标人的责任进行约束。

(d)投标人完成的类似工程证明书(有投标人已经完成的,或者正在施工的所有项目,同时附带由相关业主签发的记录良好的施工证明)。没有附带业主签发的记录良好的施工证明的工程证明书将不被考虑。

(e)负责项目质量控制的公司的介绍。在技术标介绍中,质量控制应该说明在施工中准备投入的人员,特别是建筑工程师、石油专家和机电工程师以及制图室人员。

(f)施工质量计划,特别应该说明设计文件的呈送和传送方法,以及施工过程中的监控决策机构。

(g)参与项目建设的机构,应该指出施工组中专家的姓名,以及关键岗位专家的替代人员(负责人和生产管理人员)。

(h)附件 8 中提到的专家的详细简历,根据附件 11 中的格式提供,由专家本人签名,应该显示出与工程施工内容相关的工作经验。

(i)针对投标人计划分包的工程,列明这些分包商的名单,以及符合附件 4 中内容的分包商参考信息。除非得到业主的许可,否则不允许使用这些分包商。分包应该符合合同法规的第 94~96 条中的规定。

(j)本文件开头部分"招标书标的"中所指出年份的财务报表,财务报表应经过审计的检查和证明,以及税务部门的证明。报表必须使用可转换的外币或当地币来填写,以及相应的银行参考信息。

（k）财务状况：根据附件 10，投标人应该提供相关证明，证明其可以得到，或者有现金、净资产、信贷额度或者其他的金融来源，来应对本工程对流动资金的需求，并满足本文件开头部分"招标书标的"中规定的金额。同时要减去该投标人在其他合同中已经使用的额度，业主对此保留进行核实的权利。

（l）如果是联合体投标，那么则需要提供联合体协议的公证复印件，及根据附件 2 格式的作为代理负责人的利益一致声明书。

（m）设备和建筑物的保证：投标人应该按照附件 5A 的格式，提供本合同标的物的设备质量保证书，保证期限在文件开头部分"招标书标的"中有规定。根据附件 5B，同时还要对本合同中的建筑物提供土木工程建筑的十年质量保证书。

（n）根据附加在附件 3 中的格式，提供期限至少为一年的经常纳税情况证明（原件或与原件相同的公证复印件）。

（o）可能存在的之前的或现在的诉讼：投标人（或者联合体中的所有公司）应该提供近 5 年来已经完成工程或在建工程中的存在的诉讼纠纷或仲裁案件的相关情况。投标人应该指出业主的名称、年份、诉讼的缘由和标的、证明公司胜诉或败诉的裁判结果、争议的金额（用美元表示）等。

（5）商务标的内容。

第二个内部信封（B），加盖公章合乎要求，并注明"商务标"字样，应该毫不例外地包含下面的内容：

① 投标函，根据附加在附件 1A 或 1B 中的格式。

② 单价表，使用阿拉伯数字和文字数字填写并签字。

③ 估算工作量价目表，填写并签字，总金额应该使用文字数字书写，并使用标书中的货币。

④ 价格分析，需要进行编写，填写数字并签字。

⑤ 可能的分包商名单，并指出各自相应的金额。

10. 标书的有效期

从开标之日起，投标人就受其标书约束，期限为本文件开头部分的"招标书标的"中规定的标书有效期。

少于此期限的标书将被作废，被签约方视为不符合招标书条件。

在特殊情况下，业主可以要求对标书的有效期限和投标保函的期限进行延长。要求和答复者将通过书面形式进行。

投标人可以拒绝延长有效期限的要求，并且不会因此失去自己的投标保函。

同意延长期限要求的投标人不会被要求修改其标书，也不会被允许这样做。

11. 超过期限提交的标书

如果标书在本文件开头部分"招标书标的"中规定的截止日期之后才被送达到签约方,那么该标书将被拒绝,之后立即原封不动地被寄送给投标人。

12. 标书的开启

根据×年×月×日补充修改的×号总统令的第×条、第×条和第×条的规定,标书的开启工作将在标书提交的最后一天进行,同时将有获得邀请参加开标的投标人或其指定的代表参加开标。

第一阶段,技术标开启:

技术标的开启将以公共会议的方式在标书提交所在地进行,提交的限制时间、日期在本文件开头部分的"招标书标的"中有规定。

在对技术标进行分析之后,没有被选中的投标人的商务标将不被开启,并退还给投标人。

第二阶段,商务标开启:

所有的投标人都将被邀请参加商务标的开启。

投标人名称、每份标书的金额、投标保函和所有签约方认为重要的其他部分都将被高声读出,然后记入会议记录。

13. 标书的评估

根据×年×月×日补充修改的×号总统令的第×条规定,标书的评估将由业主(签约方)指定的委员会来进行。

(1)签约方的解释。

如果签约方认为有必要,可以要求投标人对其标书中的内容进行解释。

如果投标人拒绝解释,那么可能会导致该标书被作废。

在开标之后,向投标人询问的补充信息在任何情况下都不能表示为对其标书内容的修改,或者导致对标书金额的无理由的增加或减少。

(2)被选资格审查。

要求的先决经验。根据附件9中的格式,证明在提交本标书之前,投标人在过去的10年中至少完成了2项类似工程。

要求的最低财务能力。根据附件10中的格式,投标人提供此文件,其拥有的流动资金或信用贷款额度至少为20亿当地币。

投标人应该在投标文件中指出其最近3年的年平均营业额,至少等于60亿当地币。

不符合被选资格条件的标书将被作废。

(3)标书一致性审查。

每份标书都将被审查,以确认该标书是否完整,是否有计算错误,要求的保函是否已经提供,文件是否已经被签字画押,以及总体上的顺序是否正确。

不符合招标书条件和规定的标书将会被签约方作废。

投标人将不能对标书进行修改从而使标书一致。

(4)详细分析。

对通过一致性检查之后符合条件的标书进行详细的对比分析。

采用的标书对比和判断的标准是:

① 与特殊技术规定一致和投标人的参考信息。

② 投入的设备与人力情况及总施工计划情况,能否满足工期要求。

③ 人员的专业资格。

④ 最近 3 年的财务报表。

⑤ 标书的报价。

⑥ 分包工程的相对重要性。

⑦ 由投标人制定的关于质量保证措施的计划,特别是关于内部监督措施。

⑧ 为了良好的完成工程所制定的详细工作计划,计划中指出主要工作的施工日期(技术备忘录)。

⑨ 根据卷 3(文件 2)特别技术规定书中的规定制定的用于施工人员的培训计划。

⑩ 投标人的财务情况,以及出具的财务和银行担保书。

如同附件 8 中详细指出的那样,对每个投标人将进行技术和商务标评分。

(5)国内企业的优惠。

根据×年×月×日补充修改的×号总统令的第×条规定,和×年×月×日部长会议决议的规定,将给予当地公司 15% 的优惠幅度,联合体中如果有当地公司,也将享受此优惠。

在标书的评估阶段,将给予此优惠。优惠应用于技术标合格之后的商务标评审工作中。

(6)转换为单一货币。

为了方便标书的评估和比较,签约方将会把标书中各种货币表达的金额转化为当地币,汇率为本国中央银行公布的外汇卖出价格,使用开标当天的类似交易价。

14. 业主取消招标的权利

在将合同授予投标人之前,签约方保留取消招标进程和拒绝一切标书的权利,而不必承担由于此决定而影响投标人所产生的责任,也没有义务告诉投标人作出此种决定的原因。

15. 合同的授予

进行详细的比较和评估之后,签约方将会把合同授予有资格承担此工程的投标人。

业主(签约方)保留不对此次投标作出任何选择的权利,并且任何投标人都不能以此为借口而提出异议,或者要求进行赔偿。

在标书的有效期限终止之前,签约方保证将投标结果通过书面方式通知每个投标人,并将没有中标的投标保函退还给投标人。

没有中标的投标人不能因为某种原因而对签约方作出决定的理由进行争辩,并且不能以此为借口要求赔偿。

由中标人和签约方共同对合同进行修改,并且以标书的报价金额为基础草拟合同,此合同只有得到本国政府主管机关的认可后才能形成最终合同。

16. 合同的临时授予

根据×年×月×日补充修改的×号总统令第×条规定,合同临时授予书将会在国家级日报上和负责刊登招标书的刊物上刊登,同时明确指出合同金额、施工期限和合同授予选择的所有因素。

对合同授予有争议的投标人可以在临时合同授予书刊登之日起的 10 日内向国家合同委员会提起申诉。

17. 合同的生效和签订

中标之后,投标人可以根据本招标文件中的样本进行合同的准备,招标文件中包含双方之间的所有条款。

由政府主管机关对合同进行认可之后,合同生效,双方签字并通过公函形式通知。

文件 2 ~ 文件 6:略。

第四章　合同评审管理

一、合同评审的含义

1. 含义

合同评审是指对合同所包含的权利义务内容进行的评论和审查。合同评审是合同管理的一个重要方面,详细叙述如下。

1) 合同评审的组织和主管

合同评审的组织和主管应是企业的合同管理部门,具体责任人员应是合同管理员,其他相关部门和人员是合同评审的共同参与人。没有设立合同管理部门的企业,应由专职或兼职的合同管理员负责组织和参与合同评审。

2) 合同评审的对象

合同评审的对象是拟评审合同的具体内容(包括合同主条款、合同附件或附录等组成合同文件的所有相关内容),以及合同履行过程中的重大变更内容。

3) 合同评审的行为

合同评审的行为主要发生在合同正式签订之前,即合同产生阶段。但是,特定情况下,合同评审也可以发生在合同履行阶段。例如,合同当事人在合同履行过程中因发生新情况、新变化需要对原合同进行修改或补充,此修改或补充的内容将对原合同构成实质性的影响,需要进行合同评审以确定是否必要或其内容是否满足了己方当事人的要求等。

4) 合同评审的方式

合同评审的方式是评论和审查,即评论和审查合同具体条款的合法性、公正性、平等性、完整性、风险性和可行性。

2. 意义

合同评审通常应是每一份合同在签订前所必须经历的过程,是合同签订之前的一次具有实际意义的合同把关。但实际情况是,合同评审在很多企业往往得不到应有的重视,常见的表现如下。

(1)缺乏评审管理规章制度。企业没有合同评审的相关管理规定,合同评审也就根本无从谈起。

(2)缺乏合同评审意识。企业的相关业务部门直接与合同另一方商谈后就订立了合同,认为双方已达成一致,没必要进行合同评审。

(3)走过场。合同商谈或招投标时未让合同管理部门或合同管理员参与,临到签订合同之前才要求快速组织合同评审,或直接暗示已无修改的必要,只是走个过场,以满足质量体系的要求或企业规章制度的规定。这些表现说明不重视合同评审的企业还没有真正认识到合同评审的重要性。

合同评审的重要性或称目的是为了使合同尽可能地做到全面、公正,避免错误、遗漏和对己方不利的条款,以便在合同谈判过程中有针对性地与合同另一方进行商谈,维护己方应有的合法权益。事实证明,合同评审还可以有效避免合同签订后在履行过程中双方因合同内容的错误、遗漏、歧义、不公平等原因而产生的不必要的合同争议,为合同的顺利完成创造一个良好的履行环境。

国际工程项目合同具有体系的复杂性、内容的广泛性、履行的长期性和风险性等特征,因此,在签订之前和重大变更时必须要求进行合同评审。

二、合同评审的角度

虽然各式各样的合同在内容上千差万别,但合同评审的角度基本上是一致的,即主要从合法性、公正性、平等性、完整性、风险性和可行性的角度对合同的具体内容进行评论和审查。

1. 合法性

合法性是指评论和审查合同中的具体条款:

(1)是否含有违反相关法律、法规的内容。如果有,应如何进行修改。

(2)违反法律法规的内容是否实质性影响了合同的效力。如果是,则该合同即便签订也是无效的合同;如果不是,则应建议删除或修改。

2. 公正性

公正性是指评论和审查合同中的具体条款是否公正,是否含有对己方不利、显失公平的内容,是否存在合同陷阱等。如果有,应如何进行修改,或综合各种情况考虑在不便修改的情况下如何加以规避或补救等。

3. 平等性

平等性是指评论和审查合同中所规定的双方的权利义务是否对等,是否含有只承担责任却没有相应权利保障的内容,是否存在重大误解等。如果有,能否接受;如不能接受,应如何进行修改。

4. 完整性

完整性是指评论和审查组成合同的相关文件及其内容是否明确、具体,有无错误、缺失或矛盾之处,即有没有需要补充完善的地方。如果有,如何进行修改、补充和完善。

5. 风险性

风险性是指评论和审查合同一旦签订,其在履行过程中可能存在的风险有哪些,合同中有无防范风险的条款,以及风险发生后如何减轻和弥补风险带来的损失等内容。如果没有,应如何加以补充完善。

6. 可行性

可行性是指评论和审查依据本企业现有的条件(资质、财力、人力、物力等)是否有能力履行该合同,以及在了解合同另一方资信状况的基础上审查其是否有能力履行该合同。如果己方和/或对方根本没有履约能力,则可以建议不要签订本合同;如果履约能力不足,则可以建议如何创造条件使合同履行成为可能。

上述六个方面的评论和审查基本上可以达到合同签订前把关的目的。为此,评论和审查完毕,每个参与人员应当写出评审意见和建议,由合同管理员进行汇总。合同管理员还需要在综合所有意见和建议的基础上提出最终的结论,即评审的合同是否可以签订,如果可以签订,还需要进行哪些修改和补充;如果不可以签订,理由是什么。合同管理员的最终意见和建议,连同其他所有参与人员的意见和建议上报企业负责人以供决策之用。

三、拟评审的合同文本的来源

合同评审主要是对尚未签字生效的合同文本进行的评审。拟评审的合同文本主要有以下四种来源途径。

1. 合同管理部门起草

起草合同文本是合同管理员的基本职责。合同管理员可以根据需要签订的合同的具体性质和要求,参考同类型的合同文本或合同范本起草合同条款的具体内容。由于合同管理员专业知识的局限性,对合同中涉及的专业技术条款或专业技术附件、财务条款等内容,应由相关的专业技术部门或财务部门提供协助。

2. 合同履行部门起草

有时合同文本由企业其他具体履行合同的部门起草后提供给合同管理部门。例如,由具体负责采购事宜的采购部门起草采购合同文本。此类合同文本因为不是专业合同管理员起草的,往往注重了合同的实体条款,但其文字可能会不符合合同语言和行文的规范要求,或遗漏了相应的法律与责任条款,需要合同管理员对本合同文本进行规范性的修改。

3. 律师等法律顾问起草

如果企业聘请了专业律师作为常年法律顾问,或企业本身即有法律顾问,则合同文本可由法律顾问起草。法律顾问起草合同,无论是从合同文字的规范性,还是从合同条款的逻辑性、严密性、完整性来说均具有明显的优势。但律师等法律顾问可能对合同所适用的具体业务并不十分了解,起草完毕后,还需要企业的合同管理员对本合同文本在内容上根据实际业务情况进行修改。

4. 合同另一方当事人起草

有时合同文本由己方拟与之签订合同的另一方当事人起草并提交给己方。由合同另一方当事人起草的合同往往含有一些有利于其自身和不利于己方的条款,需要合同评审人员加以充分的注意。

上述来源途径中,前三种均属于己方起草的合同文本,可以尽量在合同条款中加入对己方有利的内容,以使己方在合同谈判中处于优势地位。

国际工程建设项目的合同文本,国际工程承包合同,通常由业主起草和提供给承包商;工程分包合同,通常由承包商起草和提供给分包商;采购合同,通常由采购方(买方)起草标准的采购格式合同提供给设备和材料的供应方(卖方);劳动力雇佣合同,通常由雇佣一方起草并提供给受雇佣方。

第二节　合同评审的组织

一、合同评审的时机

无论合同文件由何方起草,最终均需交到合同管理部门组织评审。合同评审应掌握恰当的时机,以取得最好的效果。

1. 合同谈判前评审

合同正式谈判前评审。此时评审主要适用于己方起草的复杂和重大的合同,以及合同另一方当事人提供的比较复杂和重大的合同。对于招投标的合同,如果己方起草并作为招标文件中的合同条件,应在招标文件正式发布之前进行评审;如果作为投标人,对招标人提供的合同条件应在投标文件递交之前进行评审。此时合同评审的意见和建议可以作为合同谈判的依据。

2. 最终谈判前评审

合同谈判初步完成,最终谈判之前进行评审。这是比较恰当的合同评审时机,尤其是对己方起草的合同。因为,合同谈判初步完成,可以比较充分地了解到合同另一方的意图、条件和要求,双方对于合同具体内容的一致和分歧也已相对清晰,此时进行合同评审,可以使己方人员结合对方的意见,综合考虑,特别是针对双方分歧的内容提出意见和建议,为合同的最终谈判提供相应的依据和谈判底线。

3. 合同签订前评审

合同谈判最终完成,合同正式签字之前进行评审。此时进行合同评审不太恰当。因为,合同谈判已经完成,双方已经基本上达成一致,如果经过评审后有新的意见或建议,势必要重开谈判,费时费力不说,还影响己方的信誉。而且,还容易使合同评审流于形式。当然,如果此时仍对合同的合法性和可行性存在疑问,可以进行合同评审以明确合同最终是否应当签订。

4. 合同签订后评审

合同签订后履行过程中进行评审。这是最不恰当的合同评审时机,实属无奈之举,通常是在合同履行过程中发现有重大的错误、遗漏,比较严重地影响了合同履行后的效益时,需要进行已生效合同的评审,以确定合同是否需要修改和补充。但如果评审后确实需要修改和补充,还需要征得合同另一方的同意,单方的修改和补充是不产生法律效力的。当然,在合同履行阶段,如果对方提出修改或补充合同的建议时,或双方均同意修改或补充合同时,对于修改和补充的内容进行评审是恰当的。

合同评审虽然可以多次进行,但应尽量在前两种情况下进行,这样可使己方居于主动地位。如果没有在前两种情况下进行合同评审,而只在后两种情况下进行合同评审,就会比较被动,无法达到合同评审的实际作用和效果。

二、合同评审的内容

1. 合同评审的意义和方法

1)合同评审的意义

(1)对合同本身来说,国际工程建设项目中的国际工程承包合同在国际工程建设项目合同体系中占据主体地位,无论是对业主还是承包商来说,进行合同评审是非常必要的。业主在进行国际工程项目的招标之前,对招标文件中所附的合同条件进行评审,承包商在投标之前,就招标文件中的合同条件进行评审,可以使业主和承包商各自集思广益,尽力使拟商谈和签订的国际工程承包合同避免含有遗漏、模糊、矛盾等内容,尽可能地使合同内容做到公正和平等,从而减少投标的承包商中标后双方进行合同谈判时的工作量及合同签订后履行过程中的合同争议。

(2)对企业本身来说,通过合同评审,还可以使业主和承包商企业负责人了解本企业各部门对工程承包合同的意见和建议。特别是对承包商企业来说,可以了解是否能够按期完成工程项目的建设并实现预期的利润;可以加深合同管理员对工程承包合同中法律、责任与风险条款的了解,以便对业主和承包商的合同履行行为进行更有效的监督;可以使设计、采购或施工等具体履行合同的人员提前了解与其职责范围有关的合同内容,增强合同履行过程中的合同意识。

因此,国际工程承包合同同样需要合同管理员从合法性、公正性、平等性、完整性、风险性和可行性的角度进行评审。

2)合同评审的方法

合同管理员在合同评审中的合同管理内容主要是合同评审的组织工作和具体评审合同中的法律与责任条款❶。至于合同评审的方法,可有如下之选择:

(1)部门会签式。合同管理员制作"合同评审会签表",将该表连同拟评审的合同文本交各评审部门进行会签,各评审部门将评审意见写在会签表上。会签完毕,合同管理员综合各评审部门的意见后写出最终意见和建议一同提交企业负责人进行决策。

(2)调查问卷式。合同管理员将拟评审合同中需要评审的内容一一列出,制成相应的"合同评审问卷",交各评审部门回答。回答完毕,合同管理员综合各评审部门的意见后写出最终意见和建议一同提交企业负责人进行决策。

(3)评审会议式。合同管理员事先将拟评审的合同文本发给各评审部门审阅,之后,召开由各评审部门具体评审人员参加的合同评审会议,由各个评审人员阐述其意见和建议,合同管理员制作"合同评审会议记录"。会议结束,合同管理员综合各评审部门的意见后写出最终意见和建议一同提交企业负责人进行决策。

(4)简易评审式。合同管理员在征求负责合同具体履行的部门意见的基础上提出合同管理部门的意见和建议,提交企业负责人进行决策。

业主或承包商可以根据实际情况选择不同的合同评审方法,或者综合运用几种不同的合同评审方法。部门会签式可以适用于在招投标阶段对国际工程承包合同条件进行的评审,调查问卷式可以适用于合同谈判期间重点就双方分歧的内容进行的评审,评审会议式可以适用对合同评审时间要求比较急迫的合同进行的评审,简易评审式可以适用于对内容简单、金额较小、技术条款不多的合同进行的评审。

2. 评审程序与合同管理内容

国际工程承包合同的评审通常由业主或承包商企业的合同管理部门负责组织,承包商进行分包的分包合同或拟签订的其他合同的评审通常由承包商项目部的合同部门或专职合同管理员负责组织。下面从承包商的角度就承包商拟签订的工程承包合同和分包等合同的评审来说明此类合同的评审程序,以及合同管理员在合同评审中需要完成的合同管理工作的主要内容。

---

❶ 参见下文和本书第五章的相关内容。

　1）合同评审的时间

　　国际工程承包合同的评审应在获得业主的招标文件后立即进行,合同评审的结果(偏离)将作为承包商投标报价的依据;分包等合同的评审可以在合同签订之前的任何阶段进行,如果采用招标方式确定分包商或其他合同相对方,则合同评审可以在将合同草案正式确定为招标文件中的合同条件之前进行。

　2）拟评审合同的确定

　　国际工程承包合同条件,业主通常在招标文件中已经提供,合同评审即以该合同条件为内容。分包等合同,根据合同管理的要求,所有分包等合同在正式签订之前均应提交合同部门进行审查。是否需要进行合同评审,需要哪些部门进行合同评审,应由合同管理员报项目负责人决定。原则上所有的合同均应经过合同评审后才能正式签订。一般重大的、复杂的或进行招标的合同,如施工分包合同,大型设备和材料的采购合同等,均应当进行合同评审。但对于一些金额较小、内容简单的合同,由合同部门审查后报项目负责人同意可不必进行合同评审。

　3）合同评审的要求

　　无论是国际工程承包合同条件,还是中标后签订的分包等合同,均需要由各评审部门组织本部门人员对合同的内容进行合法性、公正性、平等性、完整性、风险性和可行性的评论和审查。下面从项目部的角度说明国际工程承包合同项下分包等合同的评审及该类合同评审的具体要求,包括但不限于:

　　(1)合同部门的合同管理员负责对拟评审合同的法律和责任方面的条款进行评审。例如,审查合同中有无违反法律之处;审查合同的基本条款是否完备、合同附件是否齐全;审查法律适用是否准确、争议解决方式是否合理;审查双方权利义务是否对等、是否减少了合同另一方的责任;审查合同中是否还有对己方不利的条款、各部分内容之间是否存在矛盾和争议的隐患;审查合同中的保险条款是否满足了业主在工程承包合同中的要求;审查分包合同相关的内容是否违反了工程承包合同的相关内容等。

　　(2)财务部门负责评审合同中有关价格、支付、货币、税收、保函等与财务有关的条款。例如,审查付款时间、付款方式、付款货币等是否符合己方的要求;审查工程分包合同中有关付款的规定是否能与工程承包合同中业主的付款衔接(最好是晚于业主的付款,这样可以在收到业主的付款后再支付分包款);审查合同中是否需要支付预付款,如需要,则预付款如何扣除;审查分包或采购等合同中是否规定了质量保证金,如有,如何扣除与返还;审查各种保函的规定和格式是否满足了承包商的要求等。同时,财务部门还应对合同另一方的财务状况进行调查和了解。

(3)计划控制部门负责评审合同中有关计划和控制方面的条款。例如,审查分包合同中规定的工期是否合理,分包商是否有能力如期完成;审查分包合同规定的工程进度计划、成本控制计划、人力计划、采购计划等是否满足业主和工程进度的要求,审查采购合同中的交货时间和运输合同规定的运输时间等是否满足工程进度的需要等。

(4)采购部门负责审查合同中与采购、运输、清关等有关的条款。例如,审查分包或采购合同中有关设备和材料采购的条款是否合理;审查采购合同规定的设备和材料的名称是否准确,有无遗漏;审查采购合同中规定的交货时间、方式和地点是否满足承包商的要求;审查采购合同中规定的设备和材料的质量、技术规格和标准是否符合业主在工程承包合同中的要求;审查生产厂家对设备和材料的质量如何进行保证,质量保证期是否满足工程需要等。

(5)施工技术部门负责审查合同中与工作范围、技术标准、技术要求、施工质量等有关的条款。例如,审查分包合同中规定的工作范围是否符合承包商的要求和有无超出工程承包合同的工作范围;审查分包合同约定的技术标准与规范、技术要求、施工技术方案、施工质量的要求等内容是否满足业主在工程承包合同中的规定等。

(6)质量控制和 HSE 管理部门负责审查合同中与质量控制和 HSE 管理等有关的条款。例如,审查分包合同中对质量控制和 HSE 管理的要求是否满足了工程承包合同中相应的要求和工程的实际需要等。

(7)人事管理部门负责审查合同中与人员要求、授权代表、工作时间等有关的条款。例如,审查分包合同中对分包商或其他合同相对方的管理和施工人员的素质、工作时间等的规定是否符合工程承包合同和分包合同履行的要求等。

合同部门根据项目负责人的指示将拟评审的合同分发各评审部门,各评审部门在规定时间内填写"合同评审意见表",将评审意见交至合同部门汇总。

4)合同评审结果的处理

(1)国际工程承包合同条件评审结果的处理。

国际工程承包合同条件评审完毕,对于可行和风险方面的意见和建议,由投标报价管理部门作为投标报价的参考;对于需要澄清的问题,应由投标报价管理部门立即按照招标文件规定的要求和格式向业主发出澄清函。业主的回复应及时提交相关提出澄清的评审部门,相关评审部门应及时将澄清问题的意见和建议再反馈至投标报价管理部门。相关澄清回复和反馈应同时抄送合同管理部门。对于业主澄清问题的回复,如果相关评审部门或合同管理部门认为不能满足可行或风险的要求,而应作为偏离向业主提出,则应会同投标报价管理部门讨论并向企业负责人汇报,经批准后由投标报价管理部门作为偏离编入投标文件中;对于偏离,由投标报价管理部门编入投标文件中。投标报价管理部门应同时完成所提偏离在业主不同意情况下的替代方案,各相关部门给予配合。

（2）分包等合同。

合同评审完毕,项目部合同部门收集整理各评审部门的评审意见,在此基础上,合同部门提出总体合同评审的意见和建议,连同各评审部门评审意见,报项目负责人决策,以作招标或谈判之依据。必要时,合同部门可组织召开由各评审部门参加的合同评审意见讨论会,就比较集中的意见进行集体讨论和决定。

项目负责人的决策意见由合同部门整理后,拟招标的合同,由合同部门根据决策意见将原合同文本修改后作为招标文件的合同条件;非招标的合同,由合同部门整理后作为合同谈判的依据,负责与合同另一方进行商谈。

另外,合同部门还需要根据企业总部的相关合同管理规定办理与合同评审相关的上报与审批手续。

5）合同内容变更的评审

合同履行过程中,如果需要对原合同的内容进行重大变更,应上报企业合同管理部门和项目部负责人决定是否需要进行评审。如果企业合同管理部门和项目负责人同意,则由企业合同管理部门会同项目部合同部门参照上述程序进行组织,在未评审之前,不得同意合同的变更。

6）合同评审文件的保管

合同评审工作结束,合同管理员负责将合同评审文件作为合同管理资料收集整理后存档。

三、合同的专家评审

1. 含义

合同的专家评审是指企业聘请的某一方面专家对合同相关内容进行的评

论和审查。专家评审也可以说是合同评审的一种,只是评审的参与方不是企业内部各个部门的人员,而是企业从外部聘请的专家,其评审合同的目的和角度可与企业内部的合同评审一样,即评论和审查合同具体内容的合法性、公正性、平等性、完整性、风险性和可行性。

2. 专家类型

通常情况下,企业可以聘请以下类型的专家对合同的某一方面进行评审。

1)法律专家

法律专家可以是专业律师或精通合同、金融、贸易、工程等方面法律的人员。法律专家主要评审合同的法律与责任条款,并就合同的内容是否违反相关的法律法规,责任与义务是否公平合理等提出专家意见和建议。

2)技术专家

技术专家应是某一专业技术领域内专家,评审合同中的专业技术条款。例如,国际工程建设项目合同,可聘请专业工程师或建筑师从风险性和可行性角度评审合同中规定的工期是否合理,合同履行过程中的技术风险主要有哪些等。

3)财务专家

财务专家,包括税务专家,可以就合同中有关合同价款的支付时间与程序、付款条件、付款货币、汇率、纳税等条款提出专家意见和建议。例如,国际工程项目建设中,工程项目所在国的税务体系对承包商投标时计算应纳税款有何影响,工程承包合同中的履约保函比例是否过高,相关条款是否符合国际惯例等。

4)语言专家

对于英语等外文文本的合同,可聘请此种语言的专家对合同的语言文字本身及其表达的含义进行审查,以保证合同语言文字的规范性,避免文字上歧义、漏洞和陷阱。

专家评审适用于那些重要的、复杂的、专业性较强的合同,特别是涉外合同,如国际工程建设项目合同。

附录 某国际石油天然气工程建设项目招标文件中的合同协议书、合同条件和合同附件及评审结果

Ⅰ. 合同协议书❶
（略）

Ⅱ. 合同条件
（中文翻译稿）

1.1 定义

本合同中所有下列术语按以下定义使用。

1.1.1 变更单

变更单是指由业主签发的,用于就设计、质量、数量或工作范围、设备、材料、合同执行进度和/或者完工日期变更的文件。

1.1.2 第三方检验公司

第三方检验公司是指业主任命的,不时通过书面形式告知承包商的,代表业主执行对工程的检验、监督和实施的企业。

1.1.3 合同

合同与合同协议书中赋予的含义相同。

1.1.4 合同执行进度表

合同执行进度表是指业主批准的详细任务明细表,包括工作期间、起始时间及其相互关系,这些相互关系显示了承包商将在服务日期或服务日期前以合同规定的方式完成本工程。

1.1.5 合同价格

合同价格是指在承包商同意并执行本工程的情况下,合同协议书中规定的、全部的、固定的、非递增的总价格,以及任何因为变更单而产生的增加或减少金额。

---

❶ 限于篇幅,合同协议书和合同附件的具体内容在此略去。通常,合同协议书是对合同双方的名称、工作范围、合同文件组成、合同工期和价格等的简短描述,一般没有偏离。合同条件的偏离是重点,但合同附件的偏离往往容易被忽视,应引起足够的重视。

1.1.6　承包商

承包商是指合同协议书中命名的投标中标人,包括同意执行本合同的权利继承人。

1.1.7　日、周、月

本合同使用公历的日、周、月。

1.1.8　最终验收

最终验收是指本工程已按第 1.32.4 款"工程的最终验收"的规定完成施工。

1.1.9　机械完工

机械完工是指×××、×××和×××(分项工程名称,以下简称分项工程)已经完工,为试运做好了准备,并且经过测试,由业主签发给了承包商机械完工的证明。

1.1.10　机械完工日期

机械完工日期是指业主签发给承包商机械完工证明的日期。

1.1.11　业主

业主是指×××公司及其合法的权利继承人。

1.1.12　业主批准

指任何明确或非明确表述为书面批准的批准。

1.1.13　临时验收

临时验收是指本工程已按第 1.32.3 款"工程临时验收"的规定完成施工。

1.1.14　相关工程

相关工程是指 01、03、04、05 号工程之间各自相关,是系统完工必需的,而且/或者相联系的工作。这些相关工程可能在现场或现场附近完成,与本工程施工同时或相继进行,或者与本工程施工互相关联。承包商要求按本合同第 1.54 条的规定在执行本工程的同时协调完成相关工程。

1.1.15　代表

代表是指承包商在施工现场授权的执行代表,其职责是指挥施工进度,以及接收并遵守业主的指令。

1.1.16　服务日期

机械完工日期之后的日期,此时各分项工程已经机械完工,完成测试和试运行,并为业主使用做好准备。

1.1.17　现场

现场是指所有的施工现场及业主为本工程的建设提供的特定工作区域。

1.1.18　待工时间

待工时间是指承包商由于缺少业主提供的材料、通行权(场站)和/或许可证而损失的,由业主批准的工程进度内的时间。

1.1.19　储存场地

储存场地是指合同第十二部分"业主供应项目"(略)中指定的业主向承包商移交材料的场所。

1.1.20　分包合同

分包合同是指由某一分包商和承包商或另一分包商所签协议。

1.1.21　分包商

分包商是指不直接与业主签约或被业主雇用,而是和承包商签约或另外的分包商签约或被雇佣的法人或自然人。

1.1.22　系统

略。

1.1.23　保证期

保证期是指承包商负责对各分项工程中缺陷进行修补的期间。

1.1.24　工程

工程是指合同规定的承包商应承担的所有工作和服务,包括合同要求的各分项工程的设计、采购、施工和试运行/开车所必需或从属的各项活动。

1.1.25　国家验收委员会

国家验收委员会是由国家权力机关任命的,依据×××国法律的要求负责工程最终验收的委员会。

1.1.26　工程委员会

工程委员会是由业主任命的,负责机械完工、临时完工和最终完工及其他所需的工程部分验收的委员会。

1.1.27　业主代表

业主代表是指由业主任命的,代表业主管理合同及向承包商发布指令的代表。

1.1.28　第三方检验人

第三方检验人是指不时由业主或第三方检验公司任命的,由业主书面通知承包商的,代表业主对工程进行检验、监督和实施的工作人员。

1.1.29　×××系统

分项工程之一描述,略。

1.1.30　×××系统

分项工程之二描述,略。

1.1.31　×××系统

分项工程之三描述,略。

1.2　业主的权限

业主有权决定关于工程实施的质量、满意度和进度的任何和所有的问题,而且对合同具有解释权,有权决定关于合同内容实现可接受程度的所有问题。业主的决定为最终决定并且对承包商具有约束力。

1.3　合同意图

1.3.1　本合同当事人的意图是业主和承包商的所有职责都在合同中进行了详尽的说明。合同各部分之间是相互关联和补充的,任何一项在一部分中要求而其他部分没有提及的工作需要按要求的那部分在各部分中同等履行。合同的性质和精神是为在此列举的工程得以详尽的完成,以便达到设计目的,并且承包商接受本合同且同意该设计目的。任何的用词不当,词语的增添或删除不会影响由业主解释的合同任何一部分的意图。

1.3.2　如果承包商是合作经营或是合资企业,那么在此为合同目的达成协议,要求合作经营或合资企业的成员应当共同且分别承担其责任,不管是否他们之间有任何与此不一致的协议。

1.3.3　在合同执行期间,承包商合作或合资企业的组织结构需和在选择其成为承包商时的结构保持一致。如果不能做到,业主将视其违约。

1.3.4　时间是合同的根本。

1.4　错误、遗漏或矛盾的发现

1.4.1　承包商应当核实业主提供的所有数据和信息,业主不对所提供的任何数据和信息的任何错误或疏漏负责。

1.4.2　如果承包商发现合同中出现任何失误、疏漏、差异或矛盾,需立即以书面形式告知业主。业主将即刻澄清这些问题并以书面形式告知承包商。业主对此所做的纠正及解释为最终决定,并对承包商具有约束力。

1.4.3　合同或其任何部分中的任何错误或遗漏不会免除承包商按照合理要求

的,普遍可接受的被实施和/或施工的此类工作的惯例,执行和实施本合同工程的责任。承包商应自担风险和费用利用并解释合同,包括在工程过程中发生或发展的,在合同授予时预知或已知的,可能使工程在性质上更加昂贵或履行起来更加繁杂的情况。如果出现上述情况,承包商仍然被要求按照合同完成工程,而且不应向业主要求额外费用。在承包商执行合同义务的过程中,上述信息的不精确、不充分或者不实际均不应构成业主一方违约。

1.4.4　如果一份文件和其他文件有矛盾,应按以下优先顺序解决:

- 协议书
- 合同条件
- 授标函
- 技术澄清和答复
- ITB 澄清和答复
- ITB 文件(不包括合同协议书和合同条件)和附录
- 承包商的技术和商务建议

1.5　独立承包商

可以理解和同意的是,承包商将在合同项下作为独立的承包商,对其雇员及其所有分包商拥有全面控制权。经业主批准后,承包商方可按照其自身方法实施工程,并总是遵守合同。承包商应勤勉地以有条不紊和技巧精湛的方式实施工程,并加强对其雇员、受雇人、代理人和分包商的监控。

1.6　承包商代表

1.6.1　工程开始前,承包商应该书面告知业主一个可胜任的代表的姓名和地址,该代表将被任命代表承包商行使其职责,并且有明确的权利范围和权限。该代表在工程实施期间应当始终在施工现场。在工程暂停期间,应接受业主的安排监督任何需要的应急工作。必要时代表需要有能力的助理辅助,并且代表和助理都需要经过业主审批。

1.6.2　未经业主事先的书面准许,承包商代表不得退出施工或被替代。

1.7　承包商雇员

1.7.1　承包商和分包商应遵守并执行与工业有关的所有可适用的法律、条例和法规,包括有关所有因本工程被雇佣的人员,或与此有关的人员,在雇用、遣散、待遇和安全方面与工资、工人补偿和其他事宜相关的法律、条例和法规。

1.7.2 承包商应提供所有要求的人力及监督,以便及时并令人满意的执行并完成施工。承包商独自负责和承担与上述人力和监督有关的所有费用,包括但不限于赔偿、交通、工作许可、签证和所有收入所得税,并使业主免责。

1.7.3 如果业主认为承包商或分包商的任何员工不能胜任工作,无纪律或有不满意的行为,则业主有权书面通知承包商要求该员工立即撤出项目。此种情况下,该员工在得到业主事先批准前,不得再次被项目雇佣。由于人员撤出导致的所有费用由承包商承担。为不给工程实施造成负面影响,承包商应当及时替换该人员,并且接替人员熟悉工作的费用也由承包商独自承担。

1.7.4 承包商应该优先考虑合适的当地居民,除非
(1)找不到合格的当地居民,或者
(2)承包商为工程的恰当执行需要雇用监督或有特定经验的人员。

1.7.5 承包商应提供并保持临时的办公室及合适和足够的栖身场所和储存场所,以备其人员、设备和材料的需要。承包商还需提供自己的通信设施或其他任何所需的服务或设施。

1.8 材料,建造工艺和商标

1.8.1 除非合同中另有规定,否则该工程中所有的材料、设备均应是新的,而且符合合同规定的规格,并且应获得业主的批准。所有的施工工艺都应使用业主满意的标准。承包商应保证其提供的材料及设备具有合法的权利。

1.8.2 为便于在合同中查找,特定的设备和材料可能指定商标名称、制造商目录或其他类似的指定。合同中所有出现这些指定的地方,后面均注明"或经认可的相同替代品"。承包商负责替代材料及设备的报批,并负责有充足的时间订购这些替代材料以避免工期延误。未经业主书面批准,承包商不得采用这些替代材料。

1.8.3 在合同授予时,或整个合同执行期间,业主保留采购备品备件列表中所列备品备件或其中任何部分的权利,备品备件列表见本合同第七部分"采购和进口"(略)。然而,业主没有义务采购这些备品备件或其中任何部分。如果业主行使其权利购买这些备品备件或其中任何部分,本合同中有关承包商供应的材料的条款需要做必要的变更,使之适用于备品备件的采购。

1.9　应遵守的法律

1.9.1　承包商应熟悉并始终遵守所有在工程所在区域具有司法管辖权的机构或法庭发布的法律、法规、条例、命令、决议或法令,包括但不限于安全方面的法律,以及职业安全和健康条例,无论是现行的,或者在随后的合同执行期间生效的。承包商负责要求其分包商遵守上述条款的规定。

1.9.2　如果合同和任何的法律、法规、条例、命令、决议或法令有任何矛盾或不一致,承包商应立即书面告知业主。

1.9.3　承包商应遵守在业主提交许可机构的说明中有关通行权和施工活动的最低要求。

1.9.4　业主给承包商的任何指示或批准不会免除合同中规定的承包商的职责和义务。

1.9.5　由于承包商或其分包商或其各自的员工、服务商或代理违反了任何法律、法规、条例、命令、决议或法令而产生的任何索赔或责任,由承包商负责承担,并使业主、第三方检验公司和其各自的主管、管理人员、代理、员工和服务商免责。如果未能遵守,则业主将视为违约。

1.10　许可证和执照

承包商应获得所有必需的施工许可或其他相关许可,并且应遵守所有和工程施工、公共和临时道路恢复、所有桥梁通道支线和复原建设及由此出现的其他工程相关的要求。承包商应负责从相关机构获得所有其他许可和执照,并且应支付所有对本工程的合法检查所必须的和临时的费用。所有这些费用包含在合同总价之中。承包商需熟知有关工程现场周围土地已发布或提交发布的规划过程及建筑许可。合同授予后承包商无权对此要求额外的费用。

1.11　维护及保养

1.11.1　承包商负责对在建和完工的各分项工程进行维护、保管和保养,负责自担费用修补各分项工程中所有受损地方。施工期间,承包商应采取所有必要的防范措施,防止发生事故,发生造成员工或其他人员的人身伤害,或者在现场或现场附近的其他工程和财产的损失,包括业主的财产损失的风险。承包商应持续地对工程、材料和设备进行检查和测试,以发现问题并避免此种情况的发生。

1.11.2　承包商应对现有的所有设施和设备实行持续的维护,以防止损失和伤

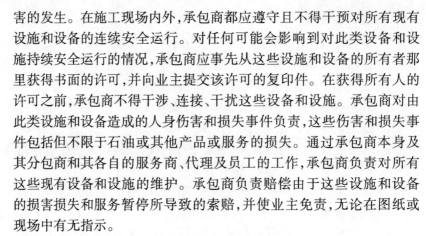

害的发生。在施工现场内外,承包商都应遵守且不得干预对所有现有设施和设备的连续安全运行。对任何可能会影响到对此类设备和设施持续安全运行的情况,承包商应事先从这些设施和设备的所有者那里获得书面的许可,并向业主提交该许可的复印件。在获得所有人的许可之前,承包商不得干涉、连接、干扰这些设备和设施。承包商对由此类设施和设备造成的人身伤害和损失事件负责,这些伤害和损失事件包括但不限于石油或其他产品或服务的损失。通过承包商本身及其分包商和其各自的服务商、代理及员工的工作,承包商负责对所有这些现有设备和设施的维护。承包商负责赔偿由于这些设施和设备的损害损失和服务暂停所导致的索赔,并使业主免责,无论在图纸或现场中有无指示。

1.11.3 承包商不应该启动对已经开始的工作不利的工作,并且在安排工作时尽量使对工程施工中所征用其财产的土地所有人和承租人的干扰和不便降到最低。

1.11.4 如果在施工或保证期期间出现任何事故或失误,承包商应立即将事故或失误上报业主,并且在向业主的最终报告完成之前对该事故或失误做详细和完整的调查。

1.12 公共便利和安全

1.12.1 在承包商对通道沿边进行施工之前,业主和承包商应事先告知该地的财产所有人。承包商应充分考虑到对该地的财产所有人的财产可能造成的影响,并考虑到财产所有人和承租人的利益,将对业主的不便和财产损失降到最低。承包商应保护工程现场或工程附近其他人的财产,使其免受承包商施工的危害。

1.12.2 承包商应提供并保持对施工可能会用到的铁路、公路、私人道路或入口的临时通道的安全条件。承包商应遵守所有的法律法规及法律机构的法令,放置标示牌和警示灯。

1.12.3 承包商在施工期间应特别谨慎,避免对施工地区的生态造成任何破坏。在不受前述一般性原则限制的情况下,对由于承包商施工造成水、土壤和空气污染而导致的索赔,承包商应负责赔偿,并使业主和第三方检验公司及其各自的主管、管理人员、服务商、代理和员工免责。

1.13 现场条件

1.13.1 承包商表示其对工程现场和周围环境有足够的了解,特别包括工程现场的自然环境和地理位置、进出场地的方式、气象和其他物理条件、开工前及施工期间所需设备和设施的性能、材料的掌握和保管、人力、水电、天气及类似物理条件的不确定性,以及其他影响工程的所有因素。

1.13.2 承包商进一步表示已经对施工现场的危险做了详尽的调查,并已经确知承包商为了保护人身和财产安全而必须提供何种保护措施。

1.13.3 对现有条件或施工条件的忽视或缺乏了解,或者由于现有条件所限而无法对工程进展进行预见,均不能免除承包商合同要求的责任。所有这些也不能够构成对额外赔偿或工期延长索赔的基础。

1.13.4 业主提供的或合同中提到的所有和全部信息及数据不应被当做声明或担保,而只是提供参考。需要明确说明的是,业主不对任何承包商作出的推论、解释或结论负责。

1.14 工程进度

1.14.1 承包商提供的材料和设备,以及人力和施工的方法和组织都应为其按合同要求的质量和进度完成施工服务。如果业主认为材料和设备的数量和质量不足以保证工程的质量和进度,业主有权要求承包商增加、修理或替换材料和设备,承包商有义务遵从业主的要求,并且一切费用由承包商自行承担。

1.14.2 承包商对其工程各个部分执行的建议计划应提前告知业主充分的信息。业主对这些建议计划的批准不能免除承包商按合同要求执行工程的责任。

1.14.3 在工程进展的任何时间,如果业主认为承包商的实际进度落后于合同执行进度,或者不能达到合同的要求,业主将告知承包商这些即将或已成事实的未能遵守合同的情况。承包商应当自费采取必要的措施加快工程实施,提高进度,并且,业主可以,且不限于此,要求承包商增加劳动力、轮班或操作运行的数量、工作日、设备和材料的数量及空运设备和材料,业主对此不承担额外的费用。不管业主有没有发出这样的通知,承包商都有义务完成合同要求的工程质量和进度。

1.14.4 如果承包商未能做到业主的要求,业主可以将此作为决定承包商未能按合同要求保证努力完成工程的依据。根据此项决定,业主可按照合同规定终止承包商继续履行合同或其任何可分割部分的权利。

1.14.5 承包商应持续向业主提供详尽的工程进度。承包商应符合合同第八部分"计划、进度和合同执行状态报告"(略)中的最低上报要求。

1.14.6 承包商在合同执行期间与业主的沟通及提交给业主的报告、信函、图纸、规格书、通知,发票和其他文件应使用英文。

1.15 现场

1.15.1 业主应向承包商提供场地以确保承包商能按合同执行进度开工和施工。承包商应将其所有有关该工程的工作限制在业主提供的场地之内。场地是按原始状态提供给承包商的,承包商应自担成本和费用负责自行清理现场的物品、建筑物和障碍物,为开工做好准备。如果承包商发现有必要获得额外的工作区域或进入上述场地的通道,承包商应在得知需求的第一时间上报业主。业主将选出代表与承包商的代表商谈这些场地和通道。这些额外通道和场地的费用由承包商承担,承包商使用在这些通道和场地时出现的任何损失由承包商负责,并且依据第1.36条"责任和保证"的规定进行处理。

1.15.2 承包商在对现场任何地方进行施工之前需要获取并熟悉相关的便利和许可信息,并遵从所有的要求。

1.15.3 工程完工后,承包商应清除场地所有剩余材料、垃圾和各种临时设施,使现场保持整洁,并令业主满意。承包商应恢复场地内外所有的物品(包括已损坏的)。场地内外由于承包商的施工而被损坏的物品应由承包商按第1.36条"责任和保证"的规定赔偿并处理。

1.15.4 无论如何,承包商应当在当地政府指定的区域处理废弃物品。如果还需要其他的废弃物品处理场地,承包商应该至少提前一周详细告知业主此种要求。承包商应争取获取相关财产所有人的许可。所有用于提供此废弃物品处理场地的费用由承包商独自承担,而且所有因为使用此场地而导致的损失按第1.36条"责任和保证"的规定由承包商负责赔偿和处理。

1.15.5 在得到业主书面授权之前,承包商不得在现场或附近对有财产所有人的物品进行任何性质的行为。

1.15.6 根据×××国法律的规定,业主在签约之前应为工程申请通行权和土地分配机关的许可,并协助承包商申请临时土地的政府许可,用于承包商的现场营地。

1.16 业主提供的材料

1.16.1 业主应按本合同第十二部分"业主供应项目"(略)的规定提供相应类型、数量和规模的材料。承包商提供所有其他所需的材料以确保工程的完工。由于这些材料的费用包含在合同价格之内,承包商不会获得这些附加材料的额外补偿。承包商应保证在储存场地有资源接收和装卸合同第十二部分"业主供应项目"中计划的材料。

1.16.2　承包商应保留业主供应的所有材料的足够的使用记录和这些材料在未使用时的平衡表。业主也应该保存以上记录，如果业主和承包商的记录之间出现差异，以业主的记录为准。

1.16.3　承包商负责所有接收的材料的维护，并自费将材料从储存场地运到施工场地。对保管场地的准备和维护、存储、装卸、运输、额外处理、损坏、损失、盗窃、滞期费及其他相关费用，承包商无法获得额外补偿。所有这些费用均被视为包含在合同价格之中。如果承包商未能在合同第十二部分"业主供应项目"中规定的最晚提货日期前将所有的材料从储存场地运走，承包商应负责支付业主因此导致的所有费用。

1.16.4　承包商应在合同中明确的储存场地立即检查业主提供的材料，并在该场地移交保管权，并确认这些材料满足承包商的使用需要。如果在检查中发现任何缺陷，业主将确定该缺陷是否影响工程，或者对有缺陷的材料进行维修或替换。承包商应立即告知业主所发现的任何缺陷及不足，以保证在需要的时候能及时替换或维修。

1.16.5　如果承包商在上述检查时间结束之后发现业主提供的设备和材料有缺陷，且业主认为这种缺陷在承包商谨慎的检查期间不能被发现，则承包商不承担这些有缺陷设备和材料的维修和替换费用。反之，如果业主认为承包商在检查期间能够发现，则这些设备和材料的维修和替换费用及对工程进度造成的负面影响应由承包商承担。

1.16.6　在承包商书面要求并获得业主批准时，业主供应的材料可以被直接运到或重新运到非储存场地的地点。在此种情况下，所有这些运输和转运的费用，包括与之相关的费用，都将由承包商承担。

1.16.7　工程完工后，所有业主提供的材料及工程剩余材料都将由承包商运送到业主指定的交付地点、存储地或者库房，费用由承包商自行承担。

1.17　支付

1.17.1　在工程顺利完工后，作为对工程完整且全部的报酬，业主应按照本合同第五部分"报酬和付款方式"（略）的规定及本合同的其他相关规定向承包商付款。

1.17.2　承包商应按合同第五部分"报酬和付款方式"的规定向业主提交发票。

1.17.3　业主可在书面通知后，从合同项下业主应支付承包商的任何款项中扣除承包商欠业主的款项或其他债务。

1.17.4　承包商需向业主提供足够的证据证明其遵守了合同的保险和履约保函的要求，否则，业主没有责任或义务向承包商支付发票金额。

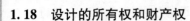

1.18　设计的所有权和财产权

1.18.1　在业主和承包商或分包商之间,所有的工程、在建的或完工的各分项工程,以及承包商提供的位于任何地点的所有材料的所有权,均应归于业主名下。

1.18.2　所有承包商准备的,或者因此而准备的,合同项下的所有工序和工程设计、图纸和规格书均属于业主的财产。

1.19　业主的占有权

在工程完工前,业主保留其对该工程任何一部分的占有和使用权,业主的这些占有和使用并不构成对工程全部、部分或合同项下实施的任何工作的接受。所有因此产生的后果属于业主的责任。

1.20　进入工作区

为确保合同规定的执行,业主有权在任何合理的时间进入承包商施工的工作区和工地。

1.21　检查和测试

1.21.1　业主有权检查和测试所有的设备、材料和工作。所有不符合合同要求的不合格设备、材料和工作将被拒绝。被拒绝的工作和材料、设备应按合同规定进行修理和替换。承包商应立即从现场隔离并移除被拒绝的材料和设备。承包商的所有这些整改、维修、替换和移除工作,业主将不承担任何额外的时间和费用。

1.21.2　承包商应按照经确认的程序和规范进行必需的检查和测试并令业主满意,包括业主要求的检查和测试。在现场进行的检查和测试,承包商应提前 3 天通知业主,在工程所在国境内的检查和测试,承包商应提前 7 天通知业主,在其他国家进行的检查和测试,承包商应提前 14 天通知业主,通知应列明检查和测试的内容并标注日期和相关信息。对于特定操作的检查和测试要求,业主将在合理的时间内提前通知承包商。

1.21.3　由承包商提供所有设备和材料应接受业主、业主代表或者业主任命的第三方检验人的工厂检查和测试。任何设备和材料未经业主、业主代表或者业主任命的第三方检验人的释放许可不得进行包装和运输。

1.21.4　所有检查和测试不得毫无理由地延误工程进度。业主有权直接执行对工程的任何检查和测试,或者通过一个独立的承包商进行,承包商应自费并及时地提供检查和测试所需要的所有设施、人工、材料。承包商应要积极合作,不得延误检查和测试的进行。

1.21.5　焊缝的无损测试应由业主批准并由承包商雇佣的独立承包商实施。测试应依据合同附件中规格条款进行。

1.21.6　在工程的检查和测试中,承包商应自费提供所有合理的安全设施和便利,所有所需的设备和材料,以及所有测试场地。如业主认为某一测试场地存在不安全的条件,则在通知承包商后,业主可拒绝在该场地进行测试,除非相关不安全的测试条件得到改善。承包商应承担因此造成的额外费用,包括批准条件改善前在该地点进行任何一部分工程后续测试所产生的费用,无论该部分工程是否符合合同要求。

1.21.7　业主的检查和测试与合同项下部分或整体工程验收无关。任何检查和测试或放弃该项权利均不能免除承包商合同项下的责任和义务。

1.21.8　电焊机在建设过程中执行焊接操作前应进行合格测试。费用由承包商承担。测试由业主接受的独立机构依据相应法律规定和标准要求执行。

1.21.9　任何第三方检验公司对设备、材料和工程的评论、同意或批准均不能使承包商免除履行合同规定的义务。

1.22　变更单和额外工作

1.22.1　业主有权在必要时无需通知或出具任何形式担保在任何时间或不时对工程进行变更。变更只有在业主签发或者连署了书面的变更单后才可以进行。变更单应在承包商执行工程变更之前提交承包商代表。

1.22.2　业主可在任何时候,通过变更单,变更或签发附加指令、规格和标准、图纸,减少工作或要求承包商进行附加工作。在此情况下,业主全权负责具体说明增加或省略的工作的数量和种类、需要使用的材料,以及需要提供的设备,变更单如同原合同中已有规定。承包商在未经变更单授权的情况下,不得增加、变更、替换、省略或进行额外工作、提供或使用任何种类的额外材料或设备。承包商经过变更单授权后,应提供额外的人员和设备,在规定的时间内完成上述工作。工程完工时间不能延长,除非获得业主书面的批准延期。

承包商在任何情况下不得因为授权的工程变更暂停或终止履行合同规定的义务。

1.22.3　工程中获授权的变更,不会增加承包商的工程成本的,不得作为要求额外工作索偿的依据。如果工程中有获授权的变更降低了承包商的工程成本,则承包商的付款因此也将按比例减少。

1.22.4　上述工程变更如果增加了工作,则被作为额外工作。额外工作的支付可依据合同第五部分"报酬和支付方式"中所具体规定的单价,或者可以协商一次性总价支付。所有额外工作的支付仅根据以下规定:

　　　① 直接人工费。

　　　　额外费用仅针对业主认为为完成工程有必要且真正参与工程的人员,按承包商正常小时工资付费。额外费用仅包括高级监工如前所述的一线工头的加班费,经理、现场指挥、总工头、计时员、质量保证和安全控制人员、文员不属于费用支付范畴。

　　　② 材料费。

　　　　材料费只用于支付为执行变更单所用的材料的费用。所用材料应经过业主批准,且只用于执行变更单工作。承包商将获得材料交付的实际费用,包括船运费和原始单据中显示的运费。

　　　③ 设备费。

　　　　承包商在执行变更单时实际使用的任何机器、重型机床或设备,但不包括小型手动设备,将获得合同第五部分"报酬和支付方式"(略)中所规定的租赁费用。

　　　④ 分包费。

　　　　承包商因执行变更单因分包而产生的费用,业主给予补偿,前提是分包商、工作范围、支付条件事先获得业主批准,且作为执行变更单的结果。

1.22.5　承包商和业主应每日核对人员设备费用单记录。记录每天由承包商准备一式三份,分别由承包商和业主签字,一份由承包商保留,另外两份和发票一起交给业主。

1.22.6　所有对额外工作的索赔应由承包商以一式三份认证报表的形式提交给业主,附带承包商提供的材料费、船运费、运费的原始收据。上述报表应在不迟于额外工作实际完成后一个月提交,包括已核实的人工、材料、租赁费用。

1.22.7　承包商收到的额外工作的报酬应一次付清。如承包商不能在上述特定时间内提供额外工作的发票,将构成承包商为此索赔的无条件的放弃。

1.22.8　承包商不得在协商变更费用时暂停工程。承包商应严格执行合同条款规定的所有变更,包括但不限于保证书和担保书。如双方未就变更单中的日程调整,执行方法和/或价格达成协议,承包商不得推迟变更工程的执行和完成。

1. 22. 9 在处理危及到生命财产的紧急事件时,业主首先给予口头指令,事件处理后尽快以书面形式确认。在口头紧急事件中,承包商需按照合同第 1.22.4 款①到④项说明记录准确实际费用,直到就紧急工程按照总价或者单价达成可接受补偿协议。

1. 23　争议索赔

如承包商需要业主决定之外的额外费用和材料,承包商应在工程开始后的 24 小时内提交书面索赔要求。如承包商未提交书面通知,且承包商未曾向业主提供的详细费用记载,业主将不认可此额外费用索赔。索赔成立并非一定要具备上述通知和准确的费用记录,如业主在考虑后认同索赔要求,则额外工作将获得支付。

1. 24　记录和账户

1. 24. 1 承包商应在 15 日内向业主提供合同第五部分"报酬和支付方式"中价格分解的细节。

1. 24. 2 承包商应自费记录并保持工程执行相关的记录和账户。承包商应向业主提供各项工程要素资金分配情况书面报告。

1. 24. 3 业主根据合同条款支付承包商额外工作费用,承包商应核对支付涉及的材料、设备和人工,按照业主要求详细完整记录以保证履行合同中规定的财务管理。该财会系统应令业主满意。承包商应向业主提供合同规定的与额外工作相关的账簿、记录、信函、指令、图纸、收据、保证函、备忘录。承包商需在工程最终验收后的 24 个月内保留所有记录。

1. 24. 4 承包商应每日向业主报告工人人数、监工人数、工程所雇佣人员和设备。

1. 25　业主审计权

承包商、其分包商、供货商、第三方检验公司及其附属机构应保留与工程和所有交易相关的完整的、正确的、保密的记录,直至工程最终验收后的 24 个月。承包商应根据要求在上述期间内,在双方解决任何争端时的任何合理时间内,向业主提供记录。这些记录必须足够以使业主审计员能根据普遍可接受的财会原则进行审计活动。业主可以扫描和复印这些记录。业主有权获得承包商人员的协助以完成审计活动,承包商应在指定地点提供人员协助。审计在承包商正常工作时间内进行。业主应通知承包商审计中出现的需要调整的问题。任何因调整而向承包商或业主支付的补偿均应及时进行。

1.26 工期延误和延期

如果工程在任何时候因为合同第1.39条中所述不可抗力,业主根据合同第1.40条暂停工程,业主根据合同第1.22条变更单和额外工作授权工程变更而延期,承包商应向业主提交延长合同期的书面请求。业主收到承包商的请求后将对此给予评论及确定延误的程度。如果业主认为延期要求合理,承包商将以变更单的形式收到书面通知。业主的决定是最终的,并对双方均有约束力。需要明确的是,承包商的延期请求至少应在延期发生后的3个工作日内发出。如果出现连续延期,只需提交一次要求即可。

1.27 待工

1.27.1 承包商在工程实施过程中应勤勉地关注业主提供的材料以避免工期延误。由于缺少业主供应材料,影响了承包商工程进度,每一日被称作一个待工日。只有在业主批准了这样的运作日期实际开始之后的天数才作为待工日考虑。

1.27.2 如果业主未能提供足够的材料,业主可要求承包商将一个或多个施工队转移至现场的其他地点。

1.27.3 业主不支付承包商待工日的费用。所有的待工都应已被承包商在工程进度的延误中考虑到。

1.28 分包

1.28.1 承包商或其任何分包商不得在未经业主书面同意的情况下分包任何一部分工程,分包合同不能使承包商免除于合同项下应承担的任何责任和义务。承包商向业主全权负责合同执行过程中分包商及其他直接或者间接被雇佣人员的行为和疏忽。

1.28.2 承包商应保证业主的权利,以及分包合同中规定的分包商责任和义务与合同中相应的条款一致。

1.28.3 承包商应向业主提供所有分包合同的两份复印件,其中价格部分可以删除。任何分包合同都不得约束或者试图约束业主,只需包括允许业主实施某项任务的条款。

1.29 转让

1.29.1 合同项下承包商工作及其权利或者职责的转让未经过业主书面同意

无效。业主的同意不能使得承包商免除合同项下应承担的责任和义务。承包商不得在合同履行期间抵押、阻碍、运送任何设备和材料。

1.29.2　业主有权以提前 10 日通知的方式将合同转让给其下属机构。

1.30　履约保函

承包商应自费在合同授予后两周内以业主认可的银行或者其他金融机构出具的不可撤销及无条件的银行保函。上述银行保函应使用合同第四卷第三部分"标准格式"中的格式,且金额为合同总价的 10%。履约保函由业主保管,并且在业主签发工程最终验收书和承包商提交第 1.33条"保证"中规定的担保之后归还承包商。如果最终验收证书在合同第六部分"工程进度"(略)规定的时间之后签发,承包商应根据业主要求通知银行延长履约保函的日期至最终验收证书签发之日。如果承包商未能根据合同执行工程,或者未能如上所述延长履约保函的有效期,业主可以实现履约保函中赋予业主的权利。所有因履约保函而发生的银行费用由承包商承担。

1.31　完工日期

① 机械完工日期。

承包商应保证工程机械完工日期不能迟于合同第六部分"工程进度"中规定的完工日期。

② 服务日期。

承包商应保证工程服务日期不能迟于合同第六部分"工程进度"中规定的服务日期。

③ 临时验收日期。

承包商应保证临时验收日期不能迟于服务日期。

④ 最终验收日期。

承包商应保证最终验收日期不能迟于临时验收日期后的 30 天。

1.32　工程验收

1.32.1　机械完工

各分项工程完工准备试运时,承包商应向业主申请机械完工证书,业主将在以下验收完成后签发机械完工证书:

① 承包商提供所有材料检查和测试证书;

② 所有焊接放射检验报告;

③ 流体静力学检查和测试报告;

④ 内经卡规检查和测试测量工具报告。

所有证书和报告要求提交原件及三份复印件。

1.32.2　服务

业主验收各分项工程以便进入服务期之前,承包商应保证:

① 满足已签发的机械完工证书中的所有要求;

② 所有试运活动都已按业主要求完成,各分项工程可在服务日当天或提前交付使用。

1.32.3　工程临时验收

1.32.3.1　承包商认为工程已经完工且满足下列标准时,应向业主签发书面的工程全部或者部分临时验收的通知:

① 符合合同、合同中相关规格图纸要求,或者在与合同相符的前提下由业主批准;

② 建造、安装、施工、工艺无缺陷,或者出现小的缺陷但是及时得以改正,对于缺陷描述以上述书面通知的形式附在整改清单中;

③ 在设计和工艺方面无缺陷、不足和疏漏;

④ 满足所有许可机构的要求;

⑤ 承包商提供的设备和材料符合合同中的规格要求,且与其用途相一致;

⑥ 所有系统和设备满足其性能单独和联合操作系统要求;

⑦ 根据合同工程机械完工;

⑧ 所有试运活动已完成,令业主满意。

承包商保证临时验收日期不能晚于服务日期。

1.32.3.2　业主收到承包商书面临时验收通知的 5 个工作日内,应按合同第四卷形式合同第三部分"标准格式"的要求向承包商签发临时验收证书,或者书面声明,具体写明业主认为工程临时没有完工的部分。承包商和业主按照此程序进行,直到改正所有缺陷,令业主满意,业主向承包商签发临时验收证书。临时验收证书签发后,承包商应继续修理、替换、整改清单中的所有缺陷、不足或疏漏。如果有工程的任何部分不能在临时验收证书签发的 30 日内完成,承包商应通知业主并征求业主的同意。

1.32.3.3　业主签发临时验收证书不能使承包商免除工程相关担保责任、任何赔偿责任或者临时验收证书签发前后的任何义务。

1.32.3.4　除非双方达成书面协议,承包商应在临时验收证书签发后最多 30

日时间内完成整改清单上所列各项,令业主满意。如果承包商不能在规定时间内完成上述工作,业主可单独决定直接执行该工作或雇佣第三方完成剩余工作,费用由承包商承担。

1.32.4 工程的最终验收

1.32.4.1 如果承包商认为工程各方面均已完成,完全满足合同要求,并符合上述第1.32.3.1款的特别标准及以下附加标准,承包商向业主发出书面最终验收通知:

① 业主收到并批准合同要求提交的所有文件;

② 操作已经开始,组成各分项工程的所有系统和设备按照合同规定的技术要求持续不间断操作达到一定的时间;

③ 所有整改清单上各项已经完成并令业主满意。

1.32.4.2 一旦承包商根据第1.32.4.1款的规定发出最终验收通知,业主应在收到通知的5个工作日,依据合同第四卷形式合同之第三部分"标准格式"中的格式签发最终验收证书,或者书面通知承包商说明不接受工程的原因。承包商和业主按照此方式工作直到所有不足整改完成,令业主满意。

1.32.5 在收到承包商发出的机械完工、临时验收、最终验收书面通知之后,业主组织工程委员会负责验收上述工程。承包商和业主共同努力以便通过国家验收委员会的验收。

1.33 保证

1.33.1 承包商应在业主根据合同第1.30条返还履约保函之前,以业主可接受的格式,提供由业主认可的担保公司开出的保证期保函,保函金额为合同总价,包括变更单项下的补偿的5%。担保期限为工程最终验收日期后的12个月内。保证期保函应保证承包商履行以下合同条款。

1.33.2 承包商应保证和担保工程在设计、工艺和施工方面没有任何不足、缺陷或疏忽。

1.33.3 承包商应保证和担保所有由承包商和分包商提供的用于工程实施的材料是新的、符合合同规定的规格要求,且没有任何不足、缺陷、疏忽,适合其应有的用途。

1.33.4 承包商应保证和担保组成工程的所有系统和设备符合性能要求,无论是单独还是作为整体运作。

1.33.5 如果由承包商或分包商制造的任何材料或实施的工程发现在设计、工艺、材料质量方面的缺陷,承包商应自费负责替换这些有缺陷的材料或工艺。

1.33.6 承包商采购在工程中使用的设备、机器、材料和物资时,应从供货商和制造商处获得相关保证。这些保证将全部转交业主。每一个设备、材料或物资的采购订单中应包含下列条款:

① 所有供货商提供的物品、材料和工作应具有良好的质量,且无任何缺陷。即便购买方未检查或拒绝任何物品、材料或工作材料,也不能解除供货商在此提供的任何保证或义务。

② 供货商保证,如果其提供的任何物品、材料或工作没有遵循订单中明确的意图或明显的暗示,或发现存在缺陷(不包括正常使用的损耗和损坏及除订单明确或暗示的更糟糕的条件),供货商应及时修理或替换这些有缺陷的物品或材料,并自费按照订单中的地址交付购买方。

③ 购买方购买上述物品、材料或工作均为业主工程所用。可以理解和同意的是,所有因此而产生的权利和利益,包括但不限于所有保证和担保,应符合购买方和业主的利益及被他们其中之一所坚持。

1.33.7 依据合同第 1.32.4 款"工程的最终验收"的规定,保证在签发最终验收证书日后的 12 个月内有效。如果工程任何一部分因上述保证原因需要修理或整改,则该部分工程的保证期将自业主验收这部分修理或整改后的工程后延长 12 个月。

1.33.8 第 1.33 条"保证"不能被视为或解释为减少或限制业主通过合同项下适用的法律而享有的任何法律上费用补救或权利。

1.33.9 业主在发现本保证覆盖的任何未履行合同行为、不足、缺陷、遗漏或损坏时,应在合理的时间内书面通知承包商,承包商应在收到书面通知后自费立即对上述未履行合同的、与合同不一致的、不足的、缺陷的、遗漏的或损坏的工程进行修理或替换。

1.33.10 根据本保证进行的任何返工、修理、替换、补救、改正所产生的费用应由承包商自行承担。不管本合同的其他条款有何规定,承包商不能获得本款或其他任何保证条款项下的为履行保证责任而产生的任何费用的赔偿或补偿。

1.33.11 不管上述条款如何规定,如果承包商在收到业主书面通知后未能立即对任何失误、遗漏、不足、损坏进行补救,业主有权对这些失误、遗漏、不足、损坏进行替换、修理或者其他补救,费用全部或部分由承包商承担。

1.33.12　在执行相关工程的保证时,承包商应给予业主操作上要求的优先权,从而最大程度避免业主操作的中断。

1.33.13　在保证期间,业主有权要求承包商调查工程中发生的不足、缺陷、瑕疵、故障、损坏或失误的原因。如果承包商拒绝及时做出调查,业主有权自行调查。如问题的原因不在保证范围内,业主应承担承包商因此调查造成的所有直接费用,包括任何修理和整改工作的费用,费用计算适用合同中第五部分"报酬和支付方式"中规定的费率。反之,如果问题的原因属于保证范围之内,则所有相关费用,包括任何调查、修理或整改的费用将由承包商承担。

1.33.14　保证和担保的任何内容均不能使承包商免除提供正确规格和应用的材料和设备,以满足合同中规定的性能保证及所有其他要求的责任。

1.34　延期罚款

1.34.1　如果承包商的工程实施未能满足机械完工日期、服务日期、临时验收日期、最终验收日期,应向业主支付延期罚款,并非作为惩罚,该罚款数额为每延误一日支付合同总价的 0.1% ,罚款总金额不超过工程合同总价的 10% 。

1.34.2　承包商应当认识到和承认由于业主所处行业的特点和经济情况环境的日复一日的变化,工期延长会使业主蒙受损失。因此,承包商和业主同意上述延期罚款作为合理的补偿金而非惩罚。

1.34.3　延期罚款的支付只是业主在工程实施过程中可以利用的作为工期延误一种补偿,不能代替其他形式的补救措施。

1.34.4　尽管业主在合同第 1.41 条和第 1.42 条项下终止合同,业主仍可享有要求支付延期罚款的权利,还有权雇佣其他承包商完成本工程。

1.35　专利权保证

1.35.1　承包商应补偿、防卫和使业主免除由于或针对业主依据侵犯或涉嫌侵犯任何专利权、版权或其他所有权提起的任何索赔或诉讼所导致的和由于使用承包商根据合同提供的设备或材料或承包商因实施工程而采取的法律程序或诉讼而导致的所有索赔、损失、成本、损害和费用,包括法律费用。承包商应自担费用立即防卫针对业主及其服务商、代理和雇员的任何该索赔或诉讼,前提条件是,业主在获知该索赔或诉讼后通知了承包商,但是,承包商的上述义务不适用于业主提供的或业主指定的设备、材料或工序。为了避免该索赔或诉讼,承包商有权自担费用采用不侵权的设备、材料或工序作为替代,或自担费用整改该侵权的设备、材料和工序使之成为不侵权,但替代的前提条件是,该替代的和经过整改的设备、材料和工艺符合所有要求和所有合同条款的规定。

1.35.2 承包商在此授予业主一个不可撤销的、已支付的、非独占的、世界范围内的许可,允许业主在需要发布、复制、修改、分发和使用承包商提供的保密信息时可以复制、修改、泄露、分发和许可承包商或其附属机构拥有或控制的任何和所有专利、版权、商业秘密和其他财产权利。

1.36 责任和保证

1.36.1 承包商的雇员

承包商应对其和分包商的雇员、服务商和代理的生命和福利负全部责任,补偿并使业主免除针对业主的,合同项下与承包商或分包商执行工程有关的,因承包商和分包商的雇员、服务商和代理的受伤或者死亡而承担责任、遭受索赔、蒙受损失、支付赔偿金、增加费用、遭到起诉、负债、满足额外要求、赔偿、采取行动、遭到扣押、特权、承担法律费用和其他费用等。

1.36.2 业主的雇员

业主应对合同项下履行合同过程中其雇员、服务商和代理的生命和福利负责。

1.36.3 业主财产的损坏

承包商应保证其和分包商在执行工程中,补偿并使业主免除针对业主的,因承包商和分包商的管理人员、雇员、代理或代表的疏忽导致的有利益关系的或完全拥有的财产的损坏、损失而承担责任、遭受索赔、蒙受损失、支付赔偿金、增加费用、遭到起诉、负债、满足额外要求、赔偿、采取行动、遭到扣押、特权、承担法律费用和其他费用等,无论该损失和损坏是否全部或部分因业主或其雇员、服务商、代理的疏忽或缺乏勤勉违反法律法规而造成的。

然而,承包商不对业主的疏忽导致的任何财产损害或损失承担责任或使业主免责。

业主现有资产和拥有的财产包括但不仅限于:

① 与工程分开存在并合理的接近工地的财产;

② 业主根据临时验收证书占有、监管、控制的工程部分。

1.36.4 承包商财产的损坏

承包商应保证承包商及其分包商在实施工程中,业主不因承包商、分包商及其雇员、服务商、代理的财产损坏承担责任、遭受索赔、蒙受损失、支付赔偿金、增加费用、遭到起诉、负债、满足额外要求、赔偿、采取行动、遭到扣押、特权、承担法律费用和其他费用等,即使该损坏是因业主及其雇员、服务商、代理的任何行为或疏忽造成的,承包商不得以此原因要求业主补偿。

1.36.5 工程损失

承包商应保证业主不因承包商、分包商及其代表、雇员、代理的疏忽造成的业主拥有的所有工程的损失和损坏而承担责任、遭受索赔、蒙受损失、支付赔偿金、增加费用、遭到起诉、负债、满足额外要求、赔偿、采取行动、遭到扣押、特权、承担法律费用和其他费用等,无论该损失和损坏是否全部或部分因业主或其雇员、服务商、代理的疏忽或缺乏勤勉违反法律法规而造成的。

然而,承包商不对业主的疏忽导致的任何损害或损失承担责任或使业主免责。

1.36.6 向第三方的保证

承包商应保证业主免受来自第三方的以下原因而承担责任、遭受索赔、蒙受损失、支付赔偿金、增加费用、遭到起诉、负债、满足额外要求、赔偿、采取行动、遭到扣押、特权、承担法律费用和其他费用等:

① 受伤,包括死亡;

② 遭受损失。

无论该第三方的损失和损坏是否全部或部分因业主或其雇员、服务商、代理的疏忽或缺乏勤勉违反法律法规而造成的。

1.36.7 分包商和供货商

承包商就分包商和供货商的雇员和第三方的事故和伤害,分包商和供货商的失误、资不抵债、破产或其他意外事件导致的失误和错误责任、延期罚款,为业主从分包商和供货商方面获取可得到的最合适的保证、担保、保护。

承包商应补偿并使业主免除针对业主的因分包商、供货商和第三方与工程执行有关的或引起的所有抵押、扣押和索赔。

1.36.8 间接损失

业主和承包商均不对与执行本合同有关或引起的任何间接损失或后果性损失负责。

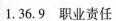

1.36.9 职业责任

承包商应根据经过验证的职业标准和规范实施本工程。如果本工程没有按照上述标准和规定实施,导致本工程全部或部分存在缺陷,在业主通知承包商此类缺陷时,承包商应立即整改此类情况、不合格的服务、错误、故障、遗漏或损坏,所有费用由承包商自行承担。业主未能通知承包商此类缺陷不能免除承包商合同项下应承担的责任。

1.36.10 连带和共同责任

本合同项下,承包商执行合同的责任应是连带和共同的,尽管在本合同项下承包商独自承担责任。

1.36.11 在承包商有义务赔偿业主和第三方检验公司时,承包商同意自费立即防卫针对业主和其服务人员、代理和雇员的任何相关索赔、起诉或其他诉讼程序,立即赔偿所有相关成本、费用、法律费用、其他费用及任何和所有此类调整。如果作为任何此类起诉或诉讼程序的结果产生任何针对业主或第三方检验公司财产的裁决、特权或其他扣押,在业主要求下,承包商应立即提供担保或类似的其他保证予以解决或解除。

1.36.12 承包商有责任迅速解决或安排处理所有索赔。在收到任何此类索赔后,承包商应立即通知业主所有细节。业主可以选择派代表随同承包商代表解决此类索赔。如果在工程完工和验收时,有任何此类索赔仍未得到解决,业主可以根据法庭的有效裁决,从承包商的应付款中扣留足够的金额,以备解决此类索赔之用。如果此类索赔在工程完工验收后的 45 日内仍没有解决,业主可以根据法庭的有效裁决,解决此类索赔,并从承包商的应付款中扣除解决索赔的数额,除非承包商通知业主其意图针对此索赔提起诉讼。对任何索赔的放弃形式应经过业主审批,并以承包商、业主和他们的服务人员、代理及雇员的名义。

1.36.13 承包商在工程实施过程中不对由业主提供或获得的现场附近区域内现存的农作物、林木及升级设施所造成的损坏负责,只要:

① 根据说明书和图纸,这些迁移或损坏时执行和实施本工程所需的,且此迁移和损坏仅限于图纸内规定的区域或现场内。

② 这些损坏不是因为承包商、分包商、他们的代理和雇员的疏忽、违反合同,或使用了非正常的施工方式而造成的。

不限于承包商此处规定的普遍义务,除了上述①和②所规定的损坏之外,分包商应对所有工程边界内外的损坏负责,包括对家禽或家禽自身造成的损失,或者因设备误用所造成的损失,无论此设备属于承包商或分包商拥有或租赁的,或由业主提供的,以及对栏杆、树墙、道路、车道、花园、桥梁、建筑物、瓦沟、现存的公共设备和设施所造成的损坏。

1.36.14 承包商理解业主对土地拥有者和其他人的善意保有特别的好感,迅速解决损坏和索赔在保住好感方面非常重要。在工程实施过程中,承包商应当派遣一位索赔要求代表与业主共同工作来调查、解决或否决就上述损坏提出的索赔。如果承包商没有努力解决损坏索赔,业主会解决其中尚未支付赔款的索赔,并从承包商的应付款中扣除相应的理赔数额,并向承包商提供一份全部和完整的索赔解决报告。

1.37 保险

1.37.1 在不限制合同中规定的义务或责任的情况下,承包商应自担费用和成本,在合同期限内,包括任何必要的保修期,办理并保持保险险种有效,保险限额不低于各自险种中所示的限额,除非与实施工程某些部分相关,业主书面决定合法的较低限额:

① 汽车、飞机和船只的责任保险,覆盖所有以承包商名义领取执照的机动车辆、飞机和船只。汽车的责任限额应遵守×××国由于意外事故(除了飞机事故,其责任限制金额不得少于500000美元)而造成的意外伤亡、财产损失或损坏的法律规定。

② 海洋运输、航空和/或陆运一切险,覆盖所有承包商提供的设备和材料的重置价值,直至到达现场并由承包商接收。

1.37.2 在合同期间,包括保证期间,承包商应提供并维持由可靠的保险公司承保的以下保险的效力:

① 建筑和安装工程险,为所有工程的全部合同价值加上业主提供的所有物资的价值,覆盖所有物质损失风险或损坏。本保险覆盖所有工程损失或损坏,包括所有机器、材料和物料、业主在现场提供的或运输途中的和即将成为所完成的工程的一部分的材料,无论其在何处,还是正在等待安装或架设及安装或架设、测试过程中,直至保证期结束。任何由承包商或分包商引起的免赔额范围内的损失由承包商承担。保单上的被保险人为业主、承包商和所有分包商。

② 雇主责任险,每次事故造成的伤亡的责任限额不少于5000000美元,依据相关劳动管理机构的法定要求,覆盖所有工程雇佣的承包

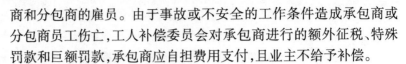

商和分包商的雇员。由于事故或不安全的工作条件造成承包商或分包商员工伤亡,工人补偿委员会对承包商进行的额外征税、特殊罚款和巨额罚款,承包商应自担费用支付,且业主不给予补偿。

③ 综合责任保险,包括以下条款和条件:

(i)每一次事件或事故的保险责任限额不少于1000000美元。

(ii)覆盖与合同执行相关的任何操作导致的事件或事故而造成的人身伤害(包括任何时候由此而造成的死亡)或财产损失或破坏,包括所有上述保单的除外情况。

1.37.3 承包商的施工机具保险,除非业主另有书面指令,承包商和其分包商应投保,并使该保险覆盖承包商或其分包商拥有的,或通过向第三方租赁并使用的施工机具和设备的损失和损坏。该保险应以令业主满意的方式投保,并根据这些施工机具和设备的实际现金价值确定其保险责任范围。此保单应针对业主放弃代位追偿权。

1.37.4 承包商依据第1.37.1款、第1.37.2款和第1.37.3款办理的保险应依据以下条款和条件提供:

① 承包商将在本合同签订后的四周内,以令业主满意的方式,并由业主接受的保险人出具的两份经核准的保单副本,提交业主。

② 上述保单在进行任何实质性变更或取消之前,应提前15日书面通知业主。

③ 保险公司应可靠且有能力并经过业主同意。

1.37.5 在本条第1.37.1款、第1.37.2款和第1.37.3款规定的所有保险生效之前,承包商不应开始实施本工程,也不允许其分包商开始实施本工程。

1.37.6 无论因承包商原因导致的人身伤亡或财产损失是否有保险覆盖,还是由于保险公司的无偿付能力,破产或没有支付任何索赔,均不能视为对合同中与承包商的责任或其他义务有关条款的放弃。

1.37.7 承包商理解并同意合同价应包括承包商所提供的所有保险的保险费。

1.37.8 如果承包商没有提供本条第1.37.1款、第1.37.2款和第1.37.3款规定的保单,业主将自行投保,费用和成本由承包商承担。

1.38 税收

1.38.1 根据×××国现行法律,在工程履行期内,承包商负责计算和支付各类税及其他强制性的款项。

1.38.2 承包商应负责承担并支付所有与工程相关的税、征税、关税和罚款,这些税随时由政府依据合同签订时或由政府立法机构、代理或分支机构所制定的法律和法规进行评估和征收。承包商应根据法律要求在工资中扣除所有和全部应扣除的税,并补偿和使业主免除因此类税、征税、关税、评估和扣缴税导致的,或由于没有遵守付款、报告或其他类似要求的程序导致的任何责任。

1.38.3　承包商作为×××国的非居民,根据×××国现行法律规定,必须向工程实施地的州税务机构进行登记。

1.39　不可抗力

1.39.1　文中所用的"不可抗力"一词指的是自然力行为和战争、封锁、起义、骚乱、瘟疫、山崩、闪电、地震、火灾、暴风雨、洪水、决口和其他合法当局逮捕和法庭命令、民乱及要求暂停工程一方无法合理控制的任何其他不可预见事件,该方即使通过恪尽职责、小心谨慎和采用所有预防措施也不能阻止、避免、克服或防止。

1.39.2　双方同意,如果任何一方由于不可抗力事件而无法全部或部分履行其合同项下的除了付款责任之外的责任,一方应在此不可抗力事件发生后立即以书面的形式告知另一方此不可抗力事件发生的原因。由于受不可抗力事件的影响,提供通知一方在不可抗力事件影响期间暂停施工,而非长期停工。由于此不可抗力事件所造成的损失,应尽力采取措施加以补救。在不可抗力事件造成的连续停工超过 30 日时,业主可以行使合同第 1.42 条"选择性终止"中的权利。

1.39.3　以下情况应视为可预见并在承包商的控制范围内:

① 由于分包商或供货商的违约或失误,除非此类违约和失误由不可抗力造成;

② 由于承包商、分包商或供货商雇员的劳资纠纷;

③ 由于遵守对本工程具有司法管辖权的任何合法当局的法律、条例、规定以及命令;

④ 由于正常的天气干扰。

1.39.4　受不可抗力事件影响的一方应努力减轻或消除不可抗力事件的影响。如果不可抗力事件发生在某些工程区域,承包商在与业主协商后,将其转移到未受影响的安全区域进行工作。

1.40　工程暂停

1.40.1　无论有无特殊原因,业主可书面通知承包商暂停所有或部分工程的实施。依据此暂停通知,承包商应允许业主根据合同规定,调动劳动力和工种、材料和设备。在暂停期间,承包商将充分利用劳力、材料和设备,以最大限度地减少由于暂停而造成的费用。另外,承包商将继续实施没有被暂停的工程。

① 收到暂停通知后,除非通知中另有要求,承包商应:

   (i)根据通知规定的停工日期和范围,立即停止继续工作;

   (ii)除了暂停通知的要求之外,依据暂停的工作内容,停止订购或分包材料、设备和设施;

   (iii)立即努力暂停与暂停工程相关的所有订单、分包合同和租赁协议,并令业主满意;

   (iv)除非暂停通知中特别规定,承包商应继续保护和维护本工程,包括已暂停的部分。

② 作为补偿,承包商应获取以下由工程暂停直接造成的,不予重复支付的费用:

   (i)根据合同第五部分"报酬和支付方式"所规定的待工费率和正常工作小时的费率,以一个工作日内的正常工作时间为基础,就承包商依据合同在待工时的组织和暂停通知内标明的设备,支付工程暂停期间的待工费;

   (ii)在待工状态时暂停通知中未要求的,受限制的承包商人力和设备解散所需的所有合理费用,花费保留在备用状态;

   (iii)由于承包商维持和保护被暂停的工作的合同规定的部分等值费用;

   (iv)如果由于暂停而造成承包商后续实施工程的必要的费用增加或减少,则剩余部分工程实施所需的费用将进行等值的调整。

1.40.2 业主可随时书面通知承包商,延长所有或任何部分暂停工程的暂停期间。在收到恢复被暂停的工程的通知后,承包商应根据通知中的要求立即继续实施工程。任何在承包商一方的工期延误索赔,应依据合同第 1.26 条"工期延误和延期"的规定。在收到恢复被暂停工程的通知后 10 日内,承包商应提交经过修正的工期进度表供业主评估。

1.40.3 承包商所有因恢复被暂停工程通知的结果而导致的,与其人力和设备动员所需的合理费用将获得补偿,但不会重复支付。该费用支付的条件是,等同于承包商的收到依据第 1.40.1 款②(ii)规定的其人力和设备的解散费用。

1.40.4　除非业主另外书面授权,承包商应将上述类似的暂停条款加入所有分包合同、采购订单或其他书面的承包商与执行合同有关的责任中。承包商应按业主的指令确保这些条款的效力。

1.40.5　如果按照第1.40条进行的暂停2个月后尚未撤销,则本合同应视为对暂停的工程部分终止。第1.42条"选择性终止"的规定加以必要的变通后适用于任何该暂停。

1.41　因违约而终止

1.41.1　如果承包商没有令业主满意地实施工程,或没有满足合同的任何要求,或被宣布破产,或有破产行为,或出现解散承包商或终止其存在或怀疑其清偿能力的诉讼程序,或有破产财产管理人任命,或为债权人利益进行财产转让,业主方可宣布承包商违反合同。如果发生此情况,业主可以书面,但无需通知承包商的担保人,立即终止承包商继续实施工程的权利。

1.41.2　如第1.41.1款所规定,业主宣布承包商违反合同时,业主可以选择以书面形式通知承包商并给出原因。承包商收到此类书面违约通知时,应负责自费在现场保护所有材料和设备,并立即采取措施补救违约行为。

1.41.3　如果承包商在收到书面违约通知的5日内,没有或不能补救违约行为,业主可以书面,但无需通知承包商的担保人,立即终止承包商继续实施工程的权利。

1.41.4　业主有权在不终止本合同的前提下,撤销承包商拒绝或无法努力实施的工程部分,交由业主或第三方实施,由此产生的付款或补偿将从业主应支付的承包商的款项中扣除。

1.41.5　承包商收到书面终止通知后,承包商自费且因这样的终止影响,应:
① 协助业主制定存货清单,此清单包括现场所库存的、运往建设场地途中的、材料制造过程中的及已经从供货商订购的材料和设备;
② 清空现场,撤出其人员和劳工;
③ 应业主要求协助业主,提供所有分包合同、采购合同和设备租赁协议以便转让业主;
④ 保留现场所有材料和设备直到业主发出撤出这些材料、设备和厂房的书面指令;
⑤ 将承包商准备的或业主提供给承包商关于本工程的所有计划、图

纸、规格书、运算以及其他资料转交给业主。

1.41.6 业主有权将终止的任何工程部分转交给第三方完成。第三方或业主完成本工程前，承包商无权向业主申请任何进一步的付款。在业主为完成此终止的工程部分书面要求的情况下，承包商同意业主有权占有和使用所有承包商提供的任何种类的材料、工具、设备和财产。

1.41.7 工程完工所需费用以及为此完工合同执行所需的已协商的费用，由承包商承担。且业主可以在任何时候从应支付承包商的金额中扣除此费用。如果此费用超过承包商应得的付款金额，在业主书面通知的情况下，承包商及其担保人应负责立即支付业主此超出的费用金额。不能要求业主获得本工程完工的最低金额，但是可根据业主自身判断，估算出本工程完工所需的最佳费用。

1.41.8 在合同暂停或终止的情况下，针对占有承包商的财产，需要确定一项特别留置权以保证业主的索赔。业主可以通过变卖财产，实施此留置权。在扣除所有相关费用后，变卖财产的收入归承包商所有。如果此财产净收入超过索赔金额，剩余部分将支付给承包商或其合法代表。

1.42 选择性终止

1.42.1 业主可以自主选择在任何时候书面通知承包商取消和终止全部或部分合同，无论承包商是否违约。在本合同被取消和终止的情况下，承包商同意放弃任何损失索赔要求，包括预期利润损失。作为承包商唯一的权利和补偿，业主将根据以下所述向承包商付款，并且，这些合同条款，在合同取消和终止后，仍将于最终验收时有效：

① 承包商在收到此通知后，除非通知另外要求，应：

(i) 在通知规定的日期立即不再继续实施工程；

(ii) 停止进一步分包或订购材料、服务和设施；

(iii) 立即进行每一个合理的努力，以令业主满意的条款，获得与工程终止相关的订单和分包合同终止信息；

(iv) 按照书面通知要求，协助业主维护、保养和处理合同项下业主获得的财产；

(v) 应业主要求协助业主，提供所有分包合同、采购合同和设备租赁协议以便转让业主；

(vi) 将承包商准备的或业主提供给承包商关于本工程的所有计划、

图纸、规格书、运算以及其他资料转交给业主。

② 在上述终止情况下,业主应根据以下规定向承包商付款(以下各项不能重复支付):

(i)在此通知前依据合同完成的工程部分所应支付但尚未支付承包商的款项;

(ii)根据上述①(iii),由于分包合同或订单因工程终止而终止所需的解决费用和所支付的索赔费用;

(iii)依据上述①(iv)所发生的合理费用;

(iv)任何与工程终止有关的其他合理费用;

(v)前述金额应包括作为承包商工程实施利润的合理的总额。

1.42.2　除非业主另外书面指令,承包商应在所有分包合同和与合同有关的采购订单中包括此终止条款。如此,在分包合同和/或采购订单被终止的情况下,承包商可与业主同样获得第1.41条和第1.42条规定的权利和选择。

1.42.3　承包商应保证业主免受并补偿因承包商自身、分包商、供货商或承包商雇佣的其他方的任何行为、损坏、索赔或要求所带来的损害。

1.42.4　业主不应对承包商任何由于合同终止而造成的利润损失或预期利润损失或任何结果性或间接性损失的索赔要求负责。

1.43　仲裁

1.43.1　所有因现有合同导致或无法通过协商解决的争议,如果双方在30日内无法通过协商解决,则应根据国际商会仲裁规则通过仲裁,以任命三名仲裁人的方式最终解决。

1.43.2　根据之前的合同终止条款,在仲裁程序进行过程中应继续实施工程,仲裁庭有权签发临时裁决和/或临时禁令。

1.43.3　仲裁庭裁决是终局的,并对双方均有约束力。

1.43.4　所有仲裁程序在新加坡进行。

1.43.5　仲裁用英语进行。

1.43.6　关于地产方面的争议,仅由×××国法庭解决。

1.44　可分割的合同

1.44.1　业主保留签订与构成工程某一部分并与整体项目相关的其他合同的权利,承包商应与其他承包商合作和正确处理相关界面。如果任何工程的部分的执行或结果取决于另一承包商的工作,则承包商应立即向业主报告该其他承包商的工作干扰本工程正确执行的任何延误或缺陷。一旦承包商未能检查和报告,则其不得因任何其他承包商有缺陷或未完工的工作向业主提出索赔,除非承包商经过合理检查仍无法注意到的潜在缺陷。

1.44.2 在整体项目签订了可分割的合同的情况下,承包商应在工程的施工和试运阶段与其他承包商分清界面,以确保整体项目的成功施工和试运。

1.44.3 由于承包商工程建设过程中出现的缺陷、工期延误以及低效率,或者承包商的在工程实施过程中的疏忽、行为或漏洞,造成其他承包商向业主提出的索赔,承包商应补偿并确保业主免受其所有索赔责任。

1.45 考古文物

在工程实施期间,如果在现场发现出土文物,或类似的艺术、科学或历史古迹文物,根据相关法律要求,承包商应立即通知业主和政府机构,并立即上交给业主。如果业主口头通知,承包商应停止工作,直到专家到达施工现场进行勘测。关于此类原因造成的工程停工,适用合同第1.40条"工程暂停"。

1.46 公开性

除非事先获得业主的书面授权,承包商、分包商或供货商在任何时间均不得自己或通过代表出版任何有关工程的刊物,发布新闻声明、公告或广告。

1.47 保密

1.47.1 与承包商执行工程相关的,或因此产生的信息,以及承包商通过与业主的雇员或代理接触而获得的信息,承包商应严格予以保密。上述限制不适用于承包商在执行工程期间获得或了解的业主现有和预期活动中关于产品、加工和操作行为方面与工程和/或设施相关的秘密信息、专利信息。承包商,承包商采购的或协助其的代理、雇员、服务商和分包商在工程实施过程中未经业主特别的书面允许之前,不得向其他人泄露或公开这些保密信息。承包商应保证与从事工程实施的代理、雇员和分包商签订相关的书面协议,确保他们能够遵守此条款的规定。任何合同终止或合同完成将不会对本条的规定产生影响。

1.47.2 承包商应采取防范措施保护业主提供给承包商的所有与工程相关的文件、记录、资料、信息。承包商为有效地实施工程所必须,可以保留这些文件、记录、资料和信息的复印件。工程完工后,承包商应归还业主所有这些文件和复印件。

1.48　通知

1.48.1　本合同项下所有的通知应以书面方式,使用预付费的电子通信或利用密封附带地址和预付邮资的信函邮寄,而非当面送达。此通知应于电子通信方式发送后 12 个小时后,及于邮寄日期 48 小时后(星期六、星期天和法定节日除外),视为被接收。除上述之外,如果由于劳资纠纷而造成邮政服务阻碍,此通知将被专人送达或书面通信。

1.48.2　各方通知地址:

业主:(待通知)

承包商:(待通知)

1.48.3　本合同任何一方有权依据上述第 1.48.1 款和第 1.48.2 款改变其通知地址。

1.49　不放弃本合同条款

1.49.1　业主没有实施或严格要求遵守和执行任何合同条款或条件,并不构成对这些合同条款或条件的放弃,也不应影响或削弱此条款或条件的效力,或业主对违反这些条款和条件而随时采取的补救。

1.49.2　除非业主书面放弃本合同条款规定,否则任何本合同条款规定都不能视为被业主放弃。除非在放弃中明确表明,否则任何放弃不能被视为对本合同条款的修改或修订,或者对过去或将来违反或修改任何合同条款、规定、条件和约定的豁免。

1.50　合同的完整性

本合同,包括其所有文件、附录、附件、进度表、章节和索引,构成了业主与承包商之间完整协议。无论口头的或书面的,双方之间所有的约定、条款和规定均包括在合同中。本合同取代双方之前与工程相关的任何及所有的口头或书面陈述、动因或谅解。

1.51　可分开性

一旦合同任何条款被业主视为违法,或与合同的任何其他条款相冲突,业主可以同意删除该条款。合同的剩余条款仍然具有全部效力,犹如这些条款并未删除一样。

1.52　受约束的法律

本合同受×××国法律约束并依据该国法律解释。承包商及其分包商在工程实施过程中应注意当地的风俗习惯。

1.53 其他规定

1.53.1 词语"应当"与承包商联系使用时,表明了合同的必须遵循的要求,同时是指任何和所有与此活动项目相关的费用均由承包商承担。

1.53.2 本合同文件中使用的标题仅作为索引,而不能被视为合同的一部分,或在进行合同解释时考虑。

1.53.3 凡指当事人或当事人各方的词应包括公司、企业以及任何具有法定资格的组织。

1.53.4 仅表明单数形式的词也包括复数含义,视合同上下文需要而定,反之亦然。

1.53.5 本合同 4 份英语原件为和 4 份 × 语原件。业主持 6 份原稿件(3 份英语稿件和 3 份 × 语原件),承包商持 2 份(1 份英语原件和 1 份 × 语原件)。如果英语和 × 语版本出现不一致的情况,以英语版本为准。

1.54 相关工程

1.54.1 承包商认识到,作为系统的一部分,业主在可分割的合同项下让第三方实施其他相关工程。从工程实施同步、先后顺序及相互联系方面来看,本工程的设计、采购、执行、试运及完工与相关工程相互之间完全协调,具有极其重要的作用。承包商进一步认识到,在完工日期前完工的原因是为了确保其他相关工程的顺利实施,本工程的及时完工能够促进本工程与相关工程的成功协调和相互配合,并确保整个系统的及时完工。

1.54.2 承包商应始终按照业主的指令自费做到:

① 在本工程的设计、采购、执行、试运和完工方面采取必要措施协调和配合实施相关工程的承包商的行为。

② 与负责实施相关工程的承包商保持联络并相互商讨和合作,包括必要时准备共同的工程进度和施工说明书,以及遵循包括业主要求在内的任何设计和施工界面要求。

③ 将计划、进度和本工程的设计和执行与相关工程实施之间的冲突和阻碍减少到最低。

④ 全天候尽量在现场限制实施导致相关工程损害或不便的任何操作。如果在现场无法避免此类损害或不便,承包商在事先书面通知(向易受影响的实施相关工程的承包商提供一份复印件)业主之前,不得进行此类操作,通知中应说明希望达成防止和减少此类损害或不

便的程序。

⑤ 全天候与业主和实施相关工程的承包商合作,以便促进并制定本工程和相关工程的协调统一方案。

1.54.3　在不影响承包商第 1.54.2 款规定的承包商职责的情况下,承包商应参加由业主召集的,实施相关工程的承包商也参加的会议,承包商应向业主告知其依据第 1.54 条规定项下的职责已经、正在或将要采取的步骤和程序。

1.54.4　承包商应被视为已经为履行第 1.54 条的职责而充分考虑到了合同价格和工程进度及任何由于相关工程导致的阻碍本工程的设计、采购、执行、试运和完工进度的情况,以及基于第 1.54 条而进行的合作相关的所有费用。

1.54.5　如果本工程和相关工程的设计、采购、执行、试运和完工互相之间不协调,不能结合,且不能合理地令业主的满意,业主可以发出以下指令,包括但不限于:

① 暂停本工程的设计、采购、执行、试运和完工,或其中的任何部分或环节的进度;和/或

② 变更本工程,包括将工作从合同中撤出,并由其他人执行。

为避免疑义,对业主在第 1.54.5 款项下所发布的指令,承包商无权要求任何因此种指令而产生的任何费用和利润损失以及延期要求,包括任何此类暂停或撤出及由其他人执行的费用,都将从合同总价中扣除,或者作为承包商对业主的债务由承包商负责偿还。

1.54.6　作为遵守第 1.54 条项下业主的任何指令和在此条件下承包商完成其职责的结果,承包商无权要求任何额外的付款(包括任何利润损失)及工期延长。

1.54.7　承包商应保护业主免受由于承包商未遵守第 1.54 条的要求而产生的所有索赔、起诉、损害、费用、损失和支出,不限于本款的原则要求,承包商应保护业主免受任何由于承包商自身的工作或由于承包商在工程实施过程中的疏忽、行为或遗漏而导致的其他实施相关工程的承包商向业主提出的索赔。

Ⅲ. 合同附件

(略)

合同评审汇总中的主要偏离情况见表 4-1。

表 4 – 1　合同评审结果—主要偏离

条款号	内容	投标人偏离	理由
Ⅱ之第 1.4.1 款	略	最后一句修改为"业主应对其提供的基础数据、承包商无法核实的数据等负责"	所有数据均要求承包商负责是不公平的
Ⅱ之第 1.4.2 款	略	最后一句修改为"对业主和承包商均有约束力"	业主也应遵守其决定
Ⅱ之第 1.4.4 款	略	将"ITB 文件"和"承包商技术和商务报价"的顺序互换	业主的招标书为最原始的文件,承包商的技术和商务报价依据招标书而制作,且会有偏离,放在前面对承包商有利
Ⅱ之第 1.9.1 款	略	增加规定:合同签订后法律变化造成承包商费用增加和工期延长,业主应给予补偿	法律变化应视为变更
Ⅱ之第 1.16.7 款	略	将"费用由承包商承担"修改为"费用由业主承担"	避免业主随意指定地点
Ⅱ之第 1.19 条	略	将业主占有权"并不意味着……"修改为"意味着……"	业主既然提前占有,应视为接收,否则业主应承担所有接收后的责任
Ⅱ之第 1.21.3 款	略	将"所有设备材料"修改为"关键设备材料"	所有设备材料均需要业主检验,工作量大,容易延误工期
Ⅱ之第 1.22.3 款	略	将"降低了……则付款因此也将按比例减少"修改为"降低或增加……则付款因此也将按比例减少或增加"	不公平条款,有降低要减少,增加了也应增加
Ⅱ之第 1.22.7 款	略	删除	不公平条款。业主不能以承包商未在规定时间内提供发票就拒绝付款
Ⅱ之第 1.23 条	略	将"24 小时"修改为"7 日"	对承包商来说时间太短,无法做好充分的索赔准备。
Ⅱ之第 1.27.3 款	略	删除	因业主自身原因造成的停工,业主应给予费用和工期的补偿
Ⅱ之第 1.33.7 款	略	增加规定:保证期的延长最长不超过 12 个月	避免无延期延长

条款号	内容	投标人偏离	理由
Ⅱ之第1.34.1款	略	将"1日"修改为"1周"	按日罚款对承包商来说风险过大
Ⅱ之第1.35.2款	略	删除"商业秘密"	商业秘密不能随意被泄露
Ⅱ之第1.36条	略	第1.36.4款"即使该损坏……"、第1.36.5款"无论该损失……"、1.36.6款中将"无论该第三方的损……"中的"无论"修改为"除非……"	非承包商原因造成的损失或损坏不能由承包商承担
Ⅱ之第1.39.3款	略	删除(c)	合同签订之后的法律变化是承包商不可预料的,如果因此造成承包商费用增加和工期延长,应作为变更处理
Ⅱ之第1.43.6款	略	删除	所有争议均应通过仲裁解决
Ⅱ之第1.54条	略	增加规定:如果因此增加了承包商的费用和造成工期延长,业主应给予补偿	非承包商原因造成的费用增加和工期延长应由业主承担

第五章 合同谈判与签订管理

一、合同谈判概述

1. 合同谈判的含义

合同谈判是指拟订立合同的当事人就合同的具体内容进行协商以求达成一致的过程。合同谈判几乎是每一份合同所必经的阶段,无论是货物买卖合同,还是工程承包合同、运输合同等,均需经历一个合同双方在合同具体条款上讨价还价、你来我往的协商过程。当然,格式合同是个例外,通常无需进行谈判,因为,格式合同的条款(即格式条款❶)是事先拟订好的,需要与格式合同制定方签订合同的当事人一般只有接受与不接受的选择,对格式合同的具体条款,大多数情况下是不能通过协商来改变的。

合同谈判是合同管理的一个重要阶段,将直接决定是否签订一个对己方有利的合同,决定着合同签订后能否获得顺利履行。

2. 合同谈判与合同评审、合同招标的区别

每一份原始合同的谈判与其评审一样,均属于合同的产生阶段,其所指向的对象均是拟签订的合同,但合同谈判与合同评审有如下之区别。

1) 参与方不同

合同谈判的参与方是拟签订合同的双方当事人,可能只有双方,也可能有

---

❶ 格式条款是指当事人为了重复使用而预先拟定,并在订立合同时未与对方协商的条款(《合同法》第三十九条第二款)。

三方或多方,还可能包括了双方当事人聘请的法律专家等,是合同当事人的双方行为;合同评审的参与方则是拟签订合同的一方当事人内部相关部门和人员,是合同一方当事人的内部行为。

2)目的不同

合同谈判是双方当事人对拟签订的合同进行双向的、最终的完善过程,其目的主要是为了追求拟签订合同的一致性,即追求当事人对合同所有条款形成的"合意";合同评审则是一方当事人对拟签订的合同进行自我的、最初的完善过程,其目的主要是为了评价合同的合法性、公正性、平等性、完整性、风险性和可行性。

3)结果不同

合同谈判的结果有两种情况,一是谈判成功,谈判的当事人最终签订了对双方均有约束力和法律效力的合同;二是谈判破裂,谈判的当事人未能签订拟议中的合同。合同评审的结果是形成了可以为进行合同决策和合同谈判提供依据的内部意见和建议,并不具有法律上的效力。

合同谈判与合同招标虽然也同属于合同产生阶段,但合同招标在时间顺序上应早于合同谈判。而且,一份合同可以不经历招标阶段,但绝大部分合同均一定经历谈判阶段。国际工程项目合同则通常涵盖了合同产生期间的招标、评审和谈判三个主要阶段。

二、合同谈判的过程与策略

国际工程建设项目合同的谈判,业主和承包商不同,合同的性质、内容不同,其谈判的过程、方法、策略或模式等也不尽相同。因此,国际工程项目的合同谈判没有一个固定的模式。下文从承包商的角度叙述国际工程承包合同的合同谈判过程和策略。

1. 合同谈判的组织

合同谈判的组织非常重要,是关系到合同谈判成败的关键之一。合同谈判的组织应注意以下几个方面的工作。

1)组织与参与部门

通常,国际工程建设项目合同的谈判,特别是 EPC 合同的谈判,由承包商的总部负责组织。有的承包商规定由投标报价部门或市场开发部门负责组织;也有的承包商规定由合同管理部门负责组织。但是,无论由何部门组织,相关工程、报价、合同、法律、财务等部门均应参与。合同谈判既不是投标报价部门,也不是合同管理部门等一个或几个部门的工作,而是承包商企业全体相关部门集体参与的工作。换句话说,承包商与业主进行合同谈判应组织一个包括各方面人员参与的谈判小组,并选择业务水平和谈判经验均比较丰富的人员,如技术、法律、合同、财务、商务等专业人员。另外,在人员结构上应当全面,针对谈判的需要,配备各种各样不同的专业人员。

2)首席谈判代表的确定

合同谈判,一方应当明确一名首席谈判代表,以避免众说纷纭。首席谈判代表应具有工程项目的背景和经验,熟悉所谈判的合同涉及的工程建设项目技术和商务方面的要求,具备相应的外语能力。通常,首席谈判代表由承包商企业内部经验丰富的项目经理或投标报价部门的负责人担任。合同管理人员由于缺乏工程项目的专业知识,一般不能做大型项目的合同首席谈判代表。

3)授权

通常情况下,承包商应给予合同谈判小组中的首席谈判代表以充分的授权,以便依据合同评审的结果,事先确定的合同谈判策略,根据合同谈判的实际进展,及时确定双方所能够达成一致的合同内容。首席谈判代表的授权,应依照业主招标文件中的要求,按照承包商企业相关授权管理规定制作。首席谈判代表获得授权后,应依据授权范围进行合同谈判,并决定相关事项。但对于涉及合同工期、价格等重大事项,如果超出了授权范围,应及时上报承包商企业总部决定。

2. 合同谈判的过程

国际工程承包合同谈判的过程,通常可以分为如下几个阶段。

1)准备阶段

合同谈判是业主和承包商双方进行面对面交锋,争取与己有利的合同条款,去除与己不利的合同条款的关键时刻。由于业主在此类谈判中总是居于主动和优势的地位,因此,承包商做好正式合同谈判前的充分准备就显得非常有必要,知彼知己,才能获得谈判的成功。概括说来,承包商主要有以下几项准备工作:

(1)了解和掌握与合同谈判有关的各种信息。信息了解和掌握得越充分,合同谈判就越能掌握其主动性。与合同谈判有关的信息主要包括业主(工程)所在国的政治、经济、法律、自然、文化和社会环境方面的信息和业主及工程本身的信息等(为合同谈判提供背景和专业知识)、己方真正实力的信息等。

(2)准备谈判文件和资料。合同谈判不能空口无凭,而是要有理有据。合同谈判前,应详细准备谈判所需的各种文件资料,作为合同谈判的基础和支持己方观点的依据。与谈判有关的文件资料主要包括招标文件中的合同条件和投标时的意见和建议、反驳业主和论证己方观点的支持性文件,以及显示承包商真正实力的各种证据性材料等。

(3)确定谈判目标和方案。承包商在合同谈判之前,首先应明确谈判的目标和制订详细的谈判方案。承包商可以根据了解的信息、收集的资料分别明确谈判的理想目标、让步目标、最低目标等,并根据不同的目标制订相应的谈判策略和不同的谈判方案。理想目标是指承包商最想达到的目标,让步目标是指承包商谈判时为如何进行让步而制定的目标,最低目标是指承包商确定的底线,不可再让的目标。

(4)了解或拟订谈判议程。如果合同谈判由业主一方组织,则承包商需要了解业主关于谈判的安排情况,包括谈判的时间、地点、议程等,承包商若对业主的安排有不同的意见或建议,应及时同业主进行协商;如果合同谈判由承包商组织,则承包商应详细拟订谈判的议程,包括业主人员的接待和相应的礼仪与禁忌等注意事项(特别是来自伊斯兰国家的业主),谈判议程的安排应及时征求业主的意见。

2)初谈阶段

通常,在正式合同谈判刚开始时,并不马上进入正题,而是先谈一些与合同无关的情况(如天气、旅行、新闻、风景等),以及有关议程和议题的介绍等,这可称为合同谈判的初谈阶段。

通过初谈,可以了解双方谈判人员背景、喜好、态度等,目的是为了建立合同谈判的和谐气氛,为下一步进入正题的详谈阶段创造良好的谈判环境。承包商应尽力利用初谈阶段的时间积极采取友好合作的态度来获取业主的好感。初谈阶段一般不宜涉及双方敏感的、分歧的问题。初谈时间的长短,不同国家的业主有不同的习惯,有的国家的业主第一次会谈开始的几分钟后即进入正题,也有的国家的业主花费时间较长,甚至是第一次会谈的所有时间。

3)详谈阶段

详谈阶段是合同谈判的主体阶段,是双方就所有未达成一致的合同实质性问题进行详细的、逐个的、讨价还价的、求同去异的商谈过程,也是承包商努力实现谈判"理想目标",或不得已退而求"让步目标",甚至"最低目标"的阶段。详谈阶段自合同谈判进入正题开始,到双方就所有问题均经过详细的商谈后结束。

详谈阶段,承包商应尽力说服业主同意己方的观点,结合谈判中出现的新情况、新变化,及时修改旧的谈判方案,制订新的谈判方案,并根据需要调整己方参与合同谈判的人员,把握适当的时机,进行恰当的让步,以获取更多的合同利益。如果双方分歧较大,谈判陷入僵局,可采取诸如更换议题、暂时休会、非正式商谈、个别接触、适时让步等方式打破谈判僵局,缓和谈判气氛。

4)终谈阶段

详谈结束,进入终谈阶段。终谈后有如下两种情况:

(1)双方经过详谈之后,已经就合同的所有问题达成一致,或双方同意将未达成一致的问题留待以后另行协商解决,则双方正式的合同谈判结束,只需商谈在何时、何地由何人进行合同签字。

(2)双方经过详谈之后,对若干分歧问题始终无法达成一致,又不同意先签订合同,而将分歧的问题留待以后另行协商解决,则双方可以约定就分歧的问题进行最终的谈判,如果谈判成功,则双方签订合同;如果谈判失败,则双方各自撤回谈判人员。在最终谈判时,如果业主坚持不让步,为避免谈判破裂,承包商可综合各种因素考虑是否进行必要的让步以求得合同谈判的成功,从而达到承包工程项目建设的目的。

3. 合同谈判的策略

合同谈判中,当事人一方总是希望增加或尽力使对方同意对己方有利的合同内容,并尽力去掉对己方不利的合同内容,双方的立场在这一点上是对立的。因此,采用何种谈判策略进行谈判,承包商在合同谈判前就应拟订,并在合同谈判过程中根据实际情况及时调整。以下一些策略可供参考。

1)投石问路、察言观色

指谈判中不要抢先发表己方的观点,而应通过倾听、提议、诱导、征询等方式促使谈判对手先暴露其观点,尽可能地多了解谈判对手的情况、反应和目标。

2)坦诚相见、开诚布公

指谈判中如果感觉到谈判对手确实希望双方进行合作,态度诚恳,则可以与对方坦诚相见,如实阐述己方的观点和难处,使对方理解并感到己方确实有合作的诚意。

3)暂时休会、重新调整

指谈判中如果遇到在某些问题上僵持不下、互不相让、气氛紧张或己方需要时间补充资料、重新制订谈判方案等情况时,可以要求暂时休会,双方缓和情绪、缓解疲劳,重新调整谈判的节奏和方案。

4)友好交往、联络感情

指谈判中为建立友好交往的气氛,促成双方的合作,可以采取互赠小礼物、共同参观游览等方式联络感情、增进友谊、融洽关系。但应注意分寸和对方的文化习俗,避免弄巧成拙,给对方带来不便或反感。

5)以退为进、寻找时机

指谈判中寻找恰当的时机提出己方的要求和条件,进行恰当的让步。例如,可以先承认对方的观点或先在次要的问题上让步或采取缓慢让步的方式,然后再阐明己方要求,促使对方在关键的问题上同意己方的观点和要求。

6)迂回出击、虚虚实实

指谈判中通过采取迂回的、旁敲侧击的方式,或故意在对己方不重要的问题上进行长时间的商谈,东拉西扯,或提出某些假设的前提询问对方如何处理等,以掩盖己方真实的意图,或探察对方的虚实,为达到己方的目的服务。

7)求同为主、攻心为上

指谈判中为使对方同意己方的观点和要求,可以采取各种方式使对方从心理上认同己方的目的是求同为主,是为了双方的共同利益,如果采纳己方的观点,则将获得"双赢"的结果。

合同谈判如同行军打仗一样,行军打仗有"三十六计",合同谈判也可以因不同工程项目的实际情况和不同的业主(谈判对手)而异,采取各种各样不同的策略和计谋,上述介绍的策略只是其中的一小部分,还有更多的策略承包商可以选择适用。谈判策略运用得恰当与否,直接关系到合同谈判的成功与否。承包商在合同谈判过程中,无论采取何种策略,总的目标应当是维护自身合法权益,争取签订一个尽可能平等互利、权责对等的国际工程承包合同。

三、合同谈判阶段的管理内容

1. 业主方面合同管理内容

业主方面合同管理员的工作基本上和承包商方面合同管理员的工作相对应。如准备拟谈判的合同文件、回复和解释承包商提出的问题和澄清、参与合同谈判过程等。在此不一一详述,可参照以下详细说明的承包商合同管理员的工作。

2. 承包商方面合同管理内容

对于已经过招投标和合同评审的工程承包合同和分包及其他合同的谈判来说,合同管理员在合同谈判阶段的合同管理内容并不多,最主要的工作就是作为谈判组成员参与合同谈判。对于没有经过招投标和合同评审的合同,可能需要合同管理员起草相应的合同文本,提交企业或项目部的负责人审阅或经过评审后作为正式合同谈判之用。无论何种情况,合同管理员在合同谈判中主要有以下合同管理方面的内容。

1)合同谈判文件资料的收集整理

合同管理员首先应了解谈判的议程,然后根据议程及己方的需要收集整理所有合同谈判需要的文件资料,这是合同谈判准备工作的一项重要内容。合同谈判文件资料的收集有时不是单凭合同管理部门就可以完成的,还需要其他部门的积极配合。

2)就合同谈判的议题提出相关意见和建议

在合同谈判中,需要对谈判的议题(合同条款内容)提出自己的意见和建议,供谈判人员参考,这是合同管理员最基础的工作。如果拟谈判的合同已经过合同评审,则此项工作就简单一些,只需将合同评审的意见和建议收集整理后作为合同谈判的资料即可。如何对合同谈判的议题提出意见和建议,要看合同管理员对所谈判合同的熟悉程度、工作经验是否丰富及对其他相关知识的掌握等❶。

3)参与和组织合同谈判

合同管理员应作为与业主进行合同谈判的承包商谈判组成员亲自参与谈判,回答问题,做好记录。特定情况下,合同管理员还可能需要与业主相关特定人员就合同中涉及的法律与责任等问题进行单独的会谈。必要时,合同管理员还需要根据企业或项目部负责人的安排进行合同谈判的组织、协调等工作。

4)谈判中合同问题的澄清与回复

合同谈判主要是面对面的谈判,但也有时候采用书面往来形式。无论是面对面,还是书面往来,均需要合同管理员对谈判另一方(业主等)提出的与合同问题有关的澄清、修改意见和建议等给予回复。重要和关键问题的回复必须经

---

❶ 参见本章第二节和第三节的相关内容。

过谈判组的讨论并提交企业负责人审阅通过后才可以发出。

5）往来文件的登记处理

合同谈判中,双方通常会有一些往来的信件、传真、会议纪要、备忘录等有关合同谈判问题的文件,这些文件均是合同管理的重要资料,并可能成为最终合同文件的组成部分,需要合同管理员随时登记处理,并做好相应的保管工作。

6）法律问题的解释和说明

合同谈判中,可能会涉及对合同某些条款在适用法律和其内容是否合法,以及中国或境外工程所在地法律有何要求等问题的解释和说明,无论是向己方谈判人员进行解释和说明,还是向合同谈判另一方进行解释和说明,均为合同管理员的工作。这需要合同管理员具备相关法律方面的知识。

7）律师的聘请与协助

重大和复杂的合同谈判,可能需要聘请专业律师参与提供专门的法律意见。聘请合适的律师是合同管理员的一项重要工作。合同管理员需要对聘请中国律师还是境外工程所在地律师、律师的人选和资格、需要在哪些方面要求律师提供协助、律师委托协议书的起草/修改/审查等问题提出意见和建议。同时,律师聘请之后,合同管理员还应积极协助受聘律师进行相应的工作。

第二节　合同条款及谈判时应注意的问题

一、项目主合同的谈判

1. 谈判概述

国际工程建设项目的合同谈判主要是国际工程承包合同的谈判。国际工程承包合同谈判,对承包商而言,即指承包商就拟承包的国际工程项目的建设而与工程项目业主之间明确双方权利义务关系的具体内容并力求最终签署具有法律约束力的合同性文件的协商过程。能够与业主进行工程承包合同谈判的承包商通常就是在工程项目的招投标中获胜的投标人(中标人)。

业主与承包商的合同谈判一般由双方各自组成的合同谈判组负责,在合同谈判组中,通常包括熟悉合同和法律的合同管理员或律师等,合同谈判的地点一般在业主所在地进行,有时也在承包商所在地或双方同意的其他地点进行。

招投标的国际工程承包合同,通常在招标文件中规定了合同谈判必须完成的时间,即业主与承包商必须在规定时间内(常为自授标函签发之日起 30 日)完成工程承包合同的谈判。由于业主已经在招标文件中附加了合同条件,故业主和承包商对合同的具体条款均已了解,无须逐条逐款进行商谈。因此,合同谈判即是在业主提出的合同条件的基础上就承包商对合同条件的修改和补充意见及原合同条件中未明确的问题(如价格、工期等)进行商谈。承包商合同谈判的目的是将业主的合同条件具体化、明确化、公平化,尽力减少合同条件中对承包商不利的条款和增加有利的条款,减轻和避免日后合同履行的风险。然而,承包商的利益和业主的利益并不总是一致的,虽然在完成工程项目的总体目标上是共同的,但在合同价格、工期长短、责任承担、风险划分等问题上总是存在着利益的冲突。对承包商来说,通常处于被动和不利的地位,而合同谈判是其充分表达自己意愿和努力争取对自身有利的合同条款的过程,一定要予以重视。承包商应从谈判的人员组织、资料整理、方案与策略、地点与方式等方面做好精心的准备。同时,还应尽可能地了解业主及其谈判人员的详细情况,如此,才能知己知彼,为己方争取更多的合同利益。否则,一旦合同签订之后,除非遇到重大情况,业主很难同意再对合同条款进行修改和补充。因此,那种为了能够夺标而对业主的合同条件全盘接受,认为可以在合同履行过程中再想办法的观点是不可取的。

没有经过招投标而直接议标的国际工程承包合同谈判,一般由业主或承包商先提出一个合同草案,然后双方在该合同草案的基础上进行商谈,与招投标的工程项目合同谈判相比,合同谈判的难度相对要大一些。

2. 合同条款及谈判时应注意的问题

国际工程承包合同是承包商工作的依据,合同的具体内容直接关系到承包商的切身利益。正因为如此,国际工程项目承包商的合同管理员需要熟悉国际工程承包合同的基本条款,以便在合同谈判、履行和关闭等过程中能够提供相应的意见和建议。以国际工程 EPC 总承包合同为例,无论采用何种“合同条件”,其主要条款大致相同。现将其主要条款及谈判时应注意的问题简述如下。

1)定义条款

定义条款是指对合同中反复出现的、可能会产生歧义或含义复杂的名词、术语所作的详细、明确和规范的说明与解释。在国际工程承包合同中,需要定义的名词或术语主要有:业主(Employer)、承包商(Contractor)、分包商(Subcontractor)、合同(Contract)、投标书(Tender)、接收证书(Taking - Over Certificate)、开工日期(Commencement Day)、完工时间(Time for Completion)、完工试验(Tests on Completion)、合同价格(Contract Price)、成本(Cost)、外币(Foreign Currency)、保留金(Retention Money)、工程(Works)、报表(Statement)、货物(Goods)、材料(Materials)、工程所在国(Country)、现场(Site)、变更(Variation)等。

合同谈判中,对定义条款,承包商需要审查该定义的名词或术语是否准确,是否有应定义却遗漏了的情况,因为定义本身就是为了使双方在合同履行中避免因名词或术语的含义或语义理解不一致而产生争议,便于合同的顺利履行。例如,采用FIDIC之EPC合同条件的国际工程承包合同中的术语"合同"即定义为包括了合同协议书、通用条件、专用条件、业主要求、投标书和合同协议书列出的其他文件等所有合同性文件。上述定义明确了承包商的投标书也是合同的组成部分,承包商在投标书中所承诺的责任和义务即使合同具体条款中没有明确规定也应当承担。再如,"工程"在合同中应当明确定义是永久工程(Permanent Works),还是临时工程(Temporary Works)或区段工程(Section)等。

2)法律条款

法律条款是指合同中有关法律的适用和遵守等内容的规定。

合同谈判中,需要注意的法律条款主要有:

(1)法律适用条款。

国际工程承包合同有不同国家的当事人参与,不同的国家有不同的法律,在合同履行过程中,如果双方对合同条款本身或履行中出现的问题产生争议,在协商无法解决的情况下,适用何国的法律来进行解释和解决? 因此,需要对合同的管辖法律(即合同适用的法律)作出相应的规定。国际工程项目中,业主一般均要求适用业主或工程所在国(有时属于同一国家,有时属于不同国家)的法律,承包商则希望适用承包商所在国的法律。鉴于对本国法律的熟悉,这是自然的。但由于业主的优势地位,多数国际工程承包合同适用的是"工程所在国"的法律。有的国家对工程位于本国的工程承包合同强制规定适用本国的法律,不允许合同当事人选择,这样业主和承包商就没有商谈的余地。比较公平的做法是,合同既不适用业主或工程所在国的法律,也不适用承包商所在国的法律,而是适用双方均接受的第三国的法律。我国法律规定涉外合同的当事人可以选择合同适用的法律,如果没有选择,适用与合同有"最密切联系"的国家的法律,作为涉外合同的国际工程承包合同中的工程所在地国(业主所在国)、承包商所在国、合同签订地等均是具有最密切联系的因素之一。

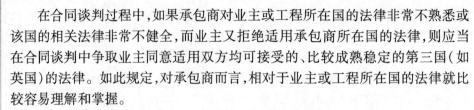

在合同谈判过程中,如果承包商对业主或工程所在国的法律非常不熟悉或该国的相关法律非常不健全,而业主又拒绝适用承包商所在国的法律,则应当在合同谈判中争取业主同意适用双方均可接受的、比较成熟稳定的第三国(如英国)的法律。如此规定,对承包商而言,相对于业主或工程所在国的法律就比较容易理解和掌握。

同时,在法律适用条款中,还应当明确适用法律的涵盖范围,即除了国家制定法律和法规外,是否还包括由国家某个政府部门或地方政府颁发的法令、条例、规则和细则等。需要特别注意的是国家政策不应包括在适用的法律范围内。

此外,有的国家除了有国家法律外,国家内部的各个行政区域(如省、州)或司法管辖区等均有各自不同的本地方的法律。遇到这样的国家,需要明确是否还要同时适用工程所在地的地方法律。

(2)法律遵守条款。

确定了合同适用的法律后,国际工程承包合同中一般还规定承包商应当"遵守法律",这个法律指的应当是工程所在地国的法律。应特别注意的是,合同适用的法律与应遵守的法律并不总是一致的。承包商要遵守的工程所在地国法律包括与其合同履行相关的所有法律,如有关工程建设、劳动、海关、税务、安全、环境保护、出入境与居留等方面的法律。

同时,在国际工程承包合同中,还需要明确,根据工程所在国法律规定,工程建设需要的各种官方许可、执照、批准等是由业主还是承包商来获取。有些执照只能由业主来获取,业主不能推卸责任,如合同中含有的"在业主无法获取时,承包商有责任取得相关许可、执照或批准"等类似规定。承包商在合同谈判中应尽力争取由业主来负责取得这些必要的许可。如果某些并非只能由业主获取的许可、执照或批准,业主坚持要承包商负责,也应争取让业主承担必要的协助义务,如出具相关证明信函等。

3)合同语言条款

合同语言条款是指合同中有关合同文本用何种语言书写以及合同双方的通信交流、往来文件等使用何种语言等内容的规定。

国际工程项目中,业主可能要求合同以其本国的语言书写,通信交流、往来文件等也使用其本国的语言。在国际工程项目实践中,通常业主和承包商均会选择英语作为合同语言,因为英语与其他语种,如阿拉伯语、西班牙语、法语、俄语等相比,通用性比较强。合同谈判中,如果业主要求使用通用性不强的本国法定语言作为合同语言,承包商应尽力争取将英语规定为合同语言,或退一步要求将英语也规定为合同语言。因为,在我国,英语的普及程度较高。

需要注意的是,如果合同约定合同文本使用两种或两种以上的语言书写时,应规定以何种语言作为主导语言,即当不同语言的合同文本之间产生矛盾或冲突时,应以何种语言的文本规定为准。合同谈判中,如果业主要求合同文本同时以其本国语言和英语书写,承包商应尽力争取以英语文本作为优先适用的合同文本。另外,承包商也可争取业主同意合同文本同时以承包商本国的语言书写,并同意在几种语言发生冲突时,以英语文本为准。

4)合同文件组成及优先顺序条款

合同文件组成及优先顺序条款是指合同中有关合同具体包括哪些文件以及各个文件之间发生矛盾或冲突时如何优先适用等内容的规定。

可以构成国际工程承包合同的合同文件众多,其名称主要有:合同协议书、合同条件(包括通用条件和专用条件)、业主招标文件和承包商投标文件、澄清函、图纸、规范、工程量清单、业主要求、附件或附录、双方签订的备忘录或会议纪要、其他构成合同组成部分的文件等。合同中应明确合同文件具体由哪些部分组成,即哪些文件可以作为有效的合同文件来执行。需要注意的是,还应当在合同中同时明确,合同签订后,构成合同组成部分的文件取代了合同签订之前双方口头或书面达成的任何意向、承诺、协议等,即合同双方履行合同的依据是合同中明确规定的构成合同组成部分的文件,除此之外均非本合同应当履行的文件。

由于构成合同组成部分的文件众多,其内容相互之间很可能会产生矛盾和冲突。因此,合同中通常规定了解决这些矛盾和冲突的方法。一般国际工程承包合同中均规定了不同合同文件的优先适用顺序,即以优先适用顺序的形式来解决可能产生的矛盾和冲突。有时,合同中规定,如果产生矛盾或冲突,以签订时间在先的为准,或以详细的、具体的解释为准,或直接规定以业主的解释为准。在上述合同文件中,合同协议书是总纲,一般排在优先适用的第一位;其次是合同专用条件、通用条件;再次是业主要求、投标书、招标书、图纸和规范等;最后是构成合同组成部分的其他文件。合同谈判中需要注意的是,如果合同需要规定在适用上述优先顺序仍不能解决矛盾和冲突的情况下如何处理时,承包商应尽力争取规定"按照合同的本意来解释"或"根据争议解决条款处理",而不要同意业主通常所要求的"以业主或监理工程师的决定作为最终的解释"。

5)保密条款

保密条款是指合同中有关要求对工程细节、合同内容、履行过程中接触和使用的秘密信息、资料和专有技术等给予保密的规定。

国际工程承包合同中一般规定,未经业主事先同意,承包商不得公开透露工程细节或业主认为应当保密的合同内容和其他信息。承包商在合同谈判中需要注意的是,合同条款中不应含有业主限制承包商为履行合同需要而向其合同履行人员、分包商、供货商等合同履行的关联方透露上述要求承包商保密的内容的规定,承包商为履行合同需要有权这么做且无须事先取得业主的同意,也不必为此支付任何费用。

除了要求承包商保密外,还应注意同样规定"业主对承包商投标和合同履行过程中接触和使用的承包商的商业和技术秘密予以保密,未经承包商的许可,不得泄露给任何第三方或用于非本工程建设项目之目的"。

6)时间与期间条款

时间和期间条款是指合同中有关合同履行事项的时间和期间等内容的规定。承包商在合同谈判中需要加以重点注意的时间和期间主要有:

(1)开工时间和工期。这是最关键的时间和期间。需要注意的是,开工时间和合同签订时间一般是不一致的,开工时间通常要晚于合同签订时间。例如,合同中规定"具体的开工日期,业主应至少提前7日通知承包商"。另外,工期通常从开工之日起计算,也有从合同签订之日或业主发出正式授标函之日起计算。无论工期从何时开始计算,承包商应注意从该规定时间起计算的工期是否为合理工期,承包商能否在此工期内按时完工等。

(2)业主决定时间。承包商在合同谈判中,应注意在合同中明确向业主提出并要求业主给予答复的意见和建议、合同约定事先经过业主审批的事项(如开工报告、程序文件等)、承包商向业主提出的费用和工期的变更与索赔等所有需要业主作出决定并回复或批复的时间。因为业主的决定时间与工期是密切相关的,如果业主拖延对某个事项的决定,很可能会影响到承包商工程的进度,因此有必要加以明确规定。例如,规定"凡是需要业主给予答复或批准的事项,业主应在14日内给予回复,如果逾期未回复,将视为业主同意或批准承包商的要求。"应注意尽量避免在合同中出现"业主应及时回复"或"业主应在合理时间内回复"等不确定和模糊的词句。

(3)工作时间。如果承包商在施工过程中需要在工程所在国劳动法律规定的正常工作时间之外的额外时间(如法定公休日和日常休息时间等)进行工作,最好要求在合同中明确承包商于何种情况下可以在额外时间进行工作。通常为"业主同意"或"为保护生命、财产或工程的安全,不可避免或必要时"。如果没有此规定,承包商在额外时间进行工作,且事先没有经过业主同意又没有正当理由时,就有可能违反工程所在地国有关工作时间的劳动法律。

(4)承包商权利行使时间。国际工程承包合同在履行过程中可能会因业主要求的暂停、业主资金未到位、业主未按时支付工程款、业主实质违约或破产、遭受不可抗力等原因导致承包商无法正常进行工作,影响全部或部分工程的实施。承包商在合同谈判中应注意规定在出现上述情况时,如果经过多长时间仍无法恢复正常,承包商应有权采取诸如停工、终止合同等措施来维护自己的合法权益。

7)索赔条款

索赔条款是指合同中有关业主和承包商各自有权互相提出索赔的情形、索赔时间以及索赔结果的处理等内容的规定。索赔主要有违约索赔和变更索赔等,国际工程承包合同中的索赔情形有哪些、如何处理等将在本书叙述索赔的相关章节中加以阐述。这里,仅就合同谈判中应注意的问题进行说明:

(1)注意业主可以向承包商提出索赔的条款是否合理,是否含有没有任何限制条件的索赔条款。例如,有的合同条款规定"如果业主认为其有权根据合同条款就承包商的行为进行索赔,业主可以要求承包商给付相应款项或直接从应付承包商的工程款中扣除,而无须事先通知承包商",这对承包商来说就是不合理的,业主不能在未通知承包商的情况下就直接扣款,业主应赋予承包商相应的申诉和补救的机会。

(2)注意有无规定承包商有权向业主提出索赔的条款,以及承包商可以向业主提出索赔的情形是否充分,有无遗漏等。在国际工程承包合同的履行过程中,很多情形是承包商可以向业主提出索赔的。承包商在合同谈判时应尽量将遗漏的或业主删除的索赔情形加以补充和完善。

(3)注意承包商提起索赔的时间充足性。国际工程承包合同中通常规定"承包商在发现可以提出索赔的情形时,应在规定时间内向业主提出。如果超过规定时间提出,业主就免除此项索赔责任"。对于这个索赔提出的规定时间,承包商应考虑其充分性,不要太短,否则容易因疏忽而导致错过了索赔时间。

8)授权代表条款

授权代表条款是指合同中有关代表业主和承包商履行合同的被授权人的姓名、地址、权力范围等内容的规定。

国际工程承包合同在履行中一般要求业主和承包商各指定一名或多名授权代表在工程现场代表业主或承包商具体履行合同。业主代表,代表业主行使业主根据合同具有的全部权力,如向承包商发出指示、签署各种文件等;承包商代表,代表承包商履行合同,行使承包商根据合同具有的全部权力,如接收业主的指示,签署各种文件等。双方各自代表的行为均视为业主或承包商的行为,由业主或承包商承担其授权代表行为的后果。

承包商在合同谈判中需要注意的是,合同中应详细规定双方何时(如在合同签订后开工日期前)将各自授权代表的姓名、地址、任务和权力等通知对方。同时,还应对授权代表的替换、授权代表的再授权或转授权,以及授权代表的资格、授权生效时间等加以规定。授权代表的授权文件应以业主或承包商的名义出具,由业主或承包商的法定代表人签署。有时,还可以要求对授权文件进行公证和/或认证,使其成为具有法律意义的有效文件。

9)保函条款

保函条款是指合同中有关要求承包商就合同履行事宜提供保证而提交的各类保函等内容的规定。保函主要有银行保函和公司保函,银行保函是指由银行等金融实体出具的书面保证文件,公司保函是指由企业等非金融实体出具的书面保证文件,通常业主均要求承包商提交银行保函。

国际工程承包合同中可能涉及的保函种类主要有如下三种:

(1)履约保函。

履约保函(Performance Guarantee),是业主(受益人,Beneficiary)为确保承包商(申请人/委托人,Applicant/Principal)能够切实履行合同约定的义务而要求承包商提供的由有资格进行担保的银行或其他实体(担保人,Guarantor)出具的书面保证文件。履约保函基本上均是银行保函。合同谈判中承包商在履约保函方面应注意以下问题:

① 注意业主要求开具履约保函的金额是否过高。一般履约保函的金额为合同总价的5%~10%。同时,应注意在保函的具体内容中明确规定担保人支付的金额最高不超过保函中规定的最高限额(即保证金额)。

② 注意业主要求开具的保函是有条件的还是无条件的,即业主实现保函利益是否需要前提条件。有条件的保函是指承保银行凭业主提供的承包商未履行合同的书面证明文件付款的保函;无条件的保函是指只要业主首次提出要求承保银行即付款而无论业主是否提供证明或证明是否充分的保函。业主一般均要求承包商提供"无条件的(Unconditional)、不可撤销的(Irrevocable)、即时支付(Payable on the First Demand)的"银行保函,承包商应尽力争取业主同意有条件的保函或争取避免出现上述对承包商不利的词语。

③ 注意保函的有效期。保函上均应注明其有效期间,即何时生效,何时失效。履约保函通常均自开立之日起生效,至于失效期,有的规定在承包商工程

移交,业主签发工程接收证书之日失效;也有的规定在承包商缺陷责任期满后6个月失效。承包商应尽力争取业主同意较短期间的履约保函。因为,履约保函的期间越长,承包商的风险和支出就越大。

④注意保函是否"可转让(assignable)"。可转让的保函对承包商来说风险较大,承包商应尽力避免业主要求开立可转让保函。

⑤注意开立保函的银行资格认定。一般业主均要求保函由其所在国银行或其认可的其他国家的银行开立。承包商应尽力争取业主同意由承包商本国的银行开立,如中国银行;或者由承包商本国银行开立后交业主所在国银行转递(注意不要转开,转开比转递的手续费高很多)。

⑥注意保函中有关保证责任的规定是否明确、具体;责任范围有无扩大等,避免使承包商承担不必要的保证责任。

(2)预付款保函。

预付款保函(Advance Payment Guarantee),是指业主为确保承包商能够按时返还业主支付的工程预付款而要求承包商提供的由有资格进行担保的银行或其他实体出具的书面保证文件。

在国际工程项目实践中,通常合同均规定业主在合同生效后一定时间内需要向承包商支付一定比例的工程预付款(通常为合同总价的10%~20%),以便承包商作为工程项目建设的动员费用。预付款通常规定在业主支付的工程进度款中按比例或固定数额逐渐扣除,但业主为了保证预付款支付后能够按时足额收回,需要承包商提供与其支付的预付款数额相等的预付款保函。预付款保函也多为银行保函,但如果承包商已经提供了银行出具的履约保函,则可尽力争取业主同意承包商提供预付款公司保函,如承包商的"母公司担保函"。合同谈判中,承包商除了注意上述在履约保函中提到的事项外,还应注意规定预付款保函的担保金额应随着业主扣回的金额而相应减少,直到业主全部扣完为止。业主支付的预付款全部收回后,应将保函立即返还承包商,以便承包商及时办理保函撤销手续。

(3)保留金保函。

保留金保函(Retention Money Guarantee),是指业主为确保其提前向承包商支付工程保留金后承包商在缺陷责任期内能够切实履行工程的缺陷维修责任而要求承包商提供的由有资格进行担保的银行或其他实体出具的书面保证文件。

在国际工程项目实践中,通常合同均规定承包商在工程建设完工后的一定期间内对工程缺陷承担相应的维修保证责任。为保证承包商能够履行此项义务,业主在每次支付工程款中均扣留一定的金额,或在支付最后一笔工程款时扣除一定的金额作为工程保留金,待承包商全部履行缺陷维修责任后再释放给承包商。一般保留金为合同总价的 5% ~ 10%。为减少工程款回收的风险,承包商在合同谈判时应尽力争取业主同意在工程完工后以提交保留金保函的方式来获取保留金的释放。保留金保函应在承包商的工程缺陷责任期届满后立即或限期返还承包商。

10) 转让与分包条款

转让与分包条款是指合同中有关业主和承包商权利义务的转让与承包商工作内容分包等内容的规定。

(1) 转让条款。

国际工程承包合同一般规定"未经业主事先同意,承包商不得将合同全部或任何部分或任何合同项下的权益转让他人"。通常情况下,业主不允许承包商转让合同,无论承包商是否利用转让合同谋取了利益。承包商在合同谈判中应注意,如果承包商在将到期应收款转让给银行或将对保险事故责任方的索赔权转让给承包商的保险人(在保险人赔偿了承包商损失后)时,可不必事先经过业主的同意。另外,还应争取规定"业主在事先未经过承包商同意的情况下也不得将合同全部或任何部分或任何合同项下的权益转让他人",或者,至少要求业主转让时应"事先通知承包商"。

(2) 分包条款。

国际工程承包合同一般规定"承包商不得将整个工程进行分包"。对于工作内容的部分分包,除了业主在招标文件中明确规定的必须分包或不得分包之外,承包商在合同谈判中注意以下几点:

① 注意避免合同中含有"所有分包必须事先经过业主批准"之类的条款。承包商有权将承包的工作内容中的某些部分分包给合格的分包商(供货商)而不必事事经过业主的批准。

② 如果业主要求承包商在分包工作招标之前必须将分包商(供货商)的短名单提交业主批准,承包商只能在业主批准的合格分包商(供货商)名单中进行招标,这样,对招标结果,应规定只需通知业主即可,而无须再由业主批准。

③ 如果对业主指定分包的工作,业主规定了其认为合格的分包商(供货商)名单,要求承包商在此名单中进行招标,承包商也应尽力争取业主同意"如果名单中的分包商(供货商)均不合格或可供招标的分包商(供货商)不足招标所需的最低数量,则允许承包商另外提供合格的分包商(供货商)参加招标"。

④ 尽力拒绝业主要求承包商提供分包合同副本的条款,即使不得不提供,

也应只提供无价格的分包合同副本(工程承包合同为成本＋酬金的合同例外)。

⑤ 如果业主一定要求优先使用业主/工程所在国当地的分包商,应强调"在(价格、服务、期限、质量等)同等条件下可以优先使用"。另外,对当地分包商的使用量,应尽力避免承诺确定的使用比例,如"当地分包商的合同量不少于承包合同价格的20%"等类似的条款(当地法律有明确规定的除外)。

⑥ 合同中应避免含有业主有权直接向分包商支付分包款项的规定。

11) 业主免责条款

业主免责条款是指合同中有关免除业主相关责任和义务内容的规定。国际工程项目中,业主利用其优势地位,在合同条件中规定了很多免除其责任和义务的条款,例如,规定"业主不对其提供的任何资料或数据的错误或遗漏负责","业主不对其提供的基础设计文件的准确性负责"等。

业主免责,相应的责任就要由承包商来承担。在所有业主免责的条款中,有些是合理的,有些是不合理的。因此,承包商在合同谈判中需要注意审查业主免责的条款是否合理,是否对等,是否有歧义。对不合理的免责条款,承包商应尽量要求予以修改、删除;对不对等的免责条款,应要求作出对等的规定或删除;对有歧义的免责条款,应要求业主给予澄清、修改或删除。例如,规定"业主应对其提供的基础资料和数据的准确性负责"等。

与业主免责条款对应的是承包商不免责条款,即合同中有关"业主进行的某项行为不能免除承包商应承担的相应责任"的规定。同样,承包商不免责条款有些是合理的,有些是不合理的,需要承包商在合同谈判中加以注意。

12) 现场条款

现场条款是指合同中与施工现场有关的内容的规定。由于承包商的施工活动主要是在现场进行,因此,严格说来,工程承包合同的很多条款均与现场有关,均可称之为现场条款,例如,关于现场作业、环境保护、现场保安、化石处理、现场清理、工作验收等条款。国际工程承包合同中与现场有关且需要承包商在合同谈判时加以注意的条款主要有:

(1)现场数据。业主应提供现场数据(地质、水文等资料),通常合同中均规定业主不对其提供的现场数据的准确性、充分性和完整性承担责任,而要求承包商承担核实的责任。承包商应尽力争取在合同中规定业主承担此责任;或者,至少要求规定业主应对其提供的基础数据资料或承包商确实无法核实的数据和资料的准确性承担责任。

(2)现场的进入与占有权。施工现场进入与占有权应由业主赋予承包商。

合同中对承包商进入并占有现场的时间应注意加以明确规定。因为,如果业主未按时给予承包商现场进入与占有权,造成承包商工期延误,承包商有权索赔相应的工期和费用损失。

（3）现场水电供应。承包商在合同谈判中应要求业主同意承包商有权利用其在施工现场现有的水电设施并供应水电等。至于费用,如果业主不同意承包商免费使用,则其价格应事先谈好并在合同中予以明确规定。

13）设备和材料条款

设备和材料条款是指合同中有关工程所用的设备和材料的采购、清关、运输、保管、使用等内容的规定。国际工程项目使用的工程设备和材料主要有以下两种来源方式:

（1）业主供应。

对于由业主供应的工程设备和材料,承包商在合同谈判中应注意规定其质量应由业主负责,承包商接收时只进行目视检查,不对其内在的质量和目视检查难以发现的任何短少或缺陷负责。同时,合同中应规定业主由其提供所供应的设备和材料的清单,且接收设备和材料的地点最好规定在承包商指定地点或就在施工现场。另外,如果接收记录发生差异,应规定双方重新核实确定,避免合同中直接规定以业主的记录为准。

（2）承包商供应。

对于由承包商供应的工程所用的设备和材料,承包商要对其采购、清关、运输、使用和保管负责。在合同谈判中应注意有关所有权转移时间的规定。工程设备和材料的最终所有权属于业主,但需要明确所有权什么时候从承包商处转移至业主。承包商注意应在设备和材料运至现场后其所有权才能转移至业主,不能提前到运至现场前的任何阶段,除非业主已经支付了该设备和材料的价款。

另外,对于工程完工后剩余材料（如有）的归属也应做出规定。属于业主供应的,剩余材料自然应归业主所有;属于承包商供应的,承包商应争取业主同意属于承包商所有。属于承包商所有的剩余材料和施工机具,业主应同意承包商可以在遵守当地法律的前提下,在当地市场出售或运出其国家。

14）检验与试验条款

检验与试验条款是指合同中有关设备、材料和工程的检查、检验、试验等内容的规定,包括业主的权利、承包商的责任、范围和依据、时间与地点、结果的处理等方面。承包商在商谈此条款时应注意以下问题:

（1）如果合同中规定业主有权进入承包商的现场或设备材料的生产厂商等地点进行检验或试验时，承包商应要求规定，业主应在"合理的时间"进入上述地点，且"不应妨碍承包商的正常工作"，并应"事先通知"。

（2）如果业主在双方商定的时间内不能参加承包商组织的检验或试验，承包商应要求规定，此种情况下，要么业主事先通知改期，要么承包商自行进行检验或试验，视同业主在场，并承认其结果；如果业主既没有出席，也没有通知改期，则承包商同样可以自行进行检验或试验，视同业主在场，并承认其结果。

（3）如果业主要求进行合同规定之外的检验或试验（尤其是隐蔽工程），承包商应要求规定，如果此额外的检验或试验证明承包商没有违反合同，业主应承担因此给承包商带来的费用和工期的损失。

（4）如果由于业主的原因而延误了相关的检验或试验，承包商应要求规定，业主应为此承担相应的责任，承包商有权提出费用和工期的索赔。

15）延误和暂停条款

延误和暂停条款是指合同中有关工程实施过程中的工期延误、业主或承包商暂停工程的权利和后果等内容的规定。承包商在与业主商谈此条款时，应注意以下问题：

（1）如果业主发现承包商在工程实施过程中工期可能或已经延误，业主应通知承包商注意并要求承包商加快进度，此时，业主不能直接就行使罚款的权利。

（2）承包商如果未能在合同约定的工期内完工，通常业主均要求罚款，即对承包商工期延误的行为进行处罚。未按期完工，属于承包商的违约行为，业主进行处罚应属正当。但承包商应注意的是，工期延误的责任承担应根据延误原因的不同分别处理，而不能规定只要延误都是承包商的责任，即只有在工期延误属于承包商的非正当原因时，承包商才承担此工期延误的责任，业主才有权执行罚款的规定；如果工期延误属于业主的责任或承包商有正当理由，承包商就不应承担此工期延误责任。

（3）关于工期最终延误的罚款数额，应明确规定，不应含有笼统的"承包商应承担业主（相应）损失"之类的模糊规定。通常情况下，按照每延误一日罚款多少进行规定，但应有一个总额的限制。例如，可以规定"承包商每延误一日/一周，按照合同总价的 0.1% 进行罚款，但罚款总额不超过合同总价的 10%"。承包商还可以争取业主同意给予一个合理的"工期延误宽限期"，即如果完工延误在多少日之内，业主可以不行使罚款的权力；若业主不同意，还可以退一步规定"如果在宽限期内仍未完工，承包商仍然承担宽限期内的罚款"。

（4）通常业主行使暂停的权力是无条件的，即业主有权随时暂停承包商部分或全部工程的执行。为平等起见，合同中应有业主暂停后如何对承包商已经完成或正在进行的工作，以及因复工而增加的费用等加以补偿的规定。此外，如果暂停持续超过一定时间，应规定承包商有权要求业主复工，如果业主仍不允许复工或置之不理，承包商有权不再实施被暂停的工程部分或终止全部合同的履行。

16）工程接收条款

工程接收条款是指合同中有关业主的临时占用、承包商的工程移交和业主的验收并颁发相应证书等内容的规定。工程接收包括临时占用、部分接收、完工接收、最终验收等情况：

（1）临时占用。是指在工程尚未全部完工的情况下，业主对承包商承建的工程中某些已完工的部分进行临时占有和使用的行为。对于业主的临时占用，承包商在合同谈判中应注意，如果合同中允许业主临时占用，则应规定业主的临时占用行为将被视为承包商对该占用部分的正式移交和业主的接收，不能同意"业主的临时占用将不视为或不构成或不能解释为对该占用部分的接收"之类的规定。否则，将对承包商的后续施工和全部工程的移交产生不利的影响。

（2）部分接收。是指业主对合同中划分的区段工程、阶段工程等可以单独移交和接收的部分工程完工后进行的接收行为。对于业主的部分接收，承包商应注意在合同中规定"工程部分接收视同承包商对该部分工程的正式移交和业主的接收"。应同样避免含有上述（1）中业主规避正式接收的词句。另外，还应注意，除了区段工程、阶段工程等可以独立的部分外，工程的其他任何部分，业主均不得在工程全部完工前占有、使用或接收。

（3）完工接收。是指承包商工程施工完毕，按照合同约定的程序将工程移交业主，业主对此进行验收并颁发工程接收证书的行为。完工接收完毕，承包商相应的绝大部分的合同责任完成，工程进入缺陷责任期。承包商应注意，合同中应详细规定业主对承包商提出的完工接收申请进行审查的时间期限，并规定在该期限内，如果业主既不颁发工程接收证书，也没有书面拒绝承包商的申请，则应视为工程已通过验收，工程接收证书视为已在该期限的最后一日颁发。

（4）最终验收。是指合同中规定的缺陷责任期届满，承包商完成所有工程缺陷，业主颁发履约证书的行为。同完工接收的规定一样，承包商也应注意合同中有无业主何时颁发履约证书，及若非因承包商责任而未颁发，应在何时视为已颁发等内容的规定。因为，履约证书的颁发与否，将可能会影响到承包商履约保函、保留金（或保函）等的回收。

17）缺陷责任条款

缺陷责任条款是指合同中有关缺陷责任期限、承包商的责任与义务等内容的规定。关于缺陷责任条款的商谈，承包商应注意以下问题：

（1）缺陷责任的期限，又称保修期、保证期、质保期，应根据工期的长短和工程的性质等确定，太短，业主会认为不足以发现和维修承包商的施工质量缺陷；太长，承包商可能会迟迟无法获得履约证书。因此，承包商应与业主商谈一个比较合理的缺陷责任期限。一般说来，工程的缺陷责任期限应在 6 ~ 12 个月内选择。承包商应争取最长不超过 12 个月的工程缺陷责任期。

（2）缺陷责任期限的开始时间，应为承包商工程移交完成，业主同意接收工程之日，或规定为工程接收证书上注明的工程完工之日。如果试运属于业主的责任，则应注意不能将业主的试运期包含在承包商的缺陷责任期内，即不能规定缺陷责任期限自业主试运完成（或通过）之日起开始计算。

（3）除非承包商完成的工程确实存在缺陷且该缺陷实质性影响了工程的使用，业主不得随意延长缺陷责任期限。如果业主确实有权延长，也应规定一个最长的延长期限。例如，规定"缺陷责任期限的延长不得超过两年"。

（4）如果缺陷责任期内的缺陷是由于业主的原因（如操作失误等）或不可抗力引起的，则承包商不应承担此责任；如果需要承包商协助修复，业主应为此支付相应的费用。

18）变更与调整条款

变更与调整条款是指合同中有关变更指令、变更建议、变更程序、变更单的签发及合同价格和工期的调整等内容的规定。变更和调整是国际工程承包合同的重要条款，也是直接关系到承包商切身利益的条款，在合同谈判中，承包商应注意以下问题：

（1）业主提出的变更，通常没有争议，即业主应为此承担相应的费用和工期的延长。承包商应尽力争取的是，业主对承包商因业主变更而提出的费用增加和工期延长的要求尽快审查，做出同意、不同意或修正的回复，最好明确一个时间期限。例如，规定"业主应在 14 日内给予回复"。

（2）注意合同中有无业主的变更量在何范围内不允许调整合同价格的规定。如有类似的规定，承包商应注意此范围是否合理，是否太高，是否影响了承包商的工程成本和预期效益。

（3）合同中应含有允许承包商提出变更建议的规定，同时，对于承包商的变更建议，业主也应在规定时间内给予回复。

(4)合同中应含有承包商有权对业主的变更提出反对意见的规定。通常承包商应无条件执行业主提出的任何变更,但如果执行业主的变更将会实质上影响到工程的安全性和实用性,或对承包商完成工程产生重大的不利影响时,承包商应有权通知业主重新考虑变更的决定,业主应在规定时间内给予回复。

(5)注意合同中有关合同价格调整的范围的规定,即除了变更是可以调整合同价格的因素外,还有哪些因素可以调整合同价格,哪些因素是特别指出的非合同价格调整因素。可能影响合同价格调整的因素主要有工程所在地法律变化、当地劳动力成本上升、设备和材料价格上涨、通货膨胀、汇率变动等。

19)合同价格与支付条款

合同价格与支付条款是指合同中有关预付款的支付与扣除、合同总价或价格计算方法、工程款支付程序、支付货币、保留金和税收等内容的规定。在合同谈判中,承包商应注意以下问题:

(1)即使合同价格是按照固定的一揽子合同总价的方式确定,也应规定合同价格可以按照合同的约定进行调整。例如,变更、法律变化、工程成本上升等。

(2)关于工程款的支付,无论是按月支付方式,还是里程碑支付方式,承包商均应注意业主的付款时间必须明确且不宜太长,太长将不利于承包商工程款的回收以及分包工程款、采购货款的支付。另外,如果业主付款迟延,应支付相应的迟延付款期间的利息,需规定利息的计算方式。

(3)合同中应对承包商在工程所在国所涉及的税收减免、纳税范围、税种、税率、计算方法等进行规定。理想的情况是,承包商应尽力争取业主游说工程所在地政府将该工程定为免税工程,即免除承包商应交纳的所有税收,包括但不限于设备材料和施工机具等的关税、公司所得税、非当地雇员个人所得税、增值税、营业税等,业主应为此提供工程所在地政府出具的免税文件。如果不能争取全部免税,也应争取部分免税,如免除进口关税等。或者,即便不免税,也应争取业主游说工程所在地政府给予减少纳税种类或减轻税率的优惠,或争取业主同意将承包商应交纳的税收包含在合同价格中,由业主承担全部或部分的税收。

(4)付款货币,承包商应注意合同价格是以何种货币表示的(单一货币还是多种货币),当地货币和外币的支付比例如何(应合理搭配),汇率如何规定等。如果工程所在国对外汇管理比较严格,承包商应争取业主同意将付款货币中的外币(美元、英镑、欧元等)直接汇入承包商在工程所在国境外开立的账户。

(5)关于付款争议,有争议的款项不应影响到无争议款项的支付,即如果业主对承包商提交的付款申请有异议时,应对其中无争议的款项按照正常付款程序支付,不应规定无争议的款项也待争议解决后再支付。有争议的款项,应规定双方尽快(最好明确时间)协商解决。

(6)付款程序,不应规定得太复杂。合同中应明确规定承包商提交付款申请所需的文件名称及其份数,以及业主审查付款申请并提出异议的时间。另外,业主的任何扣款应事先通知承包商并需说明原因。

20)合同终止条款

合同终止条款是指合同中有关业主或承包商终止合同的权利、合同终止的情形和后果等内容的规定。承包商在商谈此条款时应注意以下问题:

(1)注意合同中规定的业主和承包商可以终止合同的情形有哪些,是否合理。通常,业主可以终止合同的情形主要有承包商未提供履约担保、未按时开工或复工、擅自分包整个工程或转让合同、破产、贿赂业主等;承包商可以终止合同的情形主要有业主未按时支付工程款、破产、暂停超过规定时间等。另外,承包商应尽力避免合同中含有业主享有无条件终止合同权利的规定。

(2)合同中应对不同的终止情形是否需要通知进行规定,即哪些情形下终止合同时应提前通知,提前多少日;哪些情形下可立即终止合同,并且,此通知与否的规定应对业主和承包商一视同仁。

(3)合同中应详细规定不同情形下合同终止后如何对承包商进行付款,以及相应的善后处理规定,避免遗漏或出现模糊的、笼统的字句。

21)风险条款

风险条款是指合同中有关工程实施风险及其如何承担和处理等内容的规定。

合同履行的风险多种多样,从风险的原因分析,既有人为或社会因素造成的风险,也有自然灾害造成的风险;从风险的危害分析,既可能给业主或承包商、第三方的财产或工程本身造成损害,也可能给业主或承包商、第三方的人身造成损害。以下从风险产生的原因角度说明承包商在商谈此条款时应注意的问题:

(1)人为或社会因素的风险。

① 战争(war)、入侵(invasion)、叛乱(rebellion)、恐怖主义(terrorism)、暴动(insurrection)、内战(civil war)、军事政变(military power)、罢工(strike)、骚乱(riot)等风险,这些风险如果发生工程所在国,通常属于业主承担责任的风险。合同中应规定,如果承包商在施工过程中遭受上述风险,业主应承担相应的风

险损害修正费用并同意延长相应的工期。

② 施工缺陷、操作失误、业主暂停和终止合同、法律变化、汇率变动、成本上升等风险,这些风险均属于承包商可能面对的风险。此外,承包商在施工过程中还可能面对因各种原因而导致的意外事故造成人身伤害和财产损失的风险,如火灾、高空坠落、翻车、爆炸等。承包商需要注意的是,对于上述某些非由承包商自身原因而引起的风险,在合同中应有相应风险损失补偿的规定。例如,工程所在国法律变化、通货膨胀和汇率变动等应允许承包商调整合同价格。

③ 设计遗漏或错误、采购的设备和材料质量低劣等风险,这些风险是属于业主的,还是承包商的风险,应具体情况具体分析。基本原则是"谁设计、谁采购,谁负责"。例如,对 EPC 合同来说,这些均属于承包商的风险。如果设计和/或采购属于业主的责任,合同中应包含因上述风险发生给承包商施工造成损害时业主给予费用和工期补偿的规定。

(2)自然灾害的风险。

工程产品的特殊性,决定了其比较容易受自然灾害的影响。自然界中可能发生的灾害不同的地方有不同的侧重点,承包商在投标时就应了解工程所在地比较容易或频繁发生的自然灾害有哪些。总体上说,自然灾害主要有地震(earthquake)、洪水(flood)、台风(typhoon)、龙卷风(cyclone)、暴雨(rainstorm)、火山(volcano)、雷电(thunder & lightning)等。自然灾害通常属于不可抗力的范畴,承包商在合同谈判中应注意的问题可参见下文所述的不可抗力条款。

22)承包商责任条款

承包商责任条款是指合同中专门规定承包商应承担的责任及其对业主提供的保障和赔偿等内容的规定。不同类型的工程承包合同,对承包商责任的规定有的简单,有的详细;有时集中在一个条款中规定,有时散落在不同的合同条款中。但无论是简是繁,是集中还是分散,承包商均应注意以下问题:

(1)合同中不能不合理地扩大承包商应承担的责任范围。承包商应仔细研究所有规定其责任的条款,审查是否有不合理之处。一个总的原则是,对于业主或第三方的财产损失或人身伤害,只能是因承包商及其人员(包括其分包商)的疏忽、故意等行为造成时,承包商才承担责任。承包商应尽力避免在责任条款中出现诸如"任何原因(for any reasons)"等类似的字词。分清造成损失或损害的原因是责任承担的前提。

(2)合同中对于承包商承担责任的规定应前提明确、内容具体,如果有语义模糊或容易产生歧义的词句,承包商应要求业主给予澄清并修改。

(3)如果要求承包商保障业主的财产及其人员的人身不因承包商的行为免

受损失、损害、索赔等,合同中也应有业主保障承包商的财产及其人员不因业主的行为免受损失、损害、索赔等的规定,以体现合同的公平和对等原则。

(4)承包商承担责任的损失或损害的赔偿,应明确规定,承包商承担的是因承包商自身行为造成的直接损失,不应包括如预期利润等的间接损失。此外,还应规定承包商对业主承担的全部责任的总额限制。例如,规定"最高不超过合同总价的 10%"。

23)知识产权条款

知识产权条款是指合同中有关商标、专利、版权、商业秘密等知识产权的归属、使用、转让、保护、索赔等内容的规定,分别说明如下:

(1)归属。如果在工程实施过程中直接使用的是原属于承包商所有的知识产权,仍应属于承包商所有;如果属于承包商为实施工程而创造出来的,如专利、版权、商业秘密等,通常业主要求归业主所有,承包商应争取属于其所有(独立创造)或让步为与业主共同所有(利用了业主提供的条件)。

(2)使用。业主和承包商各自使用对方所拥有的知识产权应仅限于该工程项目的建设和运营,合同中不应含有一方受限制而允许另一方超范围使用的规定。另外,如果合同中规定使用业主的知识产权需要承包商付费,则业主使用承包商的知识产权也应付费。

(3)转让。未经另一方同意,任何一方不得向任何第三方转让对方独自或共同拥有的知识产权。对于在工程中使用的属于承包商的知识产权,承包商应注意合同中不能含有已(或视为)无条件转让给了业主的规定。业主可以为该工程的建设和运营而无限期地、免费地使用,但这只是一种许可,或称为使用权的转让,而非所有权转让,且这种使用权的转让不是独占的,承包商还可以自己使用或允许任何其他人使用。

(4)保护。任何一方有责任和义务保护对方的知识产权免遭泄露或侵权。例如,未经另一方事先同意,任何一方不得擅自向第三方泄露、转让在工程实施过程中了解或使用的另一方的专利技术或商业秘密等。对于业主拥有的知识产权,承包商有权为履行工程承包合同的目的而透露给分包商、供货商等与工程承包合同履行有关的公司或人员或允许其使用,业主在合同中不应为保护目的而对此进行不合理的限制。

(5)索赔。如果发生有关知识产权的第三方索赔,合同中应含有相互通知、分清责任、协助处理等内容的规定。承包商需要注意的是,合同中应规定,对由于业主的原因(业主提供,或遵照业主的要求等)而导致的第三方知识产权索赔,应由业主承担相应的责任。

24) 保险条款

保险条款是指合同中有关保险的要求、险种、责任划分、权利义务等内容的规定。上文提到国际工程项目的建设涉及各种各样的风险,其中大部分风险可以通过保险的方式实现风险转移,提供顺利执行项目的保障,或者说保险是一种风险损失补偿方式。因此,几乎每个国际工程承包合同均会涉及保险条款。承包商在商谈此条款时应注意以下问题:

(1) 承包商首先应注意的是,合同中规定需要投保哪些保险,即保险险种是什么;其次是分清哪些属于业主投保的保险,哪些属于承包商投保的保险。通常,国际工程项目涉及的保险险种有工程一切险(或建筑一切险、承包商一切险)、第三方责任险(或称综合责任险)、雇主责任险(或工人补偿险)、运输险、施工机具险(或称承包商设备险)、车辆险等。工程所需的保险既可以由业主负责投保,也可以由承包商负责投保。如果由承包商负责投保,则承包商应注意在投标时将预算的保险费计入投标报价中。

(2) 如果合同约定工程一切险、第三方责任险等由业主负责投保,由于工程一切险涵盖的保险责任期间主要是承包商的施工期间,在施工期间发生的保险责任事故,最可能和最大的直接受害方就是承包商,因为此时工程尚未移交业主,仍处于承包商的照管责任范围内,因此,承包商应注意,工程一切险等保险中关于保险责任范围、除外责任、免赔额、保险责任期间、索赔流程等的规定均直接关系到承包商的切身利益,应争取业主同意承包商与业主共同与保险公司进行保险谈判,或业主在就上述事宜做出决定前征求承包商的意见。例如,保险责任范围应尽可能广泛,如果过窄,有些事故就可能不会获得保险赔偿;再如,免赔额不能过高,因为在免赔额之内的损失对保险公司来说是绝对免赔的,但对承包商来说只有自己承担了。另外,保险赔款的支付问题也应详细规定,属于承包商的份额,业主应及时返还承包商。为解决上述问题,可以争取所有的保险由承包商来负责投保,特别是 EPC 总承包工程,这样便于承包商直接控制和掌握与保险公司的谈判,尽力争取最大、最优的保险利益。

(3) 出于维护本国经济利益的需要,有些国家的保险法律规定凡是在本国建设的工程,其保险必须在本国当地的保险公司进行投保,不允许到国外的保险公司投保。相关保险法律的要求,无论是否反映在工程承包合同的条款中均应遵守,没有商谈的余地。承包商需要注意的是,如果该国法律没有具体要求,但合同中有要求,则对于承包商负责的保险,可以与业主商议允许承包商到其本国的保险公司投保,或允许其本国的保险公司参与公平竞争。因为,承包商与其本国的保险公司进行沟通总比与当地的保险公司更容易一些。但是,根据相关国家的法律规定,车辆险必须在车辆使用地国的保险公司进行投保,其他国家的保险公司是不予承保的。

(4)在国际工程项目的实践中,通常工程保险没有完成投保,业主是不允许承包商开工的。因此,承包商应注意,如果工程保险属于业主的责任,合同中应规定,业主应在其通知承包商正式开工之日前(或开工后一定期限内),将工程保险已经完成的相关证据(保险单副本或复印件)提交承包商。

(5)在与业主商谈保险条款时,如果工程一切险由承包商投保,则应与业主澄清,承包商负责的工程一切险的主保险责任期限截至该工程项目正式由业主接收之日止(承包商的缺陷责任期间开始之日),工程项目由业主接收后,业主应及时对该工程项目投保财产一切险。

25)不可抗力条款

不可抗力条款是指合同中有关不可抗力的定义、通知、后果等内容的规定。

不可抗力(Force Majeure),根据《合同法》的规定,是指不能预见、不能避免并不能克服的客观情况。这个定义与国际惯例是一致的。不可抗力包括人为事件和自然灾害,人为事件包括在"风险条款"中叙述的战争、入侵、叛乱、军事政变、恐怖主义、暴动、内战、罢工、骚动和放射性污染等;自然灾害包括在"风险条款"中叙述的地震、洪水、台风、龙卷风、暴雨、火山、雷电等。合同中通常列举一些比较常见的、无争议的不可抗力情形。承包商在合同谈判中需要注意的是,如果对某个列举的不可抗力情形或不可抗力的除外情形有疑义或异议,应及时向业主提出澄清。例如,政府行为是否属于不可抗力范畴? 这是有争议的,如果合同谈判中提到,可以在合同中明确规定是或不是。

承包商在商谈不可抗力条款时,需要特别注意的是,如果发生不可抗力,给承包商的合同履行造成了影响,如何进行处理? 不可抗力可能客观上造成承包商不能按期完成施工,对业主来说属于违约行为,但对承包商来说却是无法控制和避免的,让承包商承担此违约责任显然是不公平的。因此,合同中应对受不可抗力影响的后果进行规定。比较公平的是,如果发生的不可抗力属于业主的风险责任,则业主应承担承包商相应的修正费用和延长工期;如果不属于业主的风险责任,则业主也应准许承包商延长工期的申请。承包商应尽力避免合同中对于受不可抗力影响的后果不予规定或模糊的、笼统的规定,以免不可抗力发生后双方就其责任承担的问题产生不必要的争议。

26)争议解决条款

争议解决条款是指合同中有关争议的解决方式、结果的处理等内容的规定。无论国际工程承包合同条款制定得如何严密和规范,在合同履行过程中发生争议是在所难免的。有争议就应有解决争议的条款。承包商在商谈此条款时应注意以下问题:

(1)合同争议条款最主要的内容是关于争议如何解决的规定。通常,国际工程承包合同的争议解决方式主要有协商、调解或专家裁决、仲裁和诉讼等。其中,友好协商是最先和最优的争议解决方式;其次是调解或专家裁决,国际上一般倾向于专家裁决;仲裁和诉讼属于最终的司法解决方式。承包商应注意合同中规定的司法解决方式是仲裁还是诉讼。如果没有规定,或规定的是诉讼,应尽力说服业主采用仲裁而非诉讼方式来解决争议。因为,即便没有规定诉讼,也没有规定仲裁,如果争议发生后不能通过友好方式解决,也无法达成仲裁协议,最后也只能通过诉讼解决。仲裁可以选择仲裁地点,诉讼一般只能在工程所在国,对承包商来说在工程所在国进行诉讼是不便和不利的。

(2)如果合同约定了专家裁决的争议解决方式,承包商应注意合同中应对专家的选择、通知、报酬、替换,以及裁决的方式、结果、执行等详细规定,如果考虑到内容太多不宜在合同条款中规定,可用附件或附录的形式加以明确。

(3)如果合同约定的司法解决方式是仲裁,则承包商应注意仲裁在何地举行,适用何种仲裁规则等。通常,业主要求在其本国进行仲裁,承包商则希望在承包商本国进行仲裁。但鉴于业主的优势地位,承包商可尽力争取业主同意在第三国进行仲裁和/或适用第三国仲裁地或某些国际组织的仲裁规则,这样对业主和承包商双方来说均比较公平。例如,可选择在英国伦敦、法国巴黎、瑞典斯德哥尔摩等仲裁制度比较完善、经验比较丰富、裁决比较公正的地方进行。同时,既可以适用仲裁地国家的仲裁规则,也可以选择适用国际商会的仲裁规则。

(4)合同争议的解决不应影响到合同争议范围之外的合同履行行为。例如,规定承包商在解决合同争议期间不应停止未争议部分的合同的履行,业主不应以合同争议未解决或正在解决为借口而拒绝支付未争议部分的工程款。

27)其他条款

国际工程承包合同除了上述需要承包商在合同谈判时注意的主要条款外,还有以下需要注意的其他条款:

(1)业主资金保证条款。为确保合同履行后可以及时获得工程款,合同中应规定,在承包商要求时,业主应提供工程建设资金有效来源的保障证明,如无法提供,承包商有权暂停合同的履行。

(2)监理条款。如果本项工程业主聘请了监理,则承包商应要求合同中对监理的定义、工作范围、权限、工作程序等明确规定。

（3）遵守合同条款。某些工程承包合同中规定,承包商在设计、采购或施工过程中应遵守业主的相关规则或规定。承包商应注意,除非业主在合同签订之前明确提供了要求承包商遵守的业主规则或规定并作为合同的附录或附件,承包商在商谈合同时应要求将"遵守业主的相关规则或规定"修改为"遵守合同"。合同是明确的,而业主的相关规则或规定却具有不确定性,也许在合同签订前已经存在,也可能在合同签订后才制定或进行修正。总的原则是,承包商任何合同履行行为只应遵守"相关法律"和"工程承包合同"。

（4）承包商人员条款。承包商需要注意的是业主在合同中对承包商人员的构成是否有限制性的规定。例如,规定必须聘请一定数量的外籍高级雇员(有时还有国别要求),当地雇员的雇佣数量必须达到一定的比例,承包商本国施工人员的数量不能超过一定比例等。上述限制性的规定有些是工程所在地国家的法律规定,有些是业主自身的要求。承包商对于上述限制性规定,应根据工程成本、施工效率、进度要求等各方面的因素,综合考虑是否可以接受;若不能接受,如何与业主商谈进行修改或删除等。

28) 合同附件

通常,一份国际工程承包合同均包含了很多附件。合同附件也是合同的组成部分,包含了合同条款中所没有体现的权利义务的具体内容,与合同条款一样具备合同履行力和法律效力。因此,在合同评审和合同谈判过程中,应给予合同附件同等的注意力,这也是承包商比较容易忽视的地方。在组成合同附件的文件中,有些如工作范围、进度计划、质量要求、保函格式等,是合同条件中相应条款的细化,应注意其描述是否和合同条款一致,是否准确、全面,是否存在对承包商不利的内容等。

二、项目分包及其他合同谈判

1. 谈判概述

工程建设项目分包及其他合同谈判是指承包商为履行与业主签订的工程承包合同规定的工作内容,而同拟与之签订工程分包及其他合同的合同相对方明确相互之间权利义务关系的具体内容,并力求最终签署具有法律约束力的合同性文件的协商过程。与承包商进行合同谈判的合同相对方通常是分包商、供应商、服务商等。

工程分包及其他合同的谈判,因为承包商已经中标且一般已成立项目部,故主要由项目部的合同部门负责组织相关合同、法律、技术、商务等人员参加合同谈判,重大的分包和采购合同谈判可由承包商企业总部的合同管理部门和其他部门参与或提供协助。

　　如果上述合同经过了项目部的招投标,同工程承包合同的谈判一样,其合同谈判的基础即是招标文件中所附的合同条件、投标人对合同条件的修改意见和承包商的合同评审意见等。只不过,承包商的角色正好与工程承包合同谈判中的角色进行了互换。在工程承包合同谈判中,承包商处于投标人和中标人的地位,希望在合同谈判中争取业主未给予的有利条款,而业主希望维持对其有利的条款,并让承包商承担更多的责任和义务。在分包及其他合同的谈判中,承包商处于与业主类似的招标人地位,希望维持对己有利的条款,并希望将工程承包合同中承包商承担的责任和义务转移给分包商、供货商等合同相对方;而分包商、供货商等合同相对方处于投标人和中标人的地位,希望在合同谈判中争取更多对己有利的条款,减少承包商转移责任和义务的内容。因为角色互换了,承包商不再处于工程承包合同谈判中的被动地位,而处于主动和有利的地位,故对承包商来说,其合同谈判的难度相对于工程承包合同的谈判要少一些,相应地,谈判的方案、策略、技巧等均会与工程承包合同的谈判有所区别。

　　承包商在进行这些分包及其他合同的谈判时,至关重要的一点是要把工程承包合同中其应承担的责任和义务转移到分包及其他合同中,由分包商来承担。也就是说,工程承包合同在分包及其他合同的组成文件中居于优先适用的地位,分包合同没有规定的与分包工作有关的责任和义务,如果工程承包合同有相应的规定,分包商也应遵守和承担。这是因为,对业主来说,分包商的行为应由承包商对业主负责,承包商自然应将相应的责任和义务转移给分包商。

　　如果上述合同没有经过承包商的招投标,而是直接与合同相对方进行合同谈判,一般由承包商或合同相对方提供一个合同草案,然后双方在该合同草案的基础上进行具体内容的商谈。

　　2. 常用合同及谈判时应注意的问题

　　在 EPC 总承包合同项下,均可能涉及一系列的工程设计、采购、施工、劳务、运输、保险等方面的分包、服务等合同,这些合同均属于国际工程项目合同中的承包商系列合同。以下就一些常见的工程分包及其他合同简述承包商在谈判

时应注意的若干问题。❶

1)设计分包合同

设计分包合同是指承包商与设计分包商就工程项目的设计事宜明确双方权利义务关系的协议。在商谈设计分包合同条款时,承包商应注意以下问题:

(1)工作范围条款。

承包商应明确详细的设计工作范围,是业主要求的全部工程设计工作,还是单独的工程基础设计(初步设计)或详细设计(施工图设计)工作,或者是全部工程设计工作中的部分设计工作。业主关于设计的目的、性能、标准、进度等所有要求应注意全部包括到设计分包合同中。

(2)分包商责任和义务条款。

① 注意规定"分包商应负责审查承包商提交的所有设计数据、图纸、规格、标准等资料,承包商不对上述资料的准确性、完整性负责"。

② 注意规定"分包商进行设计工作时不得指定设备材料的供货商;未经承包商批准,分包商不得与业主和生产商、供货商等直接进行联系"。

③ 注意规定"分包商有责任和义务为承包商的采购、施工、培训等工作提供设计方面的支持、咨询、服务等","分包商应提供履约保函,承担保密义务等"。

(3)承包商权利条款。

① 注意规定"承包商拥有分包商所有设计文件和资料的所有权(承包商需要交付业主),因设计而产生的知识产权也属于承包商或业主所有"。

② 注意规定"承包商有权随时检查分包商的设计工作","承包商有权随时转让、重新分包、暂停和终止与设计分包商签订的分包合同"等。

(4)合同价格及支付等条款。

① 注意分包价格表示的货币应与工程承包合同中规定的货币一致,但在实际支付时,分包商应同意承包商可用其他货币支付(其他分包合同亦同)。

② 注意,如果分包款的支付方式与工程承包合同约定的业主支付工程款的方式相同,则分包款的支付时间应稍长,或至少一致。如果支付方式不同,应尽量考虑在收到业主支付的设计工程进度款后再支付设计分包款。

③ 注意详细规定设计分包合同价格所包括的费用明细,如设计费、培训费、

---

❶ 下文所述内容业主的合同管理员也可以参考,因为工程分包或其他合同中分包商、供货商、服务商等若直接与业主签订了合同,则业主就取代了合同中原承包商的地位,合同相对方也就成了业主的承包商。

现场服务费、差旅费等;或在工作范围条款中详细规定分包商应承担的工作,然后确定一个一揽子合同总价,规定"该合同价格包含了分包商应承担工作的所有费用,除了上述合同金额和合同明确规定可以另外支付的费用外,承包商不再支付其他任何费用"。

(5)设计期限、审查、缺陷修补等条款。

① 承包商应综合考虑业主和工程总的工期要求,给予分包商合理的设计工作期限。对分包商的非正当延误,应规定相应的罚款数额(可参考工程承包合同中确定的标准)。

② 对分包商完成的设计工作,应规定相应审查的时间、程序和标准等。应规定只有业主的审查通过才能视为分包商的设计工作合格。同时,明确分包商设计工作的审查通过不能解释为免除了分包商应承担的设计缺陷责任。

③ 分包商承担的设计缺陷(遗漏、错误等)修改和补充的责任期间应在合同中明确规定。最好是规定自审查合格之日起一直延续到承包商获得业主颁发的履约证书之日止(包括了承包商随后的采购和施工期间和缺陷责任期间)。

(6)其他条款。

设计文件的交付地点应在合同中明确,最好是规定交付至承包商的工作现场或其他指定的地点;设计文件所用的文字语言、图纸份数等应与工程承包合同中业主的要求相同;设计分包商还应投保"职业责任险"来转移其应承担的设计质量保证责任风险。

2)采购合同

采购合同是指承包商与采购分包商或供货商、生产商就工程项目设备、材料、施工机具等的供应事宜明确双方权利义务关系的协议。采购合同可分为采购分包合同和单项采购合同(即货物买卖合同)。采购分包合同与单项采购合同的区别在于,采购分包合同中,承包商直接面对的是采购分包商,而不直接面对一个个单项设备材料的供货商、生产商;单项采购合同中,承包商将直接面对单项设备材料的供货商、生产商。或者说,在采购分包合同中,承包商与采购分包商的关系是承包与分包的关系,而在单项采购合同中,承包商与供货商、生产商等的关系是货物买卖关系,即买方和卖方的关系。采购分包合同在一定程度上也可以说是单项采购合同的集合。承包商在商谈采购分包合同或单项采购合同的条款时,应注意以下问题:

(1)工作责任范围划分条款。

在采购分包合同中,承包商应注意分清双方的工作责任范围,即哪些工作是承包商的责任,哪些工作是分包商的责任,并加以详细规定。以工程位于国外但设备和材料在国内采购为例,在设备和材料从提出计划到运抵现场的整个过程中,包括了确定设备材料规格表和采购计划、每个单项采购合同供货商或生产商的选择与招投标、技术和商务谈判、合同签订、监造、催交催运、供货商或生产商的交货与验收、报关、运输、清关、现场验收等工作。上述工作中,有些必须是承包商完成的,如规格表和采购计划的编制与提供;有些必须是分包商完成的,如单项采购合同的谈判、签订、催交催运等;有些既可以由承包商来完成,也可以由分包商在完成,如出口报关和运输,若承包商要求分包商在国内某出口港交货,则出口报关和运输等可由承包商负责,若要求分包商在工程所在国某进口港交货,则出口报关和运输等可由分包商负责。如果工程所用的设备和材料运输量大,地点集中,运输方式多样,承包商还可通过运输分包等形式自行安排运输事宜,便于对运输成本和进度等进行直接控制。

在单项采购合同中,如果采用的是国际商会制定的《国际贸易术语解释通则》❶中规定的价格条件(如 FOB、CIF、FCA 等),则承包商与供货商的义务和责任可根据该国际贸易术语解释通则对相关术语的解释进行确定。

(2)分包方式条款。

承包商在采购分包合同中应明确分包方式。分包方式可采用总分包的方式,即合同价格为一揽子固定总价;也可以采用成本加酬金的方式,详细规定合同价格和酬金的计算方法。如果拟采购的设备和材料的数量、规格、标准等已经确定,预计变化不大,则可适用总分包的方式;否则,则可考虑采用成本加酬金的方式。

(3)供货商的选择条款。

在采购分包合同中,承包商应注意,为了保证分包商所采购的设备和材料的质量,应就分包商对供货商或生产商的选择进行相应的限制。例如,规定"分包商选择供货商或生产商应采用招标方式,提前 7 日将拟招标的不少于三家供货商或生产商的短名单及资质材料提交承包商审批。分包商应在承包商批准的名单中进行招标,招标结果报承包商批准或备案(视不同的分包方式)"等。同时,应注意供货商或生产商短名单的选择不得违反工程承包合同中业主的要求。

---

❶《国际贸易术语解释通则》的最新版本是国际商会(ICC)于 1999 年 7 月第六次修订,并于 2000 年 1 月 1 日生效的《2000 年国际贸易术语解释通则》(INCOTERMS 2000)。在《INCOTERMS 2000》中,国际贸易术语包括 E 组的"EXW"术语,F 组的"FCA、FAS 和 FOB"术语,C 组的"CFR、CIF、CPT 和 CIP"术语,D 组的"DAF、DES、DEQ、DDU 和 DDP"术语。

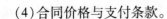

（4）合同价格与支付条款。

在采购分包合同中，承包商可采用按月的方式支付分包合同款，并相应规定截止支付日可以支付分包款项的采购状态标准（如合同生效、制造完毕、已经交货、验收合格等）。在单项采购合同中，承包商可采用根据采购进程按比例支付货款的方式，如合同签订后可支付一定比例的款项作为预付款，随后可在交货、运抵现场、验收合格时再支付相应比例的货款，最后应扣留约5% ~10%的数额作为质量保证金（若有保函可不必扣留。）

（5）承包商权利与分包商或供货商责任和义务条款。

① 在采购分包合同中，应注意规定"承包商有权参加分包商组织的有关设备和材料的技术谈判，并发表相应的意见和建议"、"分包商签订合同后，应向承包商提交一份合同副本（是否包含价格，视不同的承包方式而定）"。

② 分包商或供货商有责任和义务提供设备和材料在工地现场使用与安装的技术支持和服务。关于现场服务的时间、费用等应在合同中作出明确的规定。

（6）质量保证条款。

分包商或供货商毫无疑问应对所供应或出售的设备和材料的质量负责，可采用保函、质保金、更换、修理、返还货款、赔偿等方式承担质量缺陷的责任。在合同谈判中，承包商应注意的是如何规定分包商或供货商承担质量责任的期间（质保期）。通常，供货商承担质量保证责任的期间有的规定为交货后多少个月，有的规定为货到港口或现场后多少个月，有的规定为正常使用或运行后多少个月，还有的同时规定了几种情形，但另规定以先到者为准等，不一而足。不同的设备和材料的制造时间、到达现场时间、投入使用或运行时间均可能不一致，如果承包商没有分包，而是自己采购设备和材料；或者虽然分包，但分包商将其所供应的每项设备和材料的质保期随同其签订的该单项采购合同的质保期，这样，对承包商来说，同一工程项目，就会存在不同的质量保证期间。每个设备或材料质保期的截止日期不一样，就有可能出现设备或材料的质保期结束，但承包商的工程尚未完工、设备或材料尚未投入使用或运行、承包商工程缺陷责任期尚未结束等情况。另外，某些设备和材料的质量缺陷有时候需要在使用或运行一段时间才能发现，而工程所安装的设备和材料通常在工程全部完工后才能进行试运和投入使用或运行。在承包商工程缺陷责任期间届满之前，如果发现设备或材料存在质量缺陷，但因分包商或供货商所承担的质保期已经结束而无法追究其质量缺陷的责任时，承包商就要对业主承担相应的责任。因此，在从每项设备或材料的质保期开始之日到承包商最终的工程缺陷责任期间届满之日这段期间内,承包商应在合同谈判中尽力要求分包商或供货商承担较长的质量缺陷保证责任期间,最长可到承包商的工程缺陷责任期间届满,获得业主颁发的工程履约证书之日。

(7)其他条款。

承包商应在分包或单项采购合同中明确规定交货的时间、地点、方式、延误罚款,货物的包装(标准)、文件份数和语言要求,以及运输保险由谁负责等内容。例如,应要求分包商或供货商使用承包商与业主签订的工程承包合同约定的主导语言编写并提供随货物交付的使用说明、质量证书、检验报告、原产地证明等,或提供相应的该主导语言文本。再如,关于运输保险,如果合同约定的交货地点为承包商的工地现场,则运输保险可由分包商或供货商负责;如果合同约定运输由承包商负责,则运输保险由承包商来进行投保就比较合适。

3)施工分包合同

施工分包合同是指承包商与分包商就工程项目的施工事宜明确双方权利义务关系的协议,包括建筑、安装等类型的施工分包合同。承包商在商谈施工分包合同条款时,应注意以下问题:

(1)合同条款的选择。

施工是设计和采购的具体体现,是完成工程项目建设的最终手段,通常所说的工程承包合同,大多数情况下指的就是施工承包合同,即便是 EPC 总承包合同,其多数条款也与施工有关。因此,施工分包合同的条款可参考承包商与业主签订的工程承包合同条款来确定,这样,承包商可以将其对业主承担的施工方面与分包工作范围有关的责任和义务直接转移给施工分包商,或为了确保施工进度和质量,而要求分包商承担更严格的责任和义务。在施工分包合同中,承包商的地位类似于其在工程承包合同中业主的地位,而分包商的地位即类似于工程承包合同中承包商的地位。

(2)设备和材料的供应条款。

根据分包方式的不同(包工包料、包工不包料等),合同中应详细规定由承包商还是分包商供应施工所用的设备和材料。承包商应注意依据工程承包合同相应的规定来商谈此条款。如果属于业主或承包商供应设备和材料,分包合同中应规定这些设备和材料的清单,以及供应的时间、地点、验收和相关记录等内容。特别是业主供应的设备和材料,应先由承包商接收,然后再分配至分包商,通常不能直接由分包商从业主处接收。若为了节约时间和工作简便,也可由承包商委托分包商或派人共同参与,但应以承包商的名义接收业主供应的设备和材料。

（3）分包商禁止性条款。

① 未经承包商批准，分包商不得擅自与业主进行与分包合同工作有关的任何联系，一切联系应通过承包商进行。

② 未经承包商同意，分包商不得将分包合同转让或进行再分包。

③ 分包商应承担保密义务，未经承包商同意，不得擅自泄露承包商和业主的技术和商务秘密。

（4）合同价格与支付条款。

承包商应依据工程承包合同，全面考虑如何规定分包合同价格的确定方式、货币单位、支付方式、支付程序和时间等。例如，对于当地施工分包商，可考虑用当地货币表示合同价格和支付。再如，分包工程款的支付时间应比承包商获得业主工程款的支付时间宽松一些，避免出现承包商在尚未获得业主承包工程款时却要支付相应的分包工程款的情况，以减轻承包商的资金压力。

（5）工程验收条款。

承包商对施工分包商的施工验收应视同业主对承包商的工程验收，即只有业主对承包商的工程验收合格才能视为分包商的施工合格。对施工分包商来说，除了工程承包合同约定可以分别验收的区段或阶段工程外，业主必须等到工程全部完工后才可以进行验收，如果分包商分包的不是一个完整的区段或阶段工程，而只是工程中的一部分，则可能分包商的工作完成后，还必须等待，直到工程其他部分也全部完成后才能进行最终的业主验收。分包商施工完成，可以要求承包商进行验收，但承包商的验收只是临时性质的验收，不能解除分包商应承担的任何责任，只有业主的验收才是最终的验收。因此，承包商在分包合同中应注意规定，只有业主向承包商颁发了业主签发的工程接收证书之后，承包商才能向施工分包商颁发相关部分由承包商签发的工程接收证书。

（6）缺陷责任条款。

鉴于分包商对承包商承担的施工缺陷维修保证责任如同承包商对业主承担的工程缺陷维修保证责任，因此，分包商的缺陷责任期间自其施工完成之日开始，但应与承包商整个工程的缺陷责任期间同时结束。如此规定，既可以减少承包商的风险，也可以促使分包商严格保证施工质量。

（7）其他条款。

① 施工分包合同的合同语言应与工程承包合同的合同语言一致。实践中，如果承包商和分包商均为中国的公司，双方签订的合同多为纯中文版本的合同。如果该合同不需要外方业主审批或备案时，是可行的。否则，就不能签订纯中文版本的合同。

② 分包商应核实承包商提供的所有数据资料和施工图纸等,分包商发现错误、遗漏应及时向承包商提出,承包商不对其准确性和完整性负责。

③ 应注意规定"分包商承担与本分包工程有关的一切税费,包括但不限于分包商本国和工程所在地国政府、地方当局征收的所得税、营业税、增值税等"。

④ 如果合同中要求规定承包商答复分包商的请求、建议、澄清等的时间,则该时间承包商应注意留有余地,即应留出承包商等待业主答复的时间,因为有时承包商需要将分包商的意见转呈业主,业主给予回复后才能转复分包商。

4)运输合同

运输合同是指承包商与承运人就工程设备和材料的运输事宜明确双方权利义务关系的协议。承运人是指具体负责将承包商的货物运至指定地点的人,运输方式包括水运(海洋、内河)、陆运(公路、铁路)和空运等。在承包商决定由其自行安排设备和材料运输的情况下,承包商既可签订一揽子运输分包合同,也可签订单独的水运或陆运、空运合同,或签订单票的运输合同,或多式联运合同。

国际工程项目中,如果承包商承包的工程位于国外,而由承包商负责的采购量大而杂,且分散在承包商本国和其他多个国家,这种情况下,承包商可以将所有设备和材料的运输交由一家运输代理,通过运输代理服务的形式,来减少承包商的工作量,并尽可能节约运输费用的支出。运输代理是指接受承包商的委托,负责根据承包商的要求为发货人(承包商自己或其供货商、生产商)交付的货物安排相应的承运人并提供相关服务的人,运输代理可提供"点对点"、"仓至仓"的运输服务。严格说来,与运输代理签订的合同并不是真正意义上的运输合同,而是运输代理服务合同(也可视为运输分包合同)。承包商在商谈运输合同或运输代理服务合同的条款时,应注意以下问题:

(1)工作范围条款。

合同中应详细规定承运人或运输代理的工作范围。承运人的工作范围包括接货、装运、运输、出单(提单)等,运输代理的工作范围还包括运输公司的安排、不同运输方式的衔接(转运)等。如果承包商要求,还可包括出口报关、进口清关和运输保险等工作内容。

(2)权利、责任、义务、保证条款。

① 承包商应注意在运输合同和运输代理服务合同中规定本合同是非独占性合同,即承包商有权另行选择其他承运人或运输代理为承包商运输设备和材料。

② 承运人或运输代理最主要的责任和义务就是负责将承包商交运的设备

和材料按时并安全无损地运至承包商指定的地点。

③ 承运人或运输代理应根据承包商的要求及时提供各种运输文件,并按时通报货物的当前运输状态。

④ 合同中应规定不同运输方式的运输期限,如果因承运人或运输代理自身的原因而造成运输延误,应按照延误的天数进行罚款。

(3)合同价格条款。

合同价格,即运输和/或代理费用的计算方式应在合同中详细规定。例如,散货可区分为一般货物、超长货物、超重货物,根据不同的单价按照体积或重量来计算运输费用,集装箱货物可区分不同的集装箱种类(普通箱、开顶箱、框架箱、冷藏箱等),按照不同的单价计算运输费用。对运输分包合同来说,其合同价格通常无法确定总价,只能以单价表示,这是因为计划运输的设备和材料的数量、体积、重量,以及时间、地点等要求具有不确定性,可能随着工程的进展而经常变化,除非是单票货物的运输或所运货物的数量、体积、重量、时间等已经明确。即使合同价格是按照总价方式确定的,也应同时规定相应的单价,以便在合同变更(运输数量的增减、货物种类的变化等)时可以对合同总价进行调整。

(4)运输损失的责任承担条款。

运输途中的货物难免会有损失(损坏、短少、灭失等),货损的原因有很多种,如包装不当、装载不当、自然灾害、意外事故、盗窃、货物本身的自然损耗等。在造成运输货损的这些原因中,如果是供货商包装不当和数量不足等造成的应由供货商承担货损的责任;如果是承运人装载不当、运输事故、运输途中失窃等造成的应由承运人或运输代理承担货损的责任;如果是货物本身的自然损耗,则由承包商承担此货损;如果是因自然灾害等不可抗力造成的,可通过保险索赔挽回损失。为分清责任,合同中应对货物的交接(验收)程序和要求进行详细规定,即起运之前和到货之后均应对运输的货物进行查验,特别是运输途中转运时,以确定是否有货损。从法律角度来说,承运人或运输代理就货损承担的应是无过错责任,即一旦发现货损,承运人或运输代理就应承担相应的赔偿责任,除非其能证明自己并无过错。对此,合同中应有相关的规定。

(5)运输事故通知和保险索赔条款。

合同中应规定,一旦运输途中发生任何运输工具翻、沉、撞等运输事故、装卸事故或不可抗力事件,造成承包商的货物受损,承运人或运输代理应立即通知承包商,并提交相应的事故报告。如果运输保险是由承包商办理的,还应规定,承运人或运输代理应将事故发生的官方证明以及其他必要文件提交承包商作为办理保险索赔之用。如果运输保险是由承运人或运输代理办理的,则其保险索赔的成功与否与同承包商承担货损责任没有必然的联系,合同中应规定其不能以等待保险索赔结果为借口而拒绝或延缓赔偿承包商的损失。对于运输途中造成的属于承运人或运输代理责任的货物损失,可在合同中规定暂扣相应的运费或代理费,待承包商的相关损失得到弥补后再释放,或直接扣除相应的运费或代理费作为承包商货物损失的补偿。

(6)其他条款。

合同中还应注意对双方互相提交文件和资料的时间、收货人名称和地址、税收负担、不可抗力等易于产生争议或混淆责任的内容进行详细和明确的规定。

5)保险合同

保险合同是指承包商(被保险人、受益人)与保险公司(保险人、承保人)就工程财产或人员的保险事宜明确双方权利义务关系的协议。承包商在商谈保险合同的条款时,应注意以下问题:

(1)保险险种条款。

承包商在商谈保险合同时,首先需要明确的工程承包合同中要求承包商负责的保险险种有哪些。工程保险通常有以下险种:

① 工程一切险(Works All Risks Insurance)。指对承包商承建的属于业主所有的整个工程因保险责任事故造成的损失进行的保险。工程一切险承保的对象是承包商在建的工程,包括建筑物、永久性设备和材料、临时设施(如临时办公和生活设施等)。与工程一切险的保险性质类似的有"建筑一切险(Construction All Risks Insurance)"、"安装一切险(Erection All Risks Insurance)"、"承包商一切险(Contractor All Risks Insurance)"等,名称不同,但保险的内容差不多。

② 雇主责任险(Employer's Liability Insurance)。指对承包商执行工程项目的全体人员在雇佣期间因保险责任事故造成的人身伤亡进行的保险。雇主责任险的承保对象是承包商人员,包括承包商自己的人员、外籍雇员(含当地雇员),以及分包商人员等。有时,根据工程承包合同的约定,业主的人员(有时含监理人员)也需要由承包商来投保。与雇主责任险类似的有"工人补偿险(Workmen's Compensation Insurance)"等,也是对承包商雇佣人员的人身伤亡进行的保险。

③ 第三方责任险(The Third Party Liability Insurance)。指对承包商在施工过程中因保险责任事故而给第三方人身和财产造成的损失进行的保险。综合责任险的承保对象是除被保险人和保险人(保险承保公司)之外的第三方的人

身和财产,被保险人在工程险中通常包括业主、承包商和分包商等所有在保险单上作为被保险人名义出现的工程建设关联方。有时,第三方责任险也包括在"综合责任险(Comprehensive Liability Insurance)"中。

④ 运输险(Transportation Insurance)。指对承包商为工程需要而运输到工地现场或其他任何地方的设备和材料等在运输途中因保险责任事故造成的损失进行的保险。运输险的承保对象包括工程所用的设备、材料、承包商的施工机具、生活用品或业主委托承包商运输的设备和材料等。

⑤ 承包商设备险(Contractor's Equipment Insurance)。或称施工机具险,指对承包商自有或租赁的在施工过程中使用的机械设备等因保险责任事故造成的损失进行的保险。施工设备险的承保对象是承包商施工所用的机械设备,如推土机、电焊机、车床、挖沟机、空压机等。本保险不包括根据工程所在国法律需要在当地上牌照的车辆类的施工机械。

⑥ 车辆险(Automobile Insurance)。指对承包商在工程实施过程中所使用的车辆因保险责任事故造成的损失进行的保险。车辆险的承保对象是根据工程所在国法律应在当地上牌照的车辆,包括车辆本身、司机和乘客的人身,以及第三方的人身和财产。

上述保险中的第①、④、⑤、⑥项属于财产保险范畴,第②项属于人身保险范畴,第③项属于责任险。除了上述保险外,承包商还可能根据不同国家法律和/或工程承包合同的要求,投保预期利润损失险(Advance Loss of Profits Insurance)、专业责任保险(Professional Liability Insurance)、信用保险(Credit Insurance)等。

(2)保险期限条款。

各类保险险种具体的保险期限,即保险人承担保险责任的期间(何时开始,何时结束),应当在保险合同中明确。通常,业主在工程承包合同中规定,承包商的保险覆盖全部合同期间,包括整个工期和缺陷责任期间。在上述工程保险中,有的险种可根据工期(合同期)来投保的,如工程一切险、综合责任险等;有的险种可按年来投保的,如雇主责任险、车辆险、施工设备险等;有的险种按航程投保,如运输险的保险期间是保险货物从起运地至目的地,即货物的在途时间。

承包商在商谈保险期限条款时,应根据业主要求和保险惯例确定具体的保险期限。例如,承包商可选择授标之日、合同签订之日、开工之日或首批设备材料到达现场之日作为工程保险期限的开始之日,将业主正式接收工程之日或缺陷责任期限届满之日作为工程保险期限的结束之日。此外,还应注意规定,保险人不得拒绝被保险人延长或缩短保险期限的要求。如果承包商要求延长保险期限(如工期保险),保险人的保险责任相应延长,并应免费或酌情收取延长期的保险费用;保险期间缩短时(如年度保险),保险公司应按照短期费率计算实际保险期间的保险费用,并退还未承保期间的保险费。

(3)保险金额条款。

业主一般在工程承包合同中给出了不同险种的最低保险金额要求,即承包商投保的保险金额不得低于工程承包合同中规定的数额,如规定"工程一切险的保险金额不低于合同价格"、"综合责任险的每次事故赔偿限额(即最低保险金额)不得低于500万美元"等。通常,财产保险的保险金额不低于该财产的全部复原和重置价值,可包括拆除、清理等费用;人身保险的保险金额可由医疗费、死亡伤残补偿、诉讼费等组成,具体数额由承包商参考相关法律、业主要求、本国生活水平等确定。例如,工程一切险的保险金额即为该工程的总价值,最简单的就是以工程承包合同的合同总价作为保险金额,如果是单价合同,可估算一个合同总价作为保险金额,但通常应足额投保,如果不足额投保,索赔时保险公司会要求按不足额的比例赔付。再如,运输险的保险金额即为所运输货物的实际价值(购买价),可包括相关的包装费、运输费、保险费等或在实际价值的基础上加成一定比例作为这些额外费用的损失补偿。

承包商在商谈保险金额条款时,应注意有些险种的保险金额是不确定的,可以调整的。对于不确定的保险金额,应规定承包商有权随时进行调整,并根据调整后的实际保险金额计算保险费用。例如,工程承包合同总价可因工程变更等原因发生增减,作为保险金额也应同时增减,这样,工程一切险的保险费用就应按照承包商与业主的最终结算金额作为实际的保险金额来计算。再如,雇主责任险中,保险金额如果是根据每个投保人员的赔偿限额(即保险金额)乘以保险期限内投保人员的总数来确定总的保险金额,然后按年或双方商定的保险期限来计算保险费时,虽然每个投保人员的赔偿限额是确定的,但承包商的人员在整个保险期限内并不是固定的,而是根据工程的进展和实际工作需要随时增减,如果承包商在投保时即按照确定的投保人数交纳保险费用,就可能会多交纳保险费。因此,承包商可要求保险人就雇主责任险出具"开口保单",即在投保时预估一个投保人数,并根据此预估的人数预交相应的保险费,在保险期限届满时,根据实际的投保人数和每个投保人员实际的在保期间按日或按月计算实际的保险费用(多退少补),这样比较公平,也可以节约承包商保险费用的支出。

另外,如果工程承包合同中没有对工程一切险的保险金额进行具体规定时,EPC 合同的承包商可根据工程项目的不同情况考虑在投保时将设计费扣除,或扣除一定比例的设计费,只将采购和施工费用(有时加上部分设计费)作为工程一切险的保险金额,以减少保险费用的支出。这是因为,发生事故后,相关损失的索赔费用中很少含有设计费,除非因事故导致整个工程损失。

(4)保险费率与免赔额条款。

保险费率的高低直接影响到承包商保险费用的支出。因此,承包商在与保险人商谈保险费率之前,应了解一下类似工程的各保险险种的大致费率是多少(这项工作在投标时就应该做的)。保险人各险种的费率报价建立在对所保险工程的风险评估基础上,风险越大,费率就越高。另外,费率的高低还与保险责任范围和免赔额有关,要求的保险责任范围越宽,免赔额越小,费率相应就会越高。

免赔额是指保险人对因保险事故造成的损失绝对免于赔偿的数额,即如果经确认的损失在免赔额范围内,保险人可不予赔偿;如果经确认的损失高于免赔额,保险人扣除免赔数额后将余款赔偿被保险人,免赔额之内的损失是由被保险人自行承担的。因此,承包商应注意保险人的免赔额不可定得过高。

(5)保险责任条款。

保险责任是指保险人应承担的损失赔偿责任。保险人承担保险责任的范围在保险单中均有规定。例如,自然灾害和意外事故造成的财产损失是工程一切险的保险责任范围。与保险责任有关的还有除外责任、附加责任等。除外责任是指保险人在保险单中标明的不承担保险责任的额外情形,如工程一切险中对设计错误、故意行为、自然损耗等原因造成的损失不承担保险责任;附加责任是指被保险人要求保险人承担的,或保险人主动增加的额外保险责任,如战争险责任等。

承包商在与保险人商谈保险责任条款时,应注意要求保险人承担保险责任的范围不能低于业主在工程承包合同中的要求,并详细审查保险人提出的除外责任是否合理,是否属于保险惯例。另外,还应根据工程项目的实际情况,考虑是否要求保险人附加额外的保险责任(有时需要增加额外的保险费),或审查保险人免费附加的额外责任或条款是否能够满足业主和承包商的要求。在工程一切险项下,保险人可以附加的保险责任条款很多,如交叉责任扩展条款、有限责任保证期扩展条款、建筑安装工程时间进度特别条款、清除残骸费用扩展条款、工棚和库房特别条款、工地外储存物特别条款、工程完工部分扩展条款、地下电缆和管道及设施特别条款、错误和遗漏条款、专业费用条款、工程图纸和文件特别条款、运输险和工程险责任分摊条款、罢工和暴动及民众骚乱扩展条款等。承包商应注意要求保险人尽可能在现有费率的条件下提供完整的附加保险责任条款。

除了注意保险单中的保险责任内容外，承包商还应注意在保险合同中规定保险人提供相关的保险咨询与服务等内容。

(6)保险索赔条款。

与保险索赔有关的条款主要有以下需要承包商注意之处：

① 关于赔偿范围。应注意哪些费用包括在赔偿范围之内，哪些费用不包括在内，以及赔偿的费用标准。例如，雇主责任险的赔偿范围，国内某保险公司规定，医疗费的赔偿包括挂号费、手术费、床位费、检查费、药费等，不包括护理费、伙食费、交通费、营养费等。对于工伤津贴，规定为每人每天按照当地政府公布的最低生活标准赔偿，但这主要适用于在国内的工程。如果工程项目位于国外，或被保险人的员工在国外受伤，国外当地政府要么没有相应的最低生活标准的规定，要么该标准比国内的过高或过低，这种情况按照何标准赔偿就需要双方在保险合同或保险单中对标准的适用做出具体的规定。

② 关于保险事故通知时间。保险人均会要求一旦发生保险事故，被保险人应在一个确定的时间内通知保险人，否则，保险人可拒绝赔偿。这个确定的时间通常很短，如 24 小时内。如果通信系统发达，是可以做到的；如果工程位于国外，或偏远地区，通信不能保证，则承包商应要求一个较长的通知时间，如货物运输险中要求附加"60 天隐藏损害条款"。

③ 关于事故勘察。发生保险事故后，保险人通常要求等待保险人或其指定的事故勘察人到事故现场进行勘察，确定事故发生的原因及损失等。但有时候可能因事故地点交通不畅等原因导致长时间等待保险人的到来，影响了事故的及时处理，承包商在商谈时可要求一个免检范围，即如果预计损失在免检范围内的，保险人可不要求进行现场勘察，由被保险人自行确定损失报保险人即可。这样，对于一些免检范围内的小事故，就可以加快处理速度。

④ 关于索赔文件。发生保险事故，承包商向保险人提出索赔时，需要提交支持性的索赔文件。各险种在发生保险事故后需要提交哪些保险索赔文件，承包商应要求保险人在保险合同或保险单中予以明确，最好有确定的文件名称，避免"承包商应提供必要的索赔文件"之类笼统的规定。

⑤ 关于保险赔款的支付。应明确保险人支付保险赔款的时间。另外，如果因事故给承包商造成重大损失时，应规定，保险人在完成理赔之前，可先行支付一定数额的预赔款，以帮助承包商及时善后，减少因此带来的后续损失。

(7)其他条款。

① 关于被保险人,工程承包合同中可能规定将业主、监理、贷款银行、分包商等均作为被保险人,承包商应要求保险人将上述工程建设的关联方均确定为被保险人,并要求保险人附加交叉责任条款。所谓交叉责任是指在被保险人非唯一的情况下,保险人承担的保险责任适用于每一个被保险人,如同每一个被保险人均持有一份独立的保险单。

② 关于雇主责任保险中保险人承担责任的地点与时间,应不限于工程所在地,承包商应要求保险人承担责任的地点为全世界范围,即承包商被保险人员为执行工程任务而经过和到达的任何地点,尤其是在国外承包的工程。对于承担保险责任的时间,最好要求为 24 小时,而不仅限于上下班时间。

③ 关于保险单的份数,除了一份正本外,应要求提供足够份数的副本。此外,保险单应使用工程承包合同约定的合同语言出具。

④ 关于保险合同与保险单的关系,应明确如果不一致,应以保险合同的约定为准,因为如果保险单由保险人按照其固定格式出具,可能有些规定会与保险合同中承包商与保险人商定的不一致。

⑤ 为便于承包商明确每个险种的保险投保与索赔理赔的要求和程序,可要求保险人提交一份详细规定上述要求和程序的《保险投保和索赔理赔手册》,作为保险合同的附件。

6)劳务合同

劳务合同可分为劳务分包合同和单项的劳动合同,以下分别予以说明:

(1)劳务分包合同。

劳务分包合同,又可称劳动力供应合同,是指承包商与劳务分包商就工程建设所用劳动力的供应事宜而明确双方权利义务关系的协议。承包商工程建设如果所需的劳动力(即劳务人员)数量较多,为减轻工作量和便于管理,可以将之进行分包,只需签订一个总的劳务分包合同,而不用与每个劳务人员各签订一份劳动合同。承包商在与分包商商谈劳务分包合同时应注意以下问题:

① 注意明确分包费用的计算方式。劳务分包费用的计算可采用整体包干的形式,也可采用按实际使用的单个劳务人员费用计算,还可按照实际使用的劳务人员工日单价计算。劳务人员可区分为一般工人、特种工、工头等不同的等级分别计算单价费用。单个劳务人员费用包括基本工资、各项津贴和补贴、社会保险费、福利费、个人所得税等,以及劳保、医疗、伙食等费用。如果工程位于国外,则分包的本国劳务人员,还涉及签证费、往返机票等交通费、当地出入境与居留费等出国费用。

②　承包商应要求劳务分包商与每个劳务人员均签订劳动合同,该劳动合同不得违反相关法律法规的规定,并将每份劳动合同的副本提交承包商备案。

③　注意在合同中规定,承包商有权规定和调整分包商劳务人员的工作时间,有权随时要求分包商解雇不合格、不称职、不守纪律的劳务人员等;分包商有义务提供符合承包商要求的合法和合格的劳务人员,其劳务人员应遵纪守法,服从承包商的工作安排等。

④　在劳务分包的情况下,承包商与分包商的具体劳务人员不存在合同关系,劳务人员只与雇佣其的劳务分包商存在合同关系,因此,应注意在劳务分包合同中规定,分包商的劳务人员不得直接要求承包商解决其雇佣期间产生的劳动争议,任何劳动争议应首先由分包商负责处理,之后再由分包商与承包商根据劳务分包合同的约定分清责任,分别处理。

⑤　合同中还应详细规定分包费用的支付程序与时间、保险与工伤处理、劳务人员的派遣、语言要求、分包合同期限、合同终止条件、违约责任等。

(2)劳动合同。

劳动合同,又可称雇佣协议,是指承包商与应聘人员就雇佣与受雇事宜明确双方权利义务关系的协议。承包商工程建设中可能需要聘请或雇佣其本国人员、外籍专家和当地劳工等。通常各国对于劳动者权利的保护均比较严格,承包商在起草和商谈劳动合同时应特别注意其内容不得违反雇员所属国和工作地国劳动方面的法律法规。承包商在确定劳动合同时应注意以下问题:

①　关于工资构成,应注意根据相应的劳动法律详细规定其工资中具体包括哪些项目,了解每个项目的当地最低标准是多少,免税额是多少等。工资中的具体项目包括基本工资、各种津贴和补贴(生活、交通、家庭、住房、伙食、医疗等)、社会保险费、个人所得税等。

②　关于个人所得税,应注意在合同中规定按日、周、月等发放的工资中是否包括了个人应交纳的个人所得税纳税额。如果包括,则承包商应代扣代交。

③　关于雇佣时间,对管理人员和技术工人可以长一些,对一般力工可以采用短期雇佣的方式,到期如需要可续签。但不管是长期还是短期雇佣,均应规定,一旦工程项目结束(完工、提前终止、暂停等),无论雇佣时间是否到期,承包商均有权解除劳动合同。

④　劳动合同中还应详细规定双方的权利与义务、合同解除的条件与补偿、正常工作时间与加班、休假待遇等,避免产生不必要的劳动争议。

7)其他合同

除了上述六大合同之外,承包商工程建设中还可能涉及以下类型的合同。

(1)联合体协议。

如果承包商不是单独投标,而是联合其他承包商组成联合体共同投标,则联合体之间需要签订一份联合体协议,明确联合体各方在共同投标及中标后的工程项目执行过程中各自享有的权利和应承担的义务。在签订联合体协议时,除了一般合同应具备的通用条款之外,还应注意明确规定联合体各方详细的工作范围、相关职责合同费用的划分、联合体的领导、保密条款等。联合体协议需要附在投标书中提交业主。

(2)清关合同。

设备和材料等的进口需要到进口国海关办理清关手续,承包商可要求运输公司负责清关事宜,也可以与专门的清关代理签订清关合同。承包商在商谈清关合同时,应特别注意明确清关工作的完成时间、所需的文件名称、清关费用(包括各种港口杂费等)的计算与支付方式等。

(3)租赁合同。

承包商在工程建设中可能需要就临时用地、房屋、施工机械、车辆等的租赁事宜签订租赁合同。承包商作为承租人在商谈租赁合同时,应特别注意规定租赁标的物承租时的具体状况(数量、质量、位置等)、维修与保养的责任与费用由何方负责、租金的计算与支付、期限与用途等内容。如果租赁的标的物是房屋,应规定承包商退租时有权带走所有属于承包商的可移动财产。另外,还应规定,租赁物所有权转让时应及时通知承包商,及时变更出租人的名称等。

(4)保安合同。

为保证承包商施工现场、仓库、营地等的安全,承包商可能需要与专业的保安公司就提供保安服务事宜签订保安合同。承包商在商谈保安合同时,应特别注意规定详细的保安要求、保安员的责任与工作时间、合同期限、保安费用的计算与支付、违约责任承担等内容。

(5)通信合同。

为充分利用现代化的通信手段,保证与总部、业主、分包商、供货商等之间通信的畅通,承包商可能需要与当地的固定电话、手机、网络等通信服务商签订通信服务合同。承包商在商谈通信服务合同时,应特别注意规定服务费用的计算方式、服务商的维修与保证责任、通信中断时的抢修时间与费用减收等内容。

第三节　合同签订

一、合同签订的含义

1. 含义

合同签订是指合同当事人双方谈判完毕,就合同所有内容达成一致,签署合同文件意图使之产生法律效力的行为。合同签订可从以下方面来进一步理解。

1)合同签订行为的主体

合同签订行为的主体是参与合同谈判的双方或多方当事人,单方不能签订合同,或者说,只有单方签字的"合同"对其他各方没有法律效力,如租赁合同的签订双方为出租人和承租人,货物买卖合同的签订双方为买方和卖方。

2)合同签订行为的客体

合同签订行为的客体是拟签订的合同文本,即双方谈判完成的合同具体内容的书面表现形式。拟签订的合同文本包括所有组成合同的文件。例如,"建设工程施工合同示范文本(GF – 1999 – 0201)"中规定,组成合同的文件包括协议书、中标通知书、投标书及其附件、专用条款、通用条款、标准与规范及有关技术文件、图纸、工程量清单、工程报价单或预算书,以及其他有关工程的洽商、变更等书面协议或文件。

3)合同签订行为的内容

合同签订行为的内容是合同双方当事人签署合同文件的行为,包括合同签订前的审查和签订时签字和/或盖章等。在签字还是盖章的问题上,国内和国外略有区别,国内的合同当事人比较注重盖章,而国外的合同当事人比较注重签字。根据《合同法》规定,签字或者盖章均可以。

4)合同签订行为的目的

合同签订行为的目的是从法律上确认双方当事人就合同内容所达成的一致性,并意图使之产生法律效力,成为双方履行合同的"行为准则"。大部分合同自双方依法签订后即成立并生效,但根据法律或当事人的约定,有些合同签订后不能立即生效。例如,法律法规规定应当办理批准、登记等手续的,手续完成后合同才生效。再如,当事人约定了具体的合同生效日期的,自该日期届至时合同才生效。

2. 意义

合同签订是书面形式(合同书、合同确认书等)合同生效的必经阶段。实践中,绝大部分的合同均采用的是书面形式,因为书面形式的合同便于保存和可以作为合同履行及争议处理的有效证据。为此,法律规定某类合同必须采用书面形式,如《合同法》规定的建设工程合同、融资租赁合同、技术开发合同等。口头和其他形式的合同是通过口头承诺或实际履行行为等方式确认合同的成立和效力❶,不存在"书面签署合同"的合同签订行为。

合同签订是继合同评审之后,由合同管理部门组织进行的合同生效前的最后一次把关。因此,合同签订阶段的管理是合同管理的一个重要的环节。合同签订审查不严即是目前合同管理存在的主要问题之一,应当给予足够的重视。

二、合同签订的方式

1. 面对面式、往返式

根据合同签订的时间性划分,可分为以下方式。

1)面对面式

面对面式是指合同双方当事人同时、当面共同签署合同文件的合同签订行为,具有时间上的同时性和空间上的同一性,这是合同签订双方比较常用的方式,也是对合同签订行为最不容易产生争议的方式,特别是重要的、复杂的合同,如国际工程建设项目合同。

2)往返式

往返式是指合同双方当事人通过往来传递的形式签署合同文件的合同签订行为,具有时间和空间上的非一致性。例如,当事人一方签署后,将全部

---

❶ 某些书面形式的合同也是以实际履行行为来确定合同的成立。例如,《合同法》第三十七条规定"采用合同书形式订立合同,在签订或者盖章之前,当事人一方已经履行主要义务,对方接受的,该合同成立"。

合同文件通过面交、邮递等方式传递给其他合同当事人签署,待双方当事人均签署完毕后,合同签订行为始告完成,双方分别持有一份或多份原始合同文件。

2. 签字式、盖章式、签字盖章式

根据合同文件具体的落款形式划分,可分为以下方式。

1)签字式

签字式是指合同双方当事人的签字人在合同文件上手书其姓名的合同签订行为。签字人应具有合法的身份,可以是当事人企业的法定代表人或当事人为个人时其本人,也可以是其授权代表。另外,签字人必须手书,打字体或印刷体不具有签字的效力。因为手书的签字不容易伪造,发生争议时可以通过笔迹鉴定等方式确定其真实性,证据效力较强,是国际上通用的合同签订方式。

2)盖章式

盖章式是指合同双方当事人在合同文件上加盖其印章的合同签订行为。所盖的章应是可以合法代表当事人身份的印章,如当事人单位的公章、合同专用章或当事人为个人时其个人铭章等。实践中,单纯盖章的合同签订方式比较少见,因为印章比较容易伪造,证据效力较差。

3)签字盖章式

签字盖章式是指合同双方当事人在合同文件上签字并同时加盖印章的合同签订行为。签字和盖章必须具有同一性和合法性,即所签的字和盖的章应同时合法地代表了同一个当事人。同时进行签字和盖章,可以对合同文件起到双重确认的效力,是实践中经常采用的方式。

3. 草签、正签

根据合同签字的性质划分,可分为以下方式。

1)草签

草签是指合同双方当事人在正式签订合同之前临时签署合同文件的合同签订行为。草签的目的是为了确认双方已经达成一致意见的合同内容,既可以是部分合同内容,也可以是全部合同内容。如果合同双方当事人之后没有书面确认草签视同正式签署的效力,则还需要进行正式的合同签订行为。

2)正签

正签是指合同双方当事人正式签署合同文件的合同签订行为。正签是规范性的、具有法律效力的合同签订行为。

4. 主签、小签、附签

根据合同签字人的身份划分,可分为以下方式。

1) 主签

主签是指合同双方当事人的法定代表人/本人或其合法授权代表在合同文件上手书其姓名和/或加盖印章的合同签订行为。主签具有正签的效力。

2) 小签

小签是指合同双方当事人在合同文件的每一页上分别做出己方标记的合同签订行为。由于现今绝大多数书面形式的合同均采用非手写体的打印体或印刷体,容易伪造,特别是合同文件内容(组成页数)比较多的合同。为防止一方擅自对合同内容进行修改,可以在合同文件的每一页上作出相应的标记作为双方共同确认的证明。小签的标记可以采用签名、盖章等任何明显的非打印或印刷的印记。小签行为中对作标记的人没有特别的要求,只要是一方认可的人员均可,如合同管理员。小签从属于主签,没有主签的小签有时可以作为草签的方式。

3) 附签

附签是指合同双方当事人之外的第三方在合同文件上签字和/或盖章的合同签订行为。附签主要有三种:一是为证明合同签订双方当事人的"合意"和签订行为的真实性、自愿性等,由相关的单位或个人作为见证人同时在合同文件上进行的签字和/或盖章,见证人应当是合同双方当事人之外的第三方,如提供合同见证服务的律师等。二是在合同担保行为中,保证人有时也通过在合同文件上签字和/或盖章的方式作为承诺提供担保的证明,此种情况应同时在合同中对担保的内容进行规定。三是当事人一方非主签人在合同文件上进行的签字,虽然有时也称为"见证人",但严格说来其不具有"第三方见证"的效力,只是当事人一方对合同成立的"双重确认"。附签同样从属于主签,不能独立于主签而存在。

三、合同签订与合同评审、招标和谈判的关系

1. 与合同评审的关系

合同签订与合同评审有相同之处,即合同签订前的审查与合同评审一样,

同属于合同把关行为,但两者在行为的时间、方式和目的等方面还是有如下之区别。

1)参与方不同

合同签订行为的参与方除了拟签订合同的双方当事人外,还可能包括见证人、保证人等,是合同当事人的双方或多方行为;合同评审的参与方则是拟签订合同一方当事人内部的相关部门和人员,是合同当事人的单方行为。

2)行为时间不同

合同签订行为发生的时间是在合同双方当事人就合同具体内容达成一致之后,合同履行之前;合同评审行为发生的时间可以是在合同文本初步形成之后,合同签订之前的任何时间,也可以是在合同履行过程中。

3)行为方式不同

合同签订行为的方式主要是合同双方当事人的签字和/或盖章,形成正式有约束力的合同;合同评审行为的方式则主要是评论和/或审查,形成可供进行合同决策和合同谈判的依据。

4)行为目的不同

合同签订行为的目的是合同双方当事人意图使合同成立,使之具备相应的法律效力;合同评审行为的目的则是合同一方当事人意图使合同具备合法性、公正性、平等性和完整性等。

2. 与合同招标的关系

合同签订与合同招标虽然也是由多方当事人参与,但合同招标中只有招标人一方作为合同当事人的地位是确定的,其他作为投标人的合同当事人地位只有中标后才能确定,如果未中标,就不具备成为该合同当事人的可能性;而合同签订时合同双方当事人的地位已经基本确定。此外,合同招标发生在合同签订之前,属于合同的形成阶段。

3. 与合同谈判的关系

合同签订与合同谈判虽然同样也是由双方或多方当事人参与,但合同谈判中双方当事人的地位也具有不确定性,如果谈判成功,进入合同签订阶段,才基本上确立了谈判双方作为合同当事人的地位;如果谈判失败,则谈判双方就无法成为所谈判合同的合同当事人,不具备合同当事人的地位。

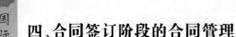

四、合同签订阶段的合同管理

合同签订阶段可以细分为签订前的审查阶段和正式签字阶段,在每个阶段,合同管理员需要进行不同的合同管理工作。

1. 审查阶段的合同管理内容

按照合同管理的要求,所有合同在签订之前应提交合同管理部门,由合同管理部门进行合同正式签订之前的相关审查。

1)调查合同的产生背景

合同管理员首先需要对合同签订前拟签订合同文本的产生背景进行调查,即调查合同是否经过招投标,是否经过了内部的合同评审,合同谈判是否已经解决了所有不一致的问题等,以及合同管理员是否全程参与了合同的招投标、评审和谈判的过程。通过合同签订前的背景调查,可以了解在此之前的合同管理是否到位,合同的合法性、公正性、平等性是否通过评审和谈判得到了有效的保障,风险性和可行性是否得到了有效的评估。对重大、复杂的合同而言,若合同管理员自始参与了合同的产生过程,则说明拟签订的合同至少在内容上不需要再进行详细的审查;若合同签订前合同管理员对合同的产生过程完全不了解,也没有经过相应的合同评审,合同管理员就需要对合同内容进行比较详细的审查。

2)审查合同中的相关名称

合同管理员收到拟签订的合同文本后,应审查合同中的相关名称是否符合法律和当事人双方的约定,是否有遗漏和错误等。相关名称包括合同及组成合同的各项合同性文件的名称、合同双方当事人及见证人或保证人的名称或姓名等,国际工程项目合同中还包括工程项目的名称。例如,合同当事人的名称应为其法定的注册名称。再如,当事人为个人时,其姓名应为相关身份证明确认的姓名。

此外,合同管理员还应检查相关的合同编号、合同条款的标题等比较容易令人忽视之处,尽管合同编号、标题等的错误不影响合同的实质性内容,但为了保证合同的规范性和准确性,检查一下还是有必要的。

3)审查合同文本的组成

如果合同文本由多个合同性文件组成,如前述工程建设施工合同,合同管理员应审查合同中是否包括了合同文件的组成条款,以及拟签订的合同文本中是否已经涵盖了所有这些合同组成文件。如果合同中没有规定,应与其他合同当事人商议增加相应的规定;如果组成合同的文件有遗漏,应补充完整,如果有多余,应去除。应当注意的是,补充合同文件或去除非合同文件不能单方进行,应与合同其他当事人取得一致。

4)准备并提交己方主签人的身份证明文件

合同管理员应确定己方主签人的姓名。如果主签人为本企业法定代表人,则准备相关的法定代表人身份证明;如果主签人为非法定代表人,则应准备法定代表人的授权委托书,即由法定代表人授权该人签署合同的证明。上述证明文件应提交对方当事人原件。另外,还应注意按照双方当事人的约定办理上述文件的公证或认证事宜。涉外合同,如国际工程承包合同,还须注意提供以英语等外文书写的证明(通常需要公证和/或认证)。

5)审查对方主签人的身份证明文件

合同管理员应确定合同其他当事人主签人的姓名,并审查其相应的身份证明或授权文件。如果对方当事人为国外的企业,其"法定代表人"可视为根据其本国或他国法律办理企业注册登记时标明的企业负责人,如企业的董事长(董事会主席)、总经理等。对于签字代表的授权书,应审查其是否以该当事人名义及由其法定代表人等合法授权人签字出具,被授权的签字代表签署合同的行为是否在该授权书的有效期和权限范围内等。上述证明文件应要求对方当事人提供原始文件,或可以先提交复印件、传真件,正式签订时再提交原件。

6)审查合同语言文字的规范性

合同文本是通过特定的语言文字(含数字、符号等)表现出来的,要求严谨、明确、清楚和规范,不能模棱两可。合同管理员在合同签订之前应逐条逐款通读全部内容,审查合同语言文字的规范性,并核对相关的数字、符号等表示是否正确,是否有遗漏或多余之处,必要时,可请相关部门和人员(或技术、语言等专家)协助审查其中的专业技术方面的词汇和数据等内容。

如果合同文本是以两种或多种语言书写,合同管理员应同时进行相互对照式的审查,尽力避免两种语言文字产生冲突或理解上的不一致。

7)审查合同具体内容的合法性和完备性

无论拟签订的合同在正式签订之前是否经过了合同评审,合同管理员均应对合同的具体内容进行最终的审查。如果合同已经过评审,则合同管理员着重审查其合法性和完备性,即合同内容有无违反法律之处,合同的必要条款是否完备,评审意见是否在合同中得到体现等;如果合同没有经过评审,则

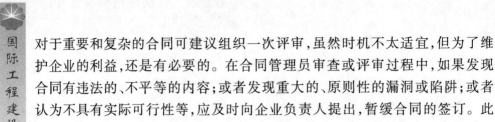

对于重要和复杂的合同可建议组织一次评审,虽然时机不太适宜,但为了维护企业的利益,还是有必要的。在合同管理员审查或评审过程中,如果发现合同有违法的、不平等的内容;或者发现重大的、原则性的漏洞或陷阱;或者认为不具有实际可行性等,应及时向企业负责人提出,暂缓合同的签订。此时,合同管理员可建议重开谈判,由双方当事人对合同中存在问题的相关内容进行修改。

2. 签字阶段的合同管理内容

1)准备正式的拟签订合同文本

合同管理员完成上述审查阶段的工作后,即需要与合同其他当事人协商签字的正式合同文本由何方准备。无论是何方准备,均需要准备合同约定的份数供双方当事人签署。涉外合同还可能需要按照合同约定准备不同语言的合同文本。

2)合同签订审批工作

在合同正式签订之前,合同管理员需要根据相关的合同管理规章制度进行合同签订审批工作。合同签订审批是指在合同已经过评审和合同管理员的审查,并与合同其他当事人就合同所有内容达成一致后,就是否最终签署该合同由企业负责人进行决策的行为。如果同意签署,则预备在合同双方当事人约定的时间和地点进行正式的合同签字;如果不同意签署,则按照其意见进行相应的处理。

3)合同的正式签订与签订后的核对

合同正式签订时合同管理员应当在场。合同由双方当事人完成正式的签字和盖章后,合同管理员应核对己方和对方当事人在合同文本上的签字是否正确,核对小签和/或附签是否有遗漏等。

除了核对签字外,如有盖章,合同管理员还应核对己方所盖印章的准确与否,核对他方合同当事人所盖印章的真实与否。

4)合同文件的保管和传递

合同签订完成,合同管理员应对合同文件进行如下处理:

(1)保管。根据相应的合同管理制度,将己方的合同原件保存在合同管理部门、档案室等专门保存合同原件的部门。合同原件应统一保管,便于查找和防止遗失或毁损。

（2）传递。根据相应的合同管理制度，将合同副本或复印件传递至相应的合同履行部门，由合同履行部门具体负责其本部门职责范围内的合同履行事宜。例如，在国际工程项目建设中，国际工程承包合同签订后业主或承包商应将合同交付具体负责工程项目执行的机构（如项目部）履行，项目部再将其中的内容分解至其内部各个不同的部门具体实施❶。

5）其他合同管理事宜

（1）合同管理员应注意合同中有关生效时间的规定。如果规定合同自双方当事人签字之日起生效，则应核对合同文本上是否已经注明了合同的签字时间。为避免争议，对于非面对面的往返式合同签订，最好统一合同的签字时间。

（2）合同管理员应按照相关法律法规的规定，办理必要的批准或登记手续。

（3）合同管理员应按照当事人的约定，办理必要的合同见证或公证手续。

（4）合同管理员还应根据相关合同管理制度的规定，对新签订的合同在合同台账上进行登记。

3. 国际工程承包合同签订与合同管理

1）合同的签订与管理概述

（1）合同的签订。

国际工程承包系列合同的签订包括工程承包、分包和其他所有合同的签订。其中，国际工程承包合同的签订双方为业主和承包商，合同均采用的是书面形式，而且合同文件众多，其页数有时长达几十、上百页。有的合同采用签署合同协议书的方式，如 FIDIC 制定的系列合同，业主和承包商在合同协议书上主签，在其他文件（如合同条件、合同附件等）的每一页上小签；有的合同没有合同协议书，就在合同主条款的最后一页上主签。国际工程承包合同通常采用的是面对面同时签署的方式，有时，还要举行相应的合同签字仪式。此外，国际工程承包合同中，如果业主和/或承包商为多方联合体，通常每一方均应在合同文本上签字和/或盖章。

（2）合同签订的管理。

国际工程承包合同经过合同产生阶段的招投标和合同谈判，进入合同签订阶段，即合同双方通过签字和/或盖章等方式最终确认合同条款的具体内容，使之依法生效后开始履行的阶段，在此阶段，合同管理工作与招标、评审和谈判时

---

❶ 可参见第六章叙述国际工程承包合同履行时的相关内容。

一样,均由业主或承包商企业总部的合同管理部门和人员负责,其合同管理的内容同样如上所述。只是,鉴于国际工程承包合同的基本特征,其具体的合同管理工作内容量大而复杂。

2) 签订程序与合同管理内容

国际工程承包合同签订的合同管理依据的通常是业主或承包商总部合同管理制度中的相关规定,包括程序性的内容。国际工程承包合同签订完成后,承包商即组织项目部来具体履行已经签订的工程承包合同。因此,为履行该工程承包合同而需要的分包或其他合同的签订管理即由项目部的合同部门或专职合同管理员负责。下面就履行国际工程承包合同所需的相关分包或其他合同的合同签订,来举例说明此类合同的签订程序和合同管理员在合同签订中需要完成的合同管理工作的主要内容:

(1) 拟签订合同文本的提交。

合同评审及最终谈判完毕,进入合同签订程序。拟签字的正式合同文本,招标的分项工程或设备材料采购等合同,由负责招标的部门提交合同部门,其他合同,由各相关部门提交合同部门。

(2) 合同签订前的审查。

合同部门收到拟签订的合同文本后,应审查如下事项:

① 合同在形式上是否合法有效(除即时清结的项目外,其他所有合同均应采用书面形式)。

② 本方签字人的身份,非主合同性质的合同及其补充协议等在公司法定代表人的授权之下由项目负责人签署。紧急情况下,项目负责人可在公司法定代表人的授权范围内授权项目其他负责人(项目副经理/副经理等副职负责人)或部门经理签署合同。此项授权必须是书面的而且一次有效。被授权人不得将此项授权再转授他人,授权书由合同部门负责出具。

③ 签约名称,本方的签约名称原则上应为公司的法定名称,一般不用项目部的名称,特殊情况由项目负责人决定。

④ 重大合同在合同签订之前由合同部门报项目负责人决定是否需要提交法律顾问或聘请当地律师对合同进行法律审查。

(3) 合同签订审批。

合同部门在完成上述(2)中的工作后,准备"合同签订审批单"连同拟签订合同的正式文本提交项目负责人审批。如果项目负责人同意签署该合同,则由合同部门将合同正式文本一式二份(或根据合同具体规定)提交合同双方相应的签字代表签字;如果项目负责人认为合同仍需修改,则由合同部门将项目负责人的审批意见反馈至负责合同谈判的部门再行谈判,直至项目负责人批准签字。

(4)合同的正式签订。

合同每一页左下方由项目部合同部门合同管理员小签,合同每一页右下方由合同另一方人员小签。

(5)合同文件的保管与分发。

签字完成后,合同原件连同对方签字代表的身份证明书或授权委托书的原件由合同部门❶负责保管,并将合同复印件分发项目部的相关履行部门。

---

　❶ 项目部的合同原件应统一保管,除了合同部门外,还可以由项目部的文件控制部门保管。

第六章　合同履行管理

一、合同履行的含义

1. 合同履行的含义

合同履行,是指合同各方当事人按照合同的约定,全面、适当地履行各自义务的全部过程,是实现各自的权利,使各方的目的得以实现的行为。合同依法成立,当事人就应当按照合同的约定,全部履行自己的义务,否则,就需要根据不同的情况承担相应的法律责任。签订合同的目的在于履行,通过合同的履行而取得某种权益。合同的履行以有效的合同为前提和依据,合同履行是合同具有法律约束力的首要表现,是合同法律效力的主要内容。

国际工程建设项目合同的履行包括了国际工程承包合同、工程分包及其他合同的履行。合同履行当事人包括有业主、承包商、监理、分包商、供货商、服务商等,合同履行的对象是所有与工程项目建设有关的合同,合同履行的目的是为了完成特定工程项目的建设。国际工程建设项目合同的履行阶段自合同正式签订完成开始,结束于合同关闭完成时止。做好合同履行过程中的合同管理是工程项目顺利实施的保证。

2. 合同履行的原则

1)全面适当履行原则

该原则是指切实、准确地按合同约定的各项条款去履行,即为适当履行("适当"二字在这里指履约行为和结果同约定条款的要求相符合),合同履行当事人按照合同的规定全面承担各自的义务,使合同的内容得以全面实现。对于国际工程建设项目的承包商,应按合同约定,对工程项目实施的全过程向业主负责,并对其责任范围内的分包商的工作承担责任。

2)实际履行原则

该原则是指合同履行当事人必须按照合同规定的标的来履行,合同的标的是什么,义务人就应给付什么,既不能用其他标的来代替,也不能以支付违约金或赔偿金来代偿。

例如,承包商如果违反合同,未能按期交付工程,即使承包商已经支付了延期赔偿金,也不能免除合同责任,只要业主需要并坚持,承包商还必须按合同规定继续履行合同,直至工程完工。

3)协作履行原则

该原则是指合同履行当事人应本着团结、协作、互相帮助的精神,去共同完成合同规定的权利义务,履行各自应尽的责任。

4)诚实信用原则

该原则是指合同履行当事人在合同履行过程中,应遵守诚实信用的原则,根据合同的性质、目的及交易习惯正确履行合同规定的义务。当事人首先要保证自己全面履行合同约定的义务,并为对方履行创造条件。当事人应关心合同履行情况,发现问题应及时协商解决。一方当事人在履行过程中发生困难,另一方当事人应在法律允许的范围内给予帮助。在合同履行过程中应信守商业道德,保守商业秘密。

3. 合同履行的特点

1)合法性

国际工程建设项目合同涉及两国以上的合同当事人,承包商不只要遵守中国的法律法规,同时要遵守工程所在国的法律法规。所涉及的法律法规包括合同法、石油能源法、投资法、劳工法、税法、外汇管制制度、HSE 法规,等等。国际工程合同不可避免地涉及第三国采购、国际运输,因此还需要遵守通行的国际贸易和运输惯例。

2)合约性

国际工程建设项目合同以适用英美法居多。英美法认为,当事人在订立合同后,必须严格按照合同的条款履行合同。例如,如果合同中规定了履约的时间,同时规定了时间是该合同的要素时(essence of the Contract),当事人就必须在规定的时间内履行合同,否则业主有权解除合同并要求损害赔偿。

3) 文件性

从合同管理角度看,国际工程建设项目合同的履行过程是一个完整的以文件书面记录所有工程事项的过程。合同管理涉及的文件包括构成合同的原始文件;工程同期记录;来往函件;会议纪要、施工进度计划及报告;施工现场记录、工程照片、气象记录;工程检查验收报告;工程财务记录;市场信息资料,如官方物价指数、工资指数、外汇比价;国家法律、法令、政策文件等。

二、合同履行的状态

1. 正常履行状态

正常履行指合同顺利履行的状态,其表现为合同每一方当事人均本着诚实信用、团结协作的原则,按照合同的约定,实际履行原合同中规定的各项权利和义务,并最终实现了合同订立时的预期目标,使合同得以顺利关闭。

例如,某石油管线项目,承包商按照合同要求的工期,依照合同规定完成了管线的投用和性能测试,并达到合同要求的性能测试指标,承包商圆满完成工程,取得工程价款。业主如期使用该管线,达到了投资建设管线的预期目的。

2. 非正常履行状态

非正常履行是在合同履行过程中,因当事人自身原因或其他外力因素,致使合同未能顺利实现的现象,即凡是正常合同履行状态之外的行为表现均为合同的非正常履行状态。

1) 合同非正常履行状态的产生原因

不同的原因可导致不同表现形式的合同非正常履行,根据不同的标准,可进行如下分类:

(1) 根据合同当事人合意与否,可表现为双方行为和单方行为。双方行为是指当事人双方合意改变合同正常履行状态的行为,如签订补充协议对合同内容进行变更的行为;单方行为是指当事人单方改变合同正常履行状态的行为,如擅自转让合同、单方解除合同等。

(2) 根据合同当事人改变合同正常履行状态行为的效力,可表现为合法行为和非法行为。合法行为是指合同当事人根据法律规定或合同约定进行的具有法律效力的改变合同正常履行状态的行为,如双方协商同意提前终止合同的行为;非法行为是指合同双方或单方违反法律或合同约定进行的不具有法律效力的改变合同正常履行状态的行为,如一方当事人的违约行为,合同双方当事人故意串通利用合同履行损害国家利益的行为等。

（3）根据合同当事人改变合同正常履行状态行为的目的，可表现为补充、解释、变更、转让、中止、解除合同等行为。

2）合同非正常履行状态的责任承担

（1）单方承担。指合同非正常履行状态的责任由合同一方当事人进行承担，包括己方承担和对方承担。己方承担是指由己方自身承担其做出的合同非正常履行状态行为的责任。例如，一方当事人未依法或依约变更合同，对方当事人未同意，则此擅自变更合同的责任由该变更方当事人自行承担。对方承担是指虽然合同非正常履行状态行为由己方做出但责任却由对方当事人承担。例如，对方当事人违约，造成合同履行不能，一方当事人解除了合同，则此合同解除责任应由违约方当事人承担。

（2）双方承担。指合同非正常履行状态的责任由当事人双方共同承担。例如，当事人双方协商对合同内容进行补充，增加了各自的权利义务，则双方共同承担此合同非正常履行状态下的合同补充责任。

（3）责任免除。指合同非正常履行状态由合同当事人一方或双方可以免责的事由引起，双方均不承担相应责任的情况。例如，当事人一方遭受不可抗力，合同无法履行，则该方可不必承担此因不可抗力导致的合同预期目标全部或部分不能实现的责任。

3）合同非正常履行状态的具体后果

（1）预期目标全部实现。指虽然发生了合同非正常履行状态的情况，但合同原定的预期目标最终还是得以实现。例如，违约的当事人纠正了违约行为，继续将原合同履行完毕。

（2）预期目标部分实现。指因合同非正常履行状态的发生导致合同原定的预期目标只有部分实现，其他预期目标要么没有实现，要么被改变。例如，买卖合同中卖方只交付了部分数量的货物，买方也只支付了部分货款。

（3）预期目标无法实现。指因合同非正常履行状态的发生导致合同原定的预期目标全部没有实现或完全被改变。例如，工程建设合同中因业主破产而使承包商无法获得任何工程款。再如，租赁合同签订后出租人和承租人就将租赁关系改为买卖关系，出租人成为卖方，承租人成为买方，这样，承租人原定的通过支付租金的方式拥有租赁物使用权的预期目标就改变为通过支付价款的方式拥有原租赁物所有权的目标。

探讨合同非正常履行状态的意义在于，合同管理员应研究如何按照法律规定和合同约定对合同非正常履行状态中出现的各种合同问题进行处理,从而保证合同的顺利履行;或者,在无法顺利履行的情况下,如何维护己方的合法权益。

4)合同非正常履行状态的部分表现形式

(1)不可抗力。

不可抗力属当事人无过错原因,即非由当事人的主观意志决定,也非当事人能力能抗拒的客观情事,导致合同处于无法履行的状态。

不可抗力的范围,合同当事人可以在合同中进行约定。通常情况下,构成不可抗力须具备以下条件:

① 一方无法控制的;

② 该方在签订合同前,不能对之进行合理防备的;

③ 发生后,该方不能合理避免或克服的;

④ 不主要归因于他方的。

不可抗力发生后的法律后果,一般均可以使当事人有解除合同或要求延迟履行合同的权利。具体可在合同中约定依据不可抗力持续时间,解除或延迟履行合同。

根据 FIDIC 的 EPC 合同条件,在不可抗力发生并且承包商按规定时间发出通知的情况下,承包商有权得到工期延长。对于发生在工程所在国的叛乱、恐怖主义、承包商人员和承包商及其分包商的其他雇员以外的人员的骚动、罢工或停工以及战争军火、爆炸物资、电离辐射或放射性污染,承包商对于所招致增加的费用应当得到业主支付。

例如,某南亚国家压缩机站 EPC 项目在执行期间,连遇三场当地多年未遇的强降雨,造成现场大量积水,严重影响施工,致使现场工作停顿 35 天左右。承包商依据合同按不可抗力向业主索赔工期 30 天。

(2)合同的暂停。

国际工程建设项目合同中,在承包商无过错时,业主可以随时指示承包商暂停工程某一部分或全部的施工。暂停期间,承包商应保护该部分或全部工程不受任何损失,而承包商有权得到相应的工期和费用补偿。如果是因为承包商的原因而导致业主不得不发出暂停指令,则承包商无权得到相应的工期和费用补偿。如果业主指示的暂停超过了一定的累计时间,则承包商有权在给予业主提前通知后,终止该部分或全部工程。

相应的,在业主未能按承包商要求提供业主的资信证明或未能按时支付承包商的应得款项,则承包商有权在给予业主提前通知后,暂停或放慢工作速度,直至终止合同。

（3）合同的中止。

合同的中止，是指在合同有效期内，发生了中止的事由，合同一方当事人行使抗辩权拒绝另一方当事人的履行请求，使合同权利、义务关系暂处于停止状态。在合同中止履行期间，权利、义务关系依然存在，在抗辩权消灭后，合同的权利、义务关系恢复原来的效力。

当事人中止履行合同的，应当及时通知对方。对方提供适当的担保时应当恢复履行。没有确切证据就中止履行合同的，当事人应承担违约责任。中止履行后，对方在合理期限内未恢复履行能力并且未提供适当的担保，中止履行一方可以解除合同。

例如，某南亚国家石油项目，在 EPC 合同签约，承包商提交履约保函和预付款保函后，因业主被其小股东起诉，业主拒绝按合同支付预付款及进度款，承包商中止履行该合同。

三、合同履行的要求

合同签订后即需要具体的部门和人员来履行。国际工程项目合同中的国际工程承包合同签订后，承包商项目部的全体部门和人员均为所签订的国际工程承包合同的履行部门和人员。

1. 对合同履行人员的要求

对合同履行人员的要求即要求合同履行部门和人员在具体履行合同过程中，首先应具备强烈的"合同意识"，将合同作为一切履行行为的准则；其次应熟悉所履行合同的内容，不能抛开合同本身来"履行合同"，不能认为合同签订后该合同就只和合同管理部门或合同管理员有关，与己则无关了。对合同内容的熟悉程度越高，合同履行就越不会偏离按约实际履行的正常轨道。

2. 对合同履行行为的要求

对合同履行行为的要求即要求合同履行部门和人员在具体履行合同过程中，其履行合同的行为应严格按照合同的约定进行，也就是说，应保证己方的合同履行行为符合合同约定，即便需要改变原定的合同履行内容，也应及时向合同另一方提出，协商处理；或依据法律和事先的约定进行改变，而不能擅自改变合同的履行内容。

3. 对合同履行文件的要求

对合同履行文件的要求即要求合同履行部门和人员在具体履行合同过程

中,应尽力将相关的合同履行行为和合同问题的处理经过等以书面文件的形式进行固定,作为可提供履行依据和证明的合同履行文件。此外,对于已经达成一致的合同履行事项应及时要求对方进行书面确认,作为合同履行过程中产生的合同组成文件,与合同具有同等的法律效力。

4. 对合同履行问题的要求

对合同履行问题的要求即要求合同履行部门和人员在具体履行合同过程中,对出现的诸如合同变更、转让、解除、中止、终止、不可抗力以及违约等合同问题及时上报、及时处理,以便于企业负责人和合同管理部门的监督、检查和跟踪,维护企业的合法权益。

5. 对合同履行合法性的要求

对合同履行合法性的要求即要求所有合同履行行为必须符合相关法律法规的规定,不得假借履行合同的名义单方或双方串通进行任何违法行为。否则,就可能因违法的合同履行行为而给企业带来经济和信誉的损失。

6. 对合同履行管理的要求

对合同履行管理的要求即要求企业加强合同履行的管理,特别是建立严格的合同履行责任追究制度。上述五项要求可以说是合同履行的基础和保障,如果未能遵守上述要求,轻则影响了合同的顺利履行,重则会给企业带来重大经济损失,严重损害企业的合同信用。因此,实行严格的合同履行责任追究制度,明确合同履行不力、违约或违法,履行人员应承担的过错责任,并加以追究,可有效地提高合同履行人员的合同意识,保障合同预期目标的顺利实现。

四、合同履行过程中的合同管理

国际工程建设项目的合同管理部门除了具体负责履行本部门职责范围内的合同外,还应对其他部门的合同履行行为进行监督、检查和跟踪,即从合同管理的角度监督项目部的合同履行行为是否符合法律和合同的约定,跟踪合同问题是否及时上报并得到准确有效的处理,检查合同是否按期按约履行完毕及合同关闭时是否存在遗留问题等。承包商的合同管理员主要有以下合同管理内容。

1. 工程开工前和接收时的审查

1)工程开工前审查

开工前审查是指合同管理员根据工程承包合同具体条款的规定对业主与

承包商在正式开工前的准备时间内应完成的工作进行的审查,即审查承包商应完成的工作(如准备和提交业主的相关文件)是否已经开始准备或已经完成,审查业主应完成的工作是否已经按时完成且没有影响承包商的开工,审查双方已经完成的工作是否符合工程承包合同的约定等。为此,合同管理员应根据合同条款的规定将上述应完成的工作内容整理成一份详细的清单,逐一落实,并随时根据该清单跟踪完成情况,对没有完成的要及时催促。

例如,承包商开工前通常应完成的工作主要有:准备并提交业主履约保函和预付款保函,投保承包商负责的保险并提交业主保险单副本或复印件和保费已经交纳的证明,书面通知业主承包商代表的姓名并提交相关资料,编制并提交业主工程进度计划等;业主应完成的工作主要有:支付预付款,签发开工日期通知及开工令,投保业主负责的保险并提供相关证明等。

2)工程接收时审查

工程接收时审查是指合同管理员根据工程承包合同具体条款的规定,对承包商在要求业主进行工程部分接收、完工接收和最终验收时对双方应完成的工作进行的审查和跟踪,包括接收前和接收后的审查和跟踪。

例如,审查和跟踪承包商是否按照合同约定具备了提请业主进行工程接收的条件,以及是否准备好了相应的工程接收申请和支持性文件(完工资料等);跟踪业主是否在合同约定的时间内对承包商的工程接收申请进行了审查;跟踪相关的履约保函、保留金(或保留金保函)等是否已经提请业主按合同约定释放;审查和跟踪工程款是否已经全部回收;跟踪业主是否签发了相应的工程接收证书;审查和跟踪是否还有合同遗留问题等。

2. 合同内容的分解

国际工程承包合同签订后,从承包商企业角度,具有临时性质的项目部即为该国际工程承包合同的实际履行部门,企业本部相关部门即为该国际工程承包合同的协助履行部门。由于通常情况下在项目部中又细分为各种不同的专业部门和人员,因此,项目部的合同管理员可根据相关的合同管理制度或程序的规定,将合同的内容进行分解,明确不同部门应负责履行的相应合同内容。

例如,工程承包合同中的设计工作内容由负责设计管理的部门负责履行,施工工作内容由负责施工管理的部门负责履行等。当然,合同管理员对合同内容的分解只是总体上的划分,主要是为了便于跟踪合同的履行情况,不代表相关部门的合同履行工作只限于划分的部分。对于项目部为履行工程承包合同而签订的分包或其他合同,可由合同管理员在进行合同签订审批时确定具体的合同履行部门。例如,将当地劳工雇佣合同的合同履行部门确定为负责人事、后勤等行政事务管理的部门。

3. 合同履行过程中的日常合同管理工作

合同履行过程中的日常合同管理工作主要是指合同管理员对项目部所有合同的履行进行的全过程、全方位的监督、检查和跟踪,即监督、检查和跟踪己方各合同履行部门,以及业主、分包商、供货商等合同相对方是否按照合同约定履行合同(如是否按时收付款),其行为是否符合合同和法律的规定等。合同管理员的监督、检查和跟踪可通过向项目部各合同履行部门调查和了解双方合同履行情况的方式进行,还可通过分析项目部与业主、监理、分包商、供货商等有关合同问题的往来信件、传真和函电,或参加相关合同问题会议等方式进行。监督、检查和跟踪应根据实际需要随时进行。

4. 合同问题的处理

对于监督、检查和跟踪过程中发现的,或己方各合同履行部门提交的,以及业主、分包商、供货商等合同另一方主动提出的合同问题,合同管理员应及时进行处理。合同问题包括合同解释问题、合同变更问题、合同的转让与分包问题、合同索赔问题、款项收付问题、不可抗力问题、争议处理问题等,即合同非正常履行状态下出现的任何问题。合同问题的处理主要有以下几个方面的依据。

1)合同

合同中的相关规定是处理合同问题最基本和最重要的依据,包括合同履行过程中双方的往来信件、传真、会议纪要等。

2)事实

相关合同问题的产生是由具体的事实引起的,处理合同问题时离不开事实依据。因此,事实证据的保存和认定是非常重要的,特别是涉及变更、违约等索赔问题。

3)法律

除了合同依据外,或如果合同中找不出依据,还可通过合同适用法律,以及其他有权管辖的法律寻找处理合同问题的法律方面的依据。

4)惯例

有关合同问题方面的国际惯例、行业惯例等,必要时也可成为处理合同问题的依据。

合同问题的处理是合同管理员在合同履行过程中最主要的工作。

5. 法律事务

合同管理人员针对法律变更相关的索赔、争议处理等事项,应做好当地法律法规的收集、更新和整理工作,与当地聘请的律师保持沟通和联系,确保业主以及承包商履约行为的合法性,为履约及争议处理提供适当的法律意见。

6. 合同履行文件的整理与保管

合同履行文件,包括合同履行过程中双方的往来信件、传真、会议纪要,以及业主的通知、指示、要求和承包商提交的文件等,需要项目部设立专门的部门并由专人负责接收、传送、整理和保管。在所有合同履行文件中,为处理合同问题,传递到合同部门的文件以及合同部门出具的处理意见和建议等文件,需要合同管理员进行专门的整理和保管,以防遗失和便于跟踪最终的处理结果。具体请参见第八章。

五、合同相对方管理

1. 与业主的关系处理

在国际工程建设项目中,业主的主要合同义务是按照合同约定的时间及条件向承包商支付工程款,业主有无充足的资金来源是承包商面临的最大的经济风险,通常承包商可以考虑以下管理办法。

1) 了解业主付款能力

国际石油工程项目建设周期长,资金投入巨大,因此业主向承包商支付的工程款一般来源于融资,即银行贷款、股东贷款、企业债券等。融资的前提除了技术可行性外,还要在财务上可行,即项目的内部收益率能够保证投资回收和适当的利润。合同管理人员应在投标阶段承包商进行市场调研时,提醒或参与对业主资信情况的调研。

2) 审查合同条款中的支付条款

合同管理人员应审查合同条款中承包商提交发票时的支持文件是否可行,自提交发票后至业主实际付款的天数是否合理,是否有业主未按时支付进度款则承担延期付款利息的规定等。如有不合理的规定,应当在投标偏离表中提出,并在合同谈判阶段要求增加或修改此类条款。

3) 审查合同规定的价款分段支付是否合理

通常情况下,国际工程建设项目合同的预付款一般不低于合同额的10%,

履约保函一般不高于合同额的10%,质保金保函通常不高于合同额的5%。同时里程碑付款的划分及支付时间应当能够保证工程进度用款,以免承包商垫资过多,增加风险又增加了利息负担。合同预付款的支付条件通常为合同签订生效后,承包商向业主提交履约保函、预付款保函及主要的工程保险单后支付,而不应有其他的附加条件。

4) 不放弃法律赋予的承包商对项目或已完成工程的优先受偿权

很多项目所在国法律对承包商获得工程款的权利提供了保护。例如,《合同法》第二百八十六条规定:"发包人未按照约定支付价款的,承包人可以催告发包人在合理期限内支付价款。发包人逾期不支付的,除按照建设工程的性质不宜折价、拍卖的以外,承包人可以与发包人协议将该工程折价,也可以申请人民法院将该工程依法拍卖。建设工程的价款就该工程折价或拍卖的价款优先受偿"。

在实行英美法系的国家和地区,承包商的这种优先受偿权被称为承包商的留置权。有些业主在招标文件中要求承包商放弃对项目或已完成工程的优先受偿权或留置权,如果承包商放弃了这种权利,一旦业主破产,承包商只能作为普通债权人,很可能面临无法拿回应得工程款的风险。

例如,某中非石油工程 EPC 议标项目,业主为某国家石油公司,在投标及合同谈判期间,先后澄清和修改了承包商提交一般进度发票和最终发票的支持文件;缩短了业主付款天数;增加了业主未按时支付进度款则承担延期付款利息的规定;增加了10%的预付款;质保金保函由合同额的10%降低至5%,在临时接收后提供给业主,取消了每次进度款扣留5%质保金的规定,从而较好地维护了承包商的合同利益。

2. 对分包商的管理

分包合同的执行过程也就是承包商对分包商的管理过程。对分包商管理的好坏直接关系到产品的质量是否能够满足工程承包合同的要求,承包商是否能在合同规定的工期内完成工作,承包商的预算是否超支等。因此对分包商管理的好坏关系到承包商执行工程承包合同的成败,要引起足够重视。

对分包商的合同管理应注意如下问题。

1) 质量及 HSE 管理

分包合同中对分包商在质量及 HSE 方面的要求应当以总承包合同为标准,采取"背对背"的方式。合同管理人员应会同项目质量和 HSE 管理部门,监督、检查分包合同相关条款的履行,以保障承包商在质量及 HSE 方面能够符合业主的要求。

质量管理涉及的合同规定检验项目、检验计划、业主停检点、隐蔽工程等，HSE涉及的合同规定及相关法律法规要求的环境保护措施、安全防护措施等均应符合总承包合同要求。

2）进度管理

进度管理是国际工程承包合同管理的重点。一般情况下，工程承包合同均要求在合同签订后由承包商向业主提交项目整体进度计划，并按月更新。制订并实施合理的进度计划是保证项目整体工期，从而避免产生延期罚款的重要手段。

为保证进度计划的落实，合同管理人员应监督、检查和跟踪项目部的相关履行部门，以保障承包商向业主提交的项目整体进度计划落实到各分包商的进度计划当中，分包商的进度计划要根据实际的工程执行情况及时调整。项目部可对分包商的进度管理采取激励与惩罚机制，即在分包合同中规定在合同要求的工期之前完工可以获得赶工费，而在延期完工的情况下承包商有权从应付款项中扣除误期损害赔偿金。

3）变更管理

国际工程建设项目经常涉及大量的设计及施工分包，而这两部分工作又是承包商与业主发生变更的多发地带，因此承包商向业主提出变更申请或变更的线索大部分来自于分包商向承包商提出的变更申请或变更。鉴于此，合同管理人员在起草分包合同条款时，应当根据总包合同在分包合同中限定分包商提出变更申请或变更的时效，并配合相关履行部门，对分包商提出的变更申请或变更认真筛选，对符合工程承包合同变更要求的事项及时向业主提出，保留获得工期和（或）成本补偿的权利。具体请参见本章第三节。

4）以承包商名义执行项目的管理

在某些项目所在国，为项目执行的需要，与国内分包商签订分包合同时，可能要求分包商在项目所在国以承包商的名义执行合同规定的工作。但是这些国内分包商在当地可能会有独立的经济行为，如租赁车辆、施工机具及当地采购等。如果根据分包合同的要求，他们在当地签订、执行合同要以承包商的名义，那么承包商就面临着代替分包商承担违约责任的法律风险。对于这种情况，承包商合同管理人员应当在分包商签订当地合同之前仔细审核合同条款，监督分包商的义务执行情况并密切关注整个合同的进展。

3. 对供货商的管理

1)供货商资质审查

在供货合同签订时,合同管理人员应配合采购部门对供货商资质进行审查,重点审查内容包括:

(1)营业执照及年审证明。

现行有效的营业执照,审查公司形式、注册资金、公司成立时间等,并审查当年的年审证明。

(2)签约人。

签约人是供货商法定代表人的,应提供该法定代表人的有效身份证明。如是授权代表签约的,必须提供由法定代表人签署的授权委托书。

(3)代理问题。

与代理公司签订的合同,应审查是否有被代理公司出具的合法有效的授权委托书。

(4)分公司问题。

要特别注意供货商法律地位问题,如为分公司,应审查由总公司签署的代总公司执行相关业务的授权委托书。

2)供货合同履行的管理

尽管供货商对产品质量和交货期承担全部责任及工期罚款,但对于国际工程项目而言,产品一旦出现问题,从供货商处所扣留的违约罚款远不足弥补其对承包商造成的主合同工期损失和违约罚款。因此,供货合同的履行管理,重点在于防范供货商出现各种形式的违约,并对出现的违约行为予以及时、适当的控制、消除和补救,确保工程项目产品按时保质保量运抵现场并投入使用。

供货商的违约形式主要有:交货延迟,产品质量不合格,产品破损,数量短少,现场服务不及时或不能保证现场工程需要等。合同管理人员应注意在供货合同中针对以上违约形式,制定具体可行的生产进度控制、延期罚款、工厂质量检验、现场质量验证、现场验货程序及现场服务人员要求、工作程序要求等条款,并在履约过程中与供货合同条款的履行部门加强沟通,使得合同条款得以实际落实。

货款支付的比例和方式是控制供货商的重要手段,不但要控制付款进度,而且应保留必要的质量保留金。

例如,对于大宗材料,可以在货交买方并提供相应文件和单据后,支付95%的货款,保留5%的质保金,质保期满后如未发现质量问题,买方收到买方相关部门或项目签发的质保金释放函和卖方出具的质保金收据后支付。支付方式可以采用电汇。对于机械设备,则应设定检查验收程序及标准,根据设备货值适当考虑预付款等。例如,工厂验收合格时支付 50% ,设备现场到货验收后支付 40% ,质保期满后支付 10% 的质保金。

第二节　合同问题的处理

一、合同修订问题

1. 合同修订的含义

合同修订是指在合同履行过程中可能出现的,由于原合同约定内容不明确,或经双方协商一致而对原合同的条款做出的修改和补充。合同修订不需要根本改变合同的实质内容或解除原合同关系,而且由于合同修订是由合同双方协商一致而发生,因此不涉及违约和赔偿问题。

2. 合同修订的形式要求

通常,对合同的修订首先必须经合同双方当事人协商一致,达成合意,并需以书面形式签订补充或修订协议。例如,《合同法》第六十一条规定,"合同生效后,当事人就质量、价款或者报酬、履行地点等没有约定或者约定不明确的,可以协议补充;不能达成补充协议的,按照合同有关条款或者交易习惯确定。"

3. 合同修订的效力

合同修订后,可以追加条款,视为双方经过协商认可,在新合同中约定原先合同作废。或者,也可以通过新合同来确认旧合同与新合同的效力界定。

4. 合同修订的实现

国际工程建设项目合同履行过程中,如果需要修订所履行的合同的相应条款,无论是己方提出还是合同另一方提出,若需修订的内容属于合同的实质性内容(如数量、质量、工期、交货时间等),则需要对修订部分进行项目部内部评审。评审完毕,与合同另一方达成一致后,签订补充协议。如果修订的内容不属于实质性的内容,则可由合同部门进行审查,提出意见和建议后报项目部领导决策。工程承包合同(主合同)的修订应根据企业本部的相关管理规定上报,履行本部决策程序。

二、合同解释问题

合同解释是指对合同条款的具体含义进行的分析与说明,包括合同句意和词义的解释,以及对合同条款的合法性、有效性、适用性等的解释。合同解释主要发生在合同履行过程中,在双方对合同条款的含义产生理解上的不一致,或发现合同文件的内容相互矛盾,或对某个合同履行行为是否符合合同约定,或对处理某个合同问题是否可以依据合同中的某个条款有分歧等的情况下,以及合同当事人产生合同争议诉诸司法机构时为确定合同本身或某个条款的合法性、当事人请求的有效性、合同依据的适用性时,均可能涉及合同解释问题。由于国际工程承包合同内容的丰富性、合同语言的多样性、名词术语的专业性、合同履行的长期性、工程建设的复杂性等,致使合同履行过程中常常会遇到合同解释问题。

1. 规定解释顺序时合同的解释

国际工程合同通常在合同协议书或通用条款中,明确依次列明构成合同的全部文件,并规定在合同文件有不明确或遗漏、疏忽与矛盾含糊之处时,按文件的排列顺序作为解释优先次序。通常排列顺序为合同协议书,专用条件,通用条件,业主要求,投标书,其他文件。当合同中发生矛盾和含糊时,应遵守的规则一般有专用合同条件优先于通用合同条件,具体规定优先于笼统规定,单价优先于总价,价格的文字表达优先于阿拉伯数字表达,技术规范优先于图纸等。

2. 未规定解释顺序时合同解释的基本准则

合同未规定解释顺序或按解释顺序仍有当事人无法达成一致解释的,则可以依据以下原则处理合同解释问题。

1)文义原则

即通过单个的字、词或句子在通常和合理的情况下所表达的意思进行解释。如果是专业术语,则按照该专业通常和合理的意思进行解释。确定所解释的意思是否是通常的和合理的,应从一个正常人角度,综合考虑合同及其相关问题的产生背景和当事人订立合同时的目的等进行全面判断。

2)关联原则

即结合合同上下文所包括的关联条款的意思从整体上进行解释。运用关联原则时,应注意合同文件适用的优先顺序及时间性,也就是说,应首先适用合同约定适用顺序在先的合同文件中的条款,以及当事人最新确认的合同文件的内容(如补充协议条款)。此外,所适用的条款本身必须具有明确的含义,不能适用模棱两可的条款。

3)目的原则

即通过分析和比较与合同目的一致性的程度进行解释。合同目的是当事人订立合同所追求的目标,因此,最接近合同目的意思应确定为当事人订立合同的真实意思。运用目的原则时,应适用的是当事人双方的共同目的,而不能只是单方一厢情愿的目的。

4)习惯原则

即运用行业、区域习惯所包括的涵义进行解释。行业、区域习惯是指各行业、各地区长期形成的一种约定俗成的惯例。运用习惯解释时应注意习惯的时效性、区域性和行业性,即适用合同解释的习惯应是现存的、合同履行地的、本行业通用的习惯。运用习惯原则时,如果行业习惯与区域习惯发生冲突,应以行业习惯为准,因为行业习惯没有地域区别。

国际工程承包合同应运用工程建设和贸易方面的国际惯例进行解释。此外,如果双方当事人之间存在交易习惯,则可优先适用此交易习惯来解释。运用习惯原则解释合同时,关于习惯的举证有相当的难度。实践中,合同管理员可寻求相关的行业协会、商会等机构出具行业、区域习惯所包括的涵义的证明。

5)诚信原则

诚实信用原则是解释合同的基本原则之一,是指当事人各方在签订和解释合同时,应该诚实,讲究信用,以善意与合同的方式履行合同规定的义务,不得规避法律和合同。因此,法律认为合同当事人各方在签订合同之前已经认真阅读和理解了合同文件,都明白该合同是真实意思的表达,做到知其所图,言其所想,明其所说。只有当事人都诚心善意地去理解和执行合同条款,才能使工程承包合同目标顺利实现。

解释合同时可以同时适用上述一项或几项原则,但首先应按照文义和关联原则进行解释,其次适用合同目的原则,最后再适用习惯和诚信原则。

三、付款争议问题

国际工程建设项目合同及与之相关合同的付款审核包括承包商向业主要

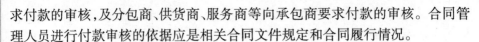

求付款的审核,及分包商、供货商、服务商等向承包商要求付款的审核。合同管理人员进行付款审核的依据应是相关合同文件规定和合同履行情况。

1. 合同付款文件的审查

无论是承包商向业主要求的付款,还是分包商等向承包商要求的付款,付款支持文件通常为发票、合同履约证明等。合同管理人员在审查时,应注意要求付款的时间是否符合合同规定,相关支持文件是否齐全,是否满足了合同的要求(如工期、质量等)。对向分包商等进行的需要提供担保的付款,应审查其是否提供了合同要求的担保,如预付款保函,履约保函,质保期保函等。如果没有提供担保,则应通知付款要求方及时提供担保。

对不符合合同要求的付款,合同管理人员应提出不符之处,要求相关部门或由其提请付款要求方改正,重新提交相关文件。

2. 合同付款信息台账的建立、更新、跟踪

对于工程承包合同,或重大的分包合同,合同管理人员应建立相应的合同付款信息台账,记载合同付款数额、百分比、应付款时间、实际付款时间、有无争议等信息,以便即时了解合同款项的收付情况,及时发现可能因付款引起的合同争议。

3. 合同付款争议的解决

合同付款争议指付款方双方因付款金额、付款时间、付款支持文件等未能达成一致意见而产生的争议。对付款争议,双方应立足于友好协商,按合同规定的相关内容,找出产生争议的原因,及时协商解决的办法。如果双方最终未能达成一致,可通过合同规定的争议解决方式,通过相应的司法程序解决。此时,合同管理人员应依据合同条款和适用的法律,积极提出意见和建议,并认真、如实地提供相关过程记录和证据,以维护正当的合同权利。

四、合同终止问题

1. 合同终止的类型

当事人双方依照合同的规定,履行其全部义务后,合同即行终止。合同签订以后,是不允许随意终止的。工程承包合同终止有以下情况。

(1)合同因履行而终止。合同的履行,就意味着合同规定的义务已经完成,权利已经实现,因而合同的法律关系自行消灭。所以,履行是实现合同、终止合同的法律关系的最基本的方法,也是合同终止的最通常原因。

（2）合同因情势变迁、合同落空和不可抗力的原因而终止。合同不是由于当事人的过错而导致合同义务不能履行的，应当终止合同。

（3）合同因当事人协商同意而终止。当事人通过协议而解除或免除义务人的义务，也是合同终止的方法之一。

（4）仲裁机构裁决或者法院判决终止合同。

2. FIDIC 合同条件 EPC 合同条款中当事人协商同意而终止的规定

1）因承包商违约，由业主终止

根据 FIDIC EPC 合同的规定，如果承包商未能根据合同履行任何义务，业主可通知承包商，要求其在规定的合理时间内，纠正并补救上述违约行为。

如果承包商有下列行为，业主应有权终止合同：

（1）未能遵守履约担保的规定，或未按业主发出的违约通知进行改正；

（2）放弃工程，或明确表现出不继续按照合同履行其义务的意向；

（3）无合理解释，未能履行开工，或延误、暂停工程；

（4）未经必要的许可，将整个工程分包出去，或将合同转让他人；

（5）破产或无力偿还，停业整理，已有对其财产的接管令或管理令，与债权人达成和解，或为其债权人的利益在财产接管人、受托人或管理人的监督下营业，或采取了任何行动或发生任何事件（根据有关适用法律）具有与前述行动或事件相似的效果；或

（6）（直接或间接）向任何人付给或企图付给任何贿赂、礼品、赏金、回扣或其他贵重物品。

在出现任何上述事件或情况时，业主可提前 14 天向承包商发出通知，终止合同，并要求其离开现场。但在最后两项情况下，业主可发出通知立即终止合同。

业主做出终止合同的选择，不应损害其根据合同或其他规定所享有的其他任何权利。

此时，承包商应撤离现场，并将任何需要的货物、所有承包商文件以及由或为他做的其他设计文件交给业主。但承包商应立即尽最大努力遵从包括通知中关于转让人和分包合同，及保护生命或财产，或工程安全的任何合理的指示。

终止后，业主可以继续完成工程，和（或）安排其他实体完成。这时业主和这些实体可以使用任何货物、承包商文件和由承包商或以其名义编制的其他设计文件。

其后业主应发出通知，将在现场或其附近把承包商设备和临时工程放还给

承包商。承包商应迅速自行承担风险和费用,安排将他们运走。但如果此时承包商还有应付业主的款项没有付清,业主可以出售这些物品,以收回欠款。收益的任何余款应付给承包商。

在终止通知生效后,业主应立即商定或确定工程、货物和承包商文件的价值以及承包商按照合同实施的工作应得其他任何的款项。

在终止通知生效后,业主可以:

(1)提出业主索赔;

(2)在确定设计、施工、竣工和修补任何缺陷的费用、因延误竣工(如有)的损害赔偿费以及由业主负担的全部其他费用前,暂不向承包商支付进一步款额;和(或)

(3)在完成终止日期时的估价,答应付给承包商的任何款额后,先从承包商处收回业主蒙受的任何损失和损害赔偿费,以及完成工程所需的任何额外费用。在收回任何此类损失、损害赔偿费和额外费用后,业主应将任何余额付给承包商。

2)业主方便性终止的权利

业主应有权在对他方便的任何时候,通过向承包商发出终止通知,终止合同。但业主不应为了要自己实施或安排另外的承包商实施工程而终止合同。

3)由承包商终止

如业主未能在规定时间提供已做并将维持的资金安排的合理证明;或超过42天未能支付应付款项;或业主实质上未能根据合同规定履行其义务;或业主未遵守权益转让的规定;或延长的停工影响了整个工程;或业主破产或无力偿债,停业清理,已有对其财产的接管令或管理令,与债权人达成和解,或为其债权人的利益在财产接管人、守土人或管理人的监督下营业,或采取了任何行动或发生任何事件(根据有关适用法律)具有与前述行动或事件相似的效果。在上述任何事件或情况下,承包商可通知业主14天后终止合同。但在最后两项情况下,承包商可发出通知立即终止合同。

承包商做出终止合同的选择,不影响其根据合同或其他规定所享有的其他任何权利。

在终止通知生效后,承包商应迅速:

(1)停止所有进一步的工作,业主为保护生命或财产或工程的安全可能指示的工作除外;

(2)移交承包商已得到付款的承包商文件、生产设备、材料和其他工作;

（3）从现场运走除为了安全需要以外的所有其他货物,并撤离现场。

终止通知生效后,业主应迅速将履约担保退还承包商,并按合同规定向承包商付款;并支付给承包商因此项终止而蒙受的任何利润损失或其他损失或损害的款额。

3. 对业主终止合同的对策

由于国际工程建设项目合同的性质,在工程开始执行后终止合同,业主将面临后续承包商的选择、工程质量责任难以界定、整体项目工期延误的后果。即使双方最终和解,项目的损失和延误将难以避免,合同终止对业主损失可能远远超过承包商的损失,在实际履行中,业主通常只有在承包商严重违约,双方争议巨大时,业主才会选择终止合同。

面对业主的合同终止通知,承包商应充分利用一切有利法律规定、合同条款和证据予以回应,表明己方立场,即愿意继续履约但不惧怕终止合同,做到进退有据,进则双方达成和解,合同恢复履行,退则收回已完工程款,避免索赔损失。

在进入实质性和解会谈阶段前,为创造有利的和解谈判气氛,承包商可以适时向业主发出以下几方面通知以扭转不利局面,在会谈开始前掌握主动。

1)尽快提交结算资料,并要求确认已完成工程量和工程质量

承包商应尽快向业主提交结算资料,并告知业主移交工程资料和施工场地的前提是业主确认工程量和工程质量。

工程资料和工程实物现状是确认工程量和工程质量的主要证据。根据合同终止日期时的估价规定,在终止通知生效后,业主应立即商定或确定工程、货物和承包商文件的价值以及承包商按照合同实施的工作应得其他任何的款项。

2)合同赋予承包商对施工现场有管理和维护安全的权利

国际工程建设项目合同通常规定,承包商有义务照料"有权在现场的所有人员"的安全,在移交前提供围栏、照明,保卫和看守。承包商应从开工日期起承担照管工程和货物的全部职责,直到颁发工程接收证书之日止,这时工程照管职责应移交给业主。

3)合同对进入现场人员的限制性规定

国际工程建设项目合同通常规定,承包商应负责阻止"未经授权的人员"进入现场,且授权人员仅限于承包商人员和业主人员,以及业主或代表业主通知承包商的业主的其他承包商的授权人员。承包商仅有义务配合业主人员,业主雇佣的任何其他承包商和任何合法公共当局的人员。上述两个合同条款可用

于抗辩业主派出其他承包商进入现场的要求。

4)承包商应及时提出索赔

对于固定总价的国际工程建设项目合同,一般而言,业主基本不用再支付索赔费用。但实践中,由于业主变更设计、材料和质量标准,势必导致承包商费用增加和工期延长。承包商必须及时索赔并留下索赔记录,更要提示业主严格依据合同履约,不应随意干涉承包商的工作。

通过以上几个步骤的措施,承包商应争取重新使双方回到谈判桌前,冷静地讨论解决实体争议的方案。双方开始实质性和解会谈后,由于实体争议的情况千变万化,承包商可以根据具体情况建议采用合适的非诉讼纠纷解决方式,如谈判、调解等,来解决双方之间的实质性争议。

五、合同项下财产归属问题

1. 永久工程生产设备和材料所有权的归属

1)永久工程生产设备和材料的定义

根据 FIDIC 合同的定义,"永久工程"系指根据合同承包商要进行设计和施工的永久性工程。"生产设备"系指拟构成或正构成永久工程一部分的仪器、机械和车辆。"材料"系指拟构成或正构成永久工程一部分的各类物品(生产设备除外),包括根据合同要由承包商供应的只供材料(如有)。"现场"系指将实施永久工程和运送生产设备与材料到达的地点,以及合同中可能指定为现场组成部分的任何其他场所。

2)FIDIC 合同条件中关于生产设备和材料的所有权转移问题的规定

FIDIC 合同条件第 7.7 款规定了生产设备和材料的所有权转移问题:

从下列两者中较早的时间起,在符合工程所在国法律规定范围内,每项生产设备和材料都应无扣押和其他阻碍地成为业主的财产。

(1)当上述生产设备、材料运至现场时;

(2)当根据第 8.10 款(暂停时对生产设备和材料的支付)的规定,承包商有权得到按生产设备和材料价值的付款时。

3)对特定化货物的处理

供货商在合同中订立了所有权保留条款,如规定买受人未履行支付价款或者其他义务时,货物的所有权不转移给买方。供货商的本意是为了保护自己的权利,但货物送到工程现场后,如果已经按照工程需要进行了改动,即按照工程的要求已经做了特定化处理,则供货商事实上已经无法取回或取回已经没有任何价值了。这时再坚持所有权保留条款反而会产生不公平的结果,到场货物特定化后所有权已经转移,买方应该付款而不应要求供货商取回货物。

2. 剩余材料的归属

1）剩余设备材料的产生

导致剩余材料产生的原因主要是在设计请购文件中采购余量确定经验不足、设计错误导致的采购错误、所采购产品的质量、使用者的工作经验、材料使用的现场管理等有直接关系。尽管零余量是每个项目的追求目标,但对于国际工程建设项目是不可能做到零余量的。

2）FIDIC 合同条款对于工程剩余材料的规定

根据 FIDIC 合同条件第 7.7 款生产设备和材料的所有权转移问题的规定,只要在符合工程所在国法律规定范围内,则当设备材料运至现场,或在承包商有权得到业主相应付款时,每项生产设备和材料都应无扣押和其他阻碍地成为业主的财产。

由此可见,对于承包商为工程采购的用于永久工程的生产设备和材料的所有权归业主所有。EPC 合同的总承包价款已经是对全部用于永久工程的生产设备和材料支付的对价。

3）承包商对剩余材料问题的处理

如前文所述,尽管承包商在采购设备和材料时,是按照项目实际需要订购的,但必然存在采购余量、采购错误、所采购产品的质量、使用者的工作经验、材料使用的现场管理等造成剩余材料的因素。

对于承包商来说,如果剩余材料过多,一方面,在项目交工后,承包商有责任清理项目现场,要把施工设备和剩余材料运出项目现场,由此需支付相关的运费以及运出现场后的仓储费用;另一方面,即使合同规定了可以由承包商自行处理剩余材料,处理剩余材料时一般不能达到原来采购的费用,并且剩余物资必须办理补税手续后才能在当地出售。这样,承包商在处理项目剩余材料时发生的直接费用和间接费用损失,也构成了承包商工程的潜在风险。

为了减少或避免因剩余材料给承包商带来经济上的过多风险,承包商应:

（1）尽可能准确估算项目所需材料,节约采购成本,减少剩余材料量。

（2）做好项目设计、采购和现场施工之间的协调工作,避免设计余量过高,设计错误导致的错误采购,避免施工浪费。

(3)加强项目施工管理,提高使用效率,加强现场材料管理,在材料的领用、现场管理、材料回收等方面制定并实行有效的领用料措施,减少在材料签收与使用中的漏洞。同时重视对现场材料管理的善始善终,在工程收尾阶段高度重视材料清查、回收入库工作,避免不必要的浪费。

(4)积极拓展剩余材料处理渠道,尽最大可能减少因项目剩余材料给承包商带来的风险。

3. 知识产权的归属

1)知识产权的含义

知识产权是一种无形财产权,是指公民、法人对自己的创造性的智力活动成果依法享有的民事权利。从权利的内容上看,知识产权包括人身权利和财产权利。知识产权中的人身权是与智力活动成果创造人的人身不可分离的专属权,比如:署名权、发表权、修改权等;知识产权中的财产权则是指享有知识产权的人基于这种智力活动成果而享有的获得报酬或其他物质利益的权利。按照智力活动成果的不同,知识产权可以分为著作权、商标权、专利权、发明权、发现权等。

2)知识产权的特点

知识产权是一种无形财产,它与有形财产一样,可作为资本投资、入股、抵押、转让、赠送等,但有其三大特性:

(1)专有性(又称独占性、垄断性、排他性),如同一内容的发明创造只给予一个专利权,由专利权人所垄断;

(2)地域性,即国家所赋予的权利只在本国国内有效,如要取得某国的保护,必须要得到该国的授权(但伯尔尼公约成员国之间都享有著作权);

(3)时间性,知识产权都有一定的保护期限,保护期一旦失去,即进入公有领域。

3)国际知识产权制度

知识产权制度的国际化发展是指世界各国知识产权制度在实质内容和申请审批程序上逐步简化一致和统一,日趋国际化。知识产权的地域性、无形性和易传播性,一方面使得本国产生的智力成果在国外不能取得当然的保护;另一方面,由于传播媒体、通信工具的迅速发展和国际交流的日益频繁,大量的智力成果十分容易越过国界而进入他国。如果不对这些智力成果进行有效的国际保护,势必会影响、阻碍国际贸易及科学技术和文化的正常交流与合作。知识产权制度的国际化发展,反映了科技和经济国际化发展的客观要求。正因为如此,1883 年世界各国就在巴黎缔结了《保护工业产权巴黎公约》,并于 1884 年正式生效。我国于 1985 年 3 月 19 日正式加入了《保护工业产权巴黎公约》。此外,我国目前已加入的保护知识产权的国际性公约还包括:《商标国际注册马德里协定》、《保护文学艺术作品伯尔尼公约》、《世界版权公约》、《专利合作条约》等。

4)国际工程建设项目相关的知识产权

与国际工程建设项目相关的知识产权,主要涉及著作权、商标权、专利权等。

(1)著作权。

国际上通称的版权,即我国法律所规定的著作权,是文学、艺术和科学作品的创作者依法处分其作品的权利,包括人身权和财产权两部分。版权包括:发表权、署名权、修改权和保护作品完整权、复印权、发行权、展览权、表演权 7 项权利。

国际工程建设项目著作权的表现形式主要有工程设计图纸、承包商管理文件、程序文件等。

(2)商标权。

商标,是指商品生产者或经营者在其生产或经营的商品上所使用的,以区别同一或类似商品的显著标记,通常由文字、图形或其组合等构成。商标权,又称注册商标专用权,是指商标所有人在法律规定的有效期限内,对其经商标主管机关核准注册的商标所享有的独占地、排他地使用和处分的权利。

国际工程建设项目商标权的表现形式主要有永久性设备、材料供货商的商标权。

(3)专利权。

专利权是指依法批准的发明人或其权利受让人对其发明成果在一定年限内享有的独占权或专用权。专利权是一种专有权,一旦超过法律规定的保护期限,就不再受法律保护。

国际工程建设项目商标权的表现形式主要是装置、设备的工艺技术专利。

5)国际工程建设项目中知识产权的归属

由承包商或以其名义编制的承包商文件及其他设计文件,就当事双方而言,其版权和其他知识产权应归承包商所有。

承包商通过签署合同应被认为已给予业主一项无限期的、可转让的、不排他的、免版税的,复制、使用和传送承包商文件的许可,包括对他们做出修改和使用修改后的文件的许可。

由业主或以其名义编制的业主要求及其他文件,就当事双方而言,其版权和其他知识产权应归业主所有。承包商因合同的目的,可自费复制、使用和传送上述文件。除合同需要外,未经业主同意,承包商不得使用、复制上述文件,或将其传送给第三方。

六、合同分包问题

分包是指承包商将部分工程交由他人实施和完成的行为。从市场的角度看,承包商既是买方又是卖方,他既要对业主负全部法律和经济责任,又要根据分包合同对分包商进行管理并履行有关义务。承包商在工程分包后,仍需对其分包商在设计、工程质量和进度等方面的工作负全面责任,不可能逃避其在总包合同中的法律和经济责任。

1. 工程分包的适用

1)承包商在投标书中写明的分包商

承包商在投标前与事先考察好的分包商进行谈判,确定分包工程的种类、范围、工程规范和工程数量,由分包商在投标前向承包商报价,承包商对报价审核后,加价(如管理费或其他费用)后报给业主。投标时承包商应写明拟将工程中的某部分或任何部分包给某分包商。如果业主在授标时没有提出异议,则承包商在雇佣这类分包商时无须再经过业主另行批准。

2)因工程或法律需要,承包商在中标后自行发包

在大型工程项目总承包合同项下,由于工程量巨大,所涉及的专业较多,且技术复杂,承包商往往不可能单靠自己的力量完成整个项目,其中的一些甚至大部分工作,有必要分包出去。有些国家法律明文规定当地化比例,必须将工程的一定比例的工作分包给当地分包商。还有国家规定如果因项目技术复杂,当地化达不到要求,也必须与当地公司组成联合体实施项目。因此,承包商必须考虑当地分包问题。

3)业主指定分包商

在科学技术迅速发展,专业分工细化的趋势下,对一些大型或综合性工程项目中的关键工作,如专用设备的供货和安装等,业主可能会直接指定分包商,或者提供一个分包商名单,要求承包商从其中选定分包商。FIDIC 合同条件对业主指定分包商进行了限制:如果承包商有充分的理由认为该指定分包商在财

务、经验、能力等方面不能满足要求,或指定分包商就分包的工作拒绝向承包商承担承包商按主合同向业主承担的责任和义务时,承包商就没有义务雇佣该指定分包商。

2. 分包商的选择

整个工程的各个分项工程是相互关联的一个整体,任何一个分项工程的拖期或质量发生了问题,可能引起连锁反应,影响分项工程的任何部分、其他分项工程,甚至整个工程,使承包商陷入困难境地。如果分包商违约,即使按分包合同对其处罚或终止分包合同,但往往不能弥补承包商由此遭受的巨大损失,而且对承包商的声誉造成不良影响。因此,承包商在选择分包商时应十分慎重。

选择分包商时,应详细了解分包队伍的技术力量、类似工程经验、近几年的财务状况和开具保函能力等。

选择分包商应考虑和兼顾报价的合理性;分包商的技术力量,包括是否有足够的从事工程管理的关键职员和熟练的技术工人,施工设备的装备水平,是否具有从事该类分包工作的经验等;分包商的财务能力及开具保函的能力,以往实施的工程项目履约信誉情况等。

同时,合同管理人员还需了解当地法律规定,如承包商是否有义务代扣分包商应交纳各类税款,承包商是否要对分包商在从事分包工作中发生的债务承担连带责任,法律对当地化的规定等,以确保分包工作遵守工程所在地的法律并符合主合同的要求。

3. 编制分包合同文件的原则

合同管理人员在编制分包合同时,应根据具体情况,依据下列原则处理分包合同内容和条款。

1)与主合同相一致的原则,也称为"背靠背"原则

这是编制分包合同最基本的首要原则。在分包合同中,可以视分包工作内容,规定"分包商被认为已经阅读主合同并知晓了主合同中规定的一切技术要求;分包商同意接受主合同中约束承包商的条款,并承认此类条款就分包合同涉及的工作来说对分包商具有同样的约束力。"

2)完整性原则

首先,合同条件应做到完备,严密,不仅需要正面描述,还要规定出现相反情况时如何处理,以避免纠纷出现时合同条款出现疏漏。其次,在合同条款完整的同时,还要注意组成分包合同文件的完整性。分包合同一般包括分包合同协议书、分包合同专用条件、分包合同通用条件、分包工作范围及工程量、分包

商报价书、分包施工标准、规范及图纸等。

4. 分包合同涉及的主要问题

合同管理人员在编制分包合同时,可以从以下方面综合考虑分包合同具体的结构、条款和内容。

1)合同文本的形成

对于分包合同的编制,应尽量选用格式文本,以免合同的漏洞和缺陷。并且,通过分包合同的实施、管理,取得合同文本方面的经验教训,并实际运用到新签分包合同中,是最为切实有效的形成分包合同的途径。

分包合同的责权利条款应尽量与总承包合同挂钩,明确分包商应就其分包工程承担承包商向业主承担的同样的责任和义务。比如,分包商应向承包商承担承包商在主合同项下应对业主承担的所有的责任和义务,并且承包商对分包商享有在主合同项下业主对承包商享有的所有权利、补偿和救济。

2)分包形式的选择

根据主合同的不同,分包合同形式可以采取不同的方式,如单价合同、总价合同、或者其他方式等,承包商可根据分包的具体工程确定。

3)工程范围描述

分包合同应通过分包文件划分清楚分包工作的内容和范围,严格界定主包商与分包商、各分包商之间的工程范围,尤其对于相关的衔接、关联和接口,必须进行详细准确的规定,以划清责任、职责、义务和权力,防止在分包工程执行的过程中发生争执。

4)支付货币的选择及保函的提供

国际工程建设项目工期长,合同金额高,在进行工期长的大项分包工程或使用境外分包商时,支付何种币种,避免汇率风险,是承包商需要权衡的重要问题。解决货币支付问题可以考虑:

(1)以业主支付的币种直接支付分包商;

(2)在分包合同中规定固定比价进行支付;

(3)单项分包或小额分包给当地分包商时,可以用当地币支付分包款项。

5)保险责任的划分

对于业主要求且工程必备的工程一切险,第三者责任险,承包商应按合同规定进行投保,分包商不用就其分包工程再进行保险。对于雇主责任险、施工机具险,由于需要由分包商提供相关信息,承包商可以代为统筹安排、办理,保险费用由分包商承担,或者由分包商自行投保。

在分包合同中,应要求分包商负责处理人员伤亡的后续补偿、治疗、抚恤等事项,并保障承包商免受任何由此带来的风险和损害。

第三节　合同变更管理

一、合同变更概述

1. 合同变更的含义

业主方与承包商虽然尽可能签订详尽的合同,但国际工程建设项目的复杂性决定了业主在招标阶段所确定的方案往往在某些方面存在不足,同时国际工程建设项目往往执行周期较长,在实施过程中经常受到外界因素的影响,因此项目的实际执行难免会偏离原合同条件,合同变更贯穿整个项目的执行过程。

1)广义上的合同变更

从广义上讲,合同变更是指合同签订后,因一方、双方或其他方原因而在合同双方之间达成的所有与原合同规定不一致的改变,即对原合同的偏离。广义上的合同变更既包括了对合同内容的修改也包括合同主体的变更。

2)狭义上的合同变更

狭义的合同变更专指对合同内容的修改。FIDIC 新红皮书对变更(Variation)解释为"变更是指承包商在实施工程的过程中,对工程的任何变动,这种变动需要根据业主方(工程师)的指令或者先由承包商提出变更建议,业主方(工程师)批准后方可实施。"大多数国际工程建设项目合同采用了狭义的合同变更概念,即合同变更专指合同内容的变化,而将合同主体的变更在合同的转让条款中做出规定,例如,在合同的转让条款中规定"未经业主事先书面同意,承包商不得将因本合同产生的部分或全部权利或义务转让给第三方。"

2. 合同变更的分类

1)按照变更对工程产生的影响划分

合同变更对工程产生的影响最终体现在两方面:合同工期与合同成本,按

照合同变更对合同工期和/或合同成本的影响,合同变更分为:

(1)对合同工期产生影响的变更。

即并未影响原合同成本,仅延长或缩短合同工期的变更。

(2)对合同成本产生影响的变更。

即并未影响合同工期,仅增加或减少合同成本的变更。

(3)对合同工期及合同成本均产生影响的变更。

即延长或缩短合同工期并且增加或减少合同成本的变更。例如,在某国执行的油田地面设施建设项目中作为承包商投标报价依据的基础设计要求在中央处理设施中采用统一的火炬系统,而业主在详细设计审查阶段明确要求改为2个独立的火炬系统,承包商因此延长了合同工期并且增加了合同成本。业主在变更文件中对承包商的工期及成本均做出了补偿。

(4)对合同的工期及合同成本均无影响的变更。

即既未延长或缩短合同工期也未增加或减少合同成本的变更。例如,按照广义合同变更概念,因合同主体变化而产生的合同变更,由于原合同权利、义务本身并未发生变化,仅合同的执行人改变,因此对合同的工期及合同成本并无影响。

2)按照变更的提出方划分

(1)由业主提出的变更。

根据 FIDIC 99 版设计采购施工(EPC)/交钥匙工程合同条件第 13.1 款,"在颁发工程接收证书前的任何时间,雇主可通过发布指示或要求承包商提交建议书的方式,提出变更。变更不应包括准备交他人进行的任何工作的删减。"

业主方自国际工程建设项目合同生效至签发工程接收证书(有些项目称为临时验收证书),整个项目执行期间都可以就任何工程变动向承包商提出合同变更的要求。业主这种绝对的变更权是由建设工程合同的性质决定的,建设工程合同属于一种比较特殊的承揽合同,即由承揽人(承包商)按照定作人(业主)的要求完成工作,交付工作成果,定作人给付报酬。因此定作人(业主)可以在整个工作过程中随时提出新的要求,承揽人(承包商)有义务满足定作人的要求。当然,就国际工程建设项目合同而言,承包商在某些条件下可以拒绝执行业主的变更指令或向业主说明无法执行业主变更指令的原因。根据 FIDIC 99 版设计采购施工(EPC)/交钥匙工程合同条件第 13.1 款,承包商可以拒绝执行业主变更指令的情况有:① 承包商难以取得变更所需要的货物;② 变更将降低工程的安全性或适用性;或③ 将对履约保证的完成产生不利的影响。雇主接到此类通知后,应取消、确认或改变原指示。

（2）由承包商提出的变更。

① 价值工程。根据 FIDIC 99 版设计采购施工（EPC）/交钥匙工程合同条件第 13.2 款，"承包商可随时向雇主提交书面建议，提出他认为采纳后将（i）加快竣工，（ii）降低雇主的工程施工、维护或运行的费用，（iii）提高雇主的竣工工程的效率和价值，或（iv）给雇主带来其他利益的建议。据此，承包商只有在变更建议能够缩短工期、降低成本、提高效率或给业主带来其他利益的前提下才能提出。也就是说承包商应严格按照原合同条件及业主提出的变更来执行项目，除非在能够给业主带来利益的情况下才能够提出合同变更。

② 承包商的变更要求。业主对每个项目的投资以及执行周期都要经过严格的预算与评估，并最终体现在国际工程承包合同中确定的合同价格与合同工期上。对合同价格和/或合同工期的突破可能会影响到业主的预期收益以及其他项目的执行等诸多方面，因而提高合同价格和/或延长合同工期是业主非常不情愿的事情。但由于国际工程建设项目自身的长期性以及复杂性，项目执行难以完全符合原合同设定的条件，不可避免地会出现对原合同的偏离，从而对合同工期和/或合同价格产生影响。业主通常不会主动将此类造成合同价格提高和/或合同工期延长的偏离按照合同变更处理，承包商必须提出变更要求待业主确认，即签署变更文件后此类偏离才能作为合同变更，如果业主拒绝将此种偏离认定为合同变更，而承包商坚持，则进入合同索赔程序。

通常国际工程承包合同将业主提出的变更以及承包商提出的价值工程作为合同变更处理，规定明确的变更程序。而对于承包商增加合同成本和/或延长合同工期的变更要求，有些国际工程承包合同不做出规定，有些国际工程承包合同将其纳入合同索赔程序，如 FIDIC 99 版设计采购施工（EPC）/交钥匙工程合同条件第 20.1 款"如果承包商认为，根据本条件任何条款或与合同有关的其他文件，有权得到竣工时间的任何延长和（或）任何追加付款，承包商应向雇主发出通知，说明引起索赔的事件或情况。"

目前国际石油工程建设领域内大部分业主自行编制国际工程承包合同文本，将合同执行过程中的大部分风险转嫁给承包商，限制或者取消承包商提出增加合同成本和/或延长合同工期的变更要求的权利，承包商应当对此类合同变更给予足够的重视，以维护正当利益。

二、合同变更事项

合同变更贯穿整个合同履行阶段，引起变更的事项多种多样，下文仅阐述

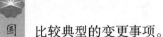

比较典型的变更事项。

1. 工作范围的变化

1)工程量变化

工程量变化引起的合同变更是最常见的变更事项。正如前文所述,国际工程建设项目的长期性以及复杂性决定了合同执行常常偏离预先设定的条件。工程量变化可能发生在设计、采购、施工或试运各个环节,也可能一个工程量变更事项引起各个环节的连锁反应,而后者更为常见。不同种类的合同对由于工程量变化引起合同变更的认定也不尽相同。

（1）单价合同。

单价合同的价格组成是合同中的固定单价乘以实际完成的工程量。在单价合同中工程量是开口式的,因此不存在工程量变化的问题。虽然在工程项目投标阶段通过预估的工程量来暂定合同价格,但是此预估工程量只是作为参考,并不作为计算最终合同价格的依据,因此实际完成的工程量虽然与预估的工程量相比会有增减,但并不按照变更来处理。

（2）固定总价合同。

固定总价合同中合同价格在项目执行过程中是固定不变的(但有些合同规定在某些情况下可以调整),而合同价格确定的基础就是投标报价时业主提供的工程量清单。如果在项目执行过程中业主的要求超出了原合同规定的工作范围,造成工程量变化,那么合同价格以及合同工期就应当做出相应的调整。例如,在某国执行的凝析油拔头项目中业主要求承包商追加如下设备的设计、采购和施工工作:重柴油罐和轻柴油罐的氮气密封系统、TRC/RTE天然气计量系统以及6.3千伏电网辅助装置。通过计算上述合同变更对设计、采购及施工环节的影响,最终确定变更金额为1074403美元,合同工期延长85天。

2)质保期内工作范围的变化

承包商在质保期(又称缺陷通知期、缺陷责任期)期间的主要合同义务是消清临时验收后遗留的尾项工作以及在合同规定的时间内整改及排除所有产品缺陷和故障。业主应当安排人员负责设备的操作及维护工作。如果业主的操作及维护人员数量不足或业主认为其人员不够熟练,则可以与承包商签订技术服务协议,由承包商在一定时间内提供一定数量的符合业主要求的操作维护人员,并以人工时单价或固定总价的方式确定服务协议价格,变更承包商在质保期内的工作范围。当然,质保期内的合同变更仅影响国际工程承包合同的价格,对合同工期不产生影响。

2. 技术条件的变化

通常在国际工程承包合同中业主应当向承包商提供关于施工现场的地下、水文条件及环境方面的所有有关资料。承包商负责核实和解释所有此类资料。但是按照国际惯例,业主应当对如下数据及资料的正确性负责:

(1)在合同中规定的由业主负责的、或不可变的部分、数据和资料;

(2)对工程或其任何部分的预期目的的说明;

(3)竣工工程的试验和性能的标准;

(4)除合同另有规定外,承包商不能核实的部分、数据及资料。

在国际工程建设项目执行过程中如果属于上述由业主负责准确性的技术条件发生了变化,承包商应当有权提出变更要求,与业主协商一致后调整合同价格和/或合同工期。例如,在中东某国执行的集油站项目中,最终土壤勘查报告所显示的土壤状况与业主在招标文件中提供的初步土壤勘查报告存在严重不符,承包商增加了挖掘及回填工作量。业主援引合同规定,认为"业主对其提供的数据、资料等的准确性、充分性不承担责任";"承包商应被认为在投标阶段已经对招标文件以及合同价格具有充分的理解。"承包商提出的理由是在投标阶段由于业主的限制,投标人无法对施工现场进行充分的考察以了解现场的实际状况,承包商不应当承担此类风险。进一步来说,为了证实招标文件中提供的土壤勘查数据,投标人不但要进入现场实地考察,而且还要有充足的时间动迁必要的施工机具进行测试,而这些工作在投标阶段都是无法完成的,承包商只能依据招标阶段业主提供的技术条件完成报价。最终业主同意按照变更处理,对承包商做出了合同工期及成本补偿。

3. 技术标准的变化

从业主的角度,在价格保持不变的情况下总是希望得到更好的产品。在详细设计审查阶段业主要求提高技术标准的变更时有发生。如果合同对生产材料及生产设备的技术标准做出了明确的规定,那么业主提出修改则比较明显地构成了合同变更。而合同对生产材料或生产设备的技术标准未明确规定时业主的要求是否构成变更则比较容易产生争议。

实际上承包商选择的生产材料或生产设备在合同没有明确规定技术标准的情况下,只要满足安全性、稳定性及可操作性,则承包商就履行了合同义务。例如,在某国执行的饮用水泵站项目中,根据业主提供的水源地饮用水的实验室数据,主泵材质不需要进行特殊的防腐处理,承包商选择的球墨铸铁泵体材料就可以满足合同要求。但业主要求承包商选择耐腐的泵体材料。承包商认为根据业主提供的水源数据,不具备防腐功能的泵体材质就可以满足合同的基本要求,业主对泵体材质具有防腐性的要求超出了基础设计的规定,提高了生产材质的等级,对合同工期及合同成本均产生了影响,属于合同变更。最终,经过协商,业主认可了承包商的意见,批准了承包商选择的主泵材质。

4. 工期变化

1) 工期延长

在目前的国际工程建设市场,业主为了尽快实现经济效益往往设定较短的项目工期,而国际工程建设项目,尤其是石油石化工程技术复杂,面临的风险高,承包商很难在合同规定的工期内完成所有的工作。在合同工期届满,而承包商尚未解除工期责任的情况下,如果不通过签订变更协议的方式延长国际工程承包合同工期,则承包商就会面临人员非法滞留、施工机具临时进口超期等法律问题。如果业主不选择终止合同,而是希望由承包商继续完成剩余工作,则需要与承包商签署旨在延长合同工期的变更协议,重新确定新的合同工期,以便承包商能够合法地执行剩余工作。而如果工期延误是由于承包商自身原因造成的,则工期延长变更协议中通常会要求承包商向业主支付占合同一定比例的误期损害赔偿费(LIQUIDATED DAMAGES,通常最高至合同总价款的10%),作为对业主的经济补偿。如果承包商能够证明工期延误是由于业主原因造成的,则承包商可以要求业主对由于工期延长而增加的合同成本进行补偿。如果承包商能够证明工期延误是非承包商风险(如不可抗力)造成的,则承包商无须向业主支付误期损害赔偿费,业主也无须对承包商的合同成本进行补偿。

2) 工期缩短

业主为了某些政治目的或经济目的在项目执行过程中可能会要求缩短合同中规定的完工日期。例如,在某国执行的饮用水管线项目,原项目工期为30个月,项目执行6个月后,该国政府为了在建国50周年国庆之前实现饮用水通水,要求将工期缩短为24个月。承包商根据新的合同工期重新编制了进度计划并计算了为了赶工期而增加的合同成本,与业主协商一致后双方签署变更文件,确定了新的合同工期与合同价格。

三、合同变更流程

1. 业主提出变更的流程

1)业主提出变更要求(Change Order Request)

业主可以在整个项目执行过程中就任何工作事项的变动向承包商提出变更要求。在变更要求中业主要说明拟变更的事项、工作范围、技术要求以及承包商提出变更建议的时间等。

2)承包商提出变更建议(Change Order Proposal)

收到业主的变更要求后承包商应首先在技术层面分析此项变更要求是否可行,除非承包商能够提供详细的依据证明:① 承包商难以取得变更所需要的货物,② 变更将降低工程的安全性或适用性或③ 将对履约保证的完成产生不利的影响(FIDIC 99 版设计采购施工(EPC)/交钥匙工程合同条件第 13.1 款关于变更权的规定),否则承包商应当提出具体的技术实施方案积极配合业主执行变更工作。另外承包商还应当进一步从商务层面分析变更事项对整个合同工期和/或合同成本产生的影响,向业主提出具体的分析报告。承包商提出的变更建议应包括技术实施方案、对合同工期影响的分析和/或对合同成本影响的分析。

3)签署变更文件(Change Order)

在业主与承包商对变更事项的实施方案、新的合同工期和/或新的合同价格达成一致意见后,双方应当签署正式的变更文件,变更文件可以通过变更单、补充协议等形式体现。变更文件通常应当包括合同双方的基本情况、合同变更的目的、变更的工作范围、变更的金额、新的合同价格、新的合同工期、变更文件作为合同组成部分的效力、变更文件的生效等内容。

2. 承包商提出变更要求的流程

1)变更线索的发现

除业主提出的合同变更外,承包商对工程执行过程中发现的对原合同要求的偏离也可以提出变更请求。这就要求承包商相关部门的人员要熟知与其职责相关的合同文件的内容,谨慎对待业主提出的不符合合同文件规定的要求并及时将所发现的变更线索提交专门的合同法律人员审核。

2) 变更线索的分析与评估

承包商合同法律人员收到业务部门提交的变更线索后应当组织计划成本控制部门及相关业务部门人员进行分析评估,认真对比国际工程承包合同的规定与业主的要求是否存在偏离以及业主的要求对合同工期和/或合同成本是否产生影响。如果国际工程承包合同对相关内容没有明确的规定,则按照产品只要满足安全性、稳定性及可操作性的最低要求承包商即履行合同义务的原则,判断业主的要求是否超出了此最低要求以及对合同工期和/或合同成本是否产生了影响。

3) 变更要求的编写

通过对变更线索的分析评估,确认变更成立后承包商合同法律或计划控制人员应编写拟向业主提交的变更要求,通常变更要求应包含以下内容:

(1) 提出变更要求的原因。

本部分应当说明承包商提出变更要求的理由,即业主的要求与国际工程承包合同规定相比较存在哪些偏离。

(2) 合同依据。

合同依据是指国际工程承包合同关于承包商提出变更的权利的规定。例如,在某国执行的原油管线项目中业主提供的初步土壤勘查报告与承包商完成并经业主确认的最终土壤勘查报告严重不符,承包商提出变更要求,请求业主对合同工期与合同成本进行补偿。承包商提出的合同依据是合同附件 A 第34.3 款规定"除自然条件因素外如果现场条件对承包商履行合同义务造成影响,并且承包商无法合理预见到,那么业主应当补偿承包商所有合理的费用并且应当将工期延长到双方协商一致认为合理的期限。"

(3) 支持文件。

变更要求中的支持文件是证明承包商提出的变更要求合理性的与业主方的往来信函、会议纪要、设计图纸、计算书等。所有与变更要求有关的书面文件都可以作为支持文件。鉴于支持文件内容较多,可以在变更要求中仅列明信函编号、会议纪要名称、图纸编号等,在变更要求后附上详细的信函、会议纪要、设计图纸及计算书等。

(4) 变更事项对合同工期的影响分析。

变更事项对项目工期造成的影响应当由承包商负责计划控制的人员进行分析。完成变更事项所花费的时间并不一定等同于变更事项对整个工期造成的延误。目前使用较多的是关键路径分析方法,即通过分析变更事项对项目关键路径造成的影响来决定业主应当予以延长的合同工期。

（5）变更事项对合同成本的影响分析。

变更事项对合同成本造成的影响应当由承包商负责成本控制的人员进行分析。要充分考虑到变更事项对设计、采购、施工、试运等项目执行各个环节的影响，根据合同规定的单价（如有）或当前市场价格结合增加的工程量计算，尤其要注意变更导致承包商返工、停工、窝工、修改计划等增加的合同成本。

4）变更要求的协商、谈判与变更文件的签订

承包商提出变更要求的最终目的是促使业主同意延长合同工期和/或提高合同价格，而业主对此往往是不情愿的，因此承包商通常要与业主进行较长时间的谈判，双方不断地论证承包商提出的变更事项是否成立、承包商要求延长的合同工期和/或要求补偿的合同成本是否合理。如果最终业主确认了承包商提出的变更事项，并就延长的合同工期和/或补偿的合同成本达成一致意见，双方就会签署正式的变更文件作为国际工程承包合同的有效组成部分。

3. 价值工程的变更流程

如果承包商在项目执行过程中通过采取新的技术方案能够缩短合同工期、降低合同成本、提高效率或给业主带来其他利益，承包商可以向业主提出书面建议，说明拟采用的技术方案的情况、对当前进度计划的修改以及对合同价格的调整等。业主收到变更建议后应尽快给予批准、不批准或者提出修改意见。双方对变更建议达成一致意见后应签署正式的变更文件。

4. 合同变更的非正常处理

1）放弃

（1）业主放弃。

业主向承包商提出变更要求后，承包商经过分析论证，如果认为变更要求不可行，应当向业主提出书面的变更建议，说明承包商难以取得变更所需要的货物、变更将降低工程的安全性或适用性或将对产品性能产生不利的影响。业主收到承包商的变更建议后通常应当取消或修改变更要求。

（2）承包商放弃。

承包商向业主提出变更要求后，业主往往要经过较长时间做出决策，其间业主也会提出各种反驳的理由，证明承包商提出的变更要求是不合理的。承包商要最终得到业主对变更要求的确认就必须能够做出严谨的分析，提出充分的合同或法律依据以及有力的证据支持。任何一个环节存在漏洞都可

能导致承包商的变更要求被业主拒绝,那么承包商的变更要求只能以失败告终。

2)承包商索赔

承包商的变更要求如果被业主拒绝而承包商不打算放弃,那么就要进入索赔程序来获得业主对合同工期和/或合同成本的补偿。在进行合同索赔的过程中要注意向业主提交索赔报告的时间不能超出合同规定的期限(如有)。即使合同文件没有对提出索赔的期限做出规定,也要注意项目所在国法律是否存在相应的规定,以免因超出时限而丧失索赔的权利。合同索赔报告的编写、谈判与索赔事项的解决等详见本书第七章第一节,此处不再赘述。

四、合同变更应注意的问题

1. 建立合同变更管理制度

国际工程建设项目的特点决定了合同变更是不可避免的,将贯穿项目执行的全过程。好的合同变更管理能够保证项目顺利进行,保证承包商能够获得预期的利益。承包商应当将合同变更管理作为整个项目管理的重要组成部分,在项目执行之初即建立合同变更管理制度,明确相关部门及人员的职责,理顺变更流程。

对于业主主动提出的变更要求,承包商技术部门人员应首先论证变更事项是否可行,如果可行,承包商负责计划和成本控制的人员应当编制详细的变更事项对合同工期和合同成本的影响分析。业主签署正式的变更文件后承包商合同管理人员应将主要信息记录于合同变更管理台账,文件管理人员应妥善保管变更文件的原件。

对承包商提出的变更要求的管理应当作为合同变更管理制度的重点。承包商相关业务部门均有责任向合同管理部门提供变更线索,合同管理人员经过评估,如果认为业主的要求与国际工程承包合同的规定发生了偏离,则应提请项目负责人决定是否向业主提出变更要求。如果项目负责人决定向业主提出变更要求,合同管理部门应牵头起草合同变更要求,说明提出变更的原因以及合同依据,相关业主部门应提供支持文件,计划控制及成本控制人员应完成变更事项对合同工期和/或合同成本的影响分析。向业主提交变更要求后,相关业务部门应跟踪业主的反馈,必要时与合同管理人员、计划控制人员及成本控制人员配合与业主进行协商。如果最终与业主签署了变更文件,则承包商合同管理人员应将主要信息记录于合同变更管理台账,文件管理人员应妥善保管变更文件的原件。如果业主拒绝了承包商提出的变更要求,则由项目负责人决定放弃此变更要求或转入索赔程序。

2. 熟悉合同条款及项目所在国的法律法规

只有熟练掌握国际工程承包合同才能对变更事项做出准确的判定,因此承包商相关业务部门人员必须不断加深对合同文件内容的理解。而在合同文件没有明确规定的情况下承包商就要通过援引项目所在国相关法律法规来证明变更事项成立,因此除国际工程承包合同文件外,项目所在国与项目执行有关的法律法规也是承包商项目执行人员应当学习的重要内容。

3. 保留书面文件

在国际工程建设项目中承包商与业主的沟通应当以书面形式进行,如通过信函、会议纪要、电子邮件、传真等,非书面形式的沟通对双方是没有约束力的。承包商就变更事项与业主进行沟通的过程中要注意保留好所有与之有关的书面文件,以避免承包商提出的变更要求因支持文件不足而被业主拒绝。同时承包商应当注意保留与变更事项有关的业主的指令、人员工作记录、施工机具使用记录等作为进行合同工期影响分析及合同成本影响分析的依据。

第四节　合同关闭管理

一、合同关闭概述

1. 合同关闭的含义及必要性

合同关闭是指合同的完成,合同双方各自所有的权利义务均已履行完毕,是一项合同所确定的权利义务关系从起源到消灭的最后阶段。对符合条件的合同尽早关闭,对于及时清理和终结债权债务关系、加快公司资金的流转以及保证公司经营业务的顺利进行具有重要的意义。而未及时、有效、合法地关闭合同,可能会因时间的久远,潜在的合同履行问题等因素而产生不必要的纠纷和诉讼。

2. 合同关闭的标志

1）国际工程承包合同关闭的标志

国际工程承包合同质保期（又称缺陷通知期、缺陷责任期）届满，承包商就应当着手准备合同关闭工作，在具备关闭条件的情况下通过与业主签署合同关闭协议完成国际工程承包合同的关闭。

2）与国际工程承包合同相关的合同关闭的标志

为履行国际工程承包合同，承包商还要签订分包合同、买卖合同、服务合同等一系列与国际工程承包合同相关的合同。对这类合同而言，自分包商合同义务履行完毕起承包商就应当着手准备合同关闭工作，在具备关闭条件的情况下通过与分包商签署合同关闭证明完成与国际工程承包合同相关的合同的关闭。

只要在上述两种合同都履行完关闭手续的情况下才能认为国际工程建设项目合同执行周期结束，因此下文对合同关闭前的审查及合同关闭的实施两部分内容都从国际工程承包合同及与国际工程承包合同相关的合同两个方面加以说明。

3. 合同关闭的原则

无论国际工程承包合同还是与国际工程承包合同相关的合同关闭时均应遵循以下原则。

1）合法性原则

合同关闭应符合相关国家法律规定，尤其是工程项目所在国的法律，包括相关法规、法令、条例以及工程项目所在地的地方政府颁发的具有法律效力的地方性规章等。

2）合约性原则

合同关闭应符合相关合同的约定，并应当与合同另一方取得一致，不能在没有相关书面约定的情况下单方面自行关闭合同。

3）及时性原则

合同关闭应在相关合同到期后及时进行。对于到期后不能及时关闭的合同，也应视具体情况及时处理。

4）书面性原则

国际工程承包合同及与国际工程承包合同相关的合同，因其复杂性和涉外性,关闭合同时,最好采用书面形式,以便在发生争议时可作为相关合同关闭的证据。

二、合同关闭前的审查

1. 国际工程承包合同关闭前的审查

质保期结束后承包商应当从合同义务的履行、合同权利的行使、法律责任的解除等方面来判断国际工程承包合同是否具备关闭条件。

1)合同义务的履行方面

(1)承包商合同义务的履行情况。

承包商的合同义务主要体现在如下两个方面:

① 在国际工程承包合同要求的时间内按照国际工程承包合同规定的质量标准向业主交付工厂、设备或设施等最终产品,提供试运及质保期所需的备品备件;

② 在国际工程承包合同规定的时间内按照国际工程承包合同要求的形式向业主提交所有与最终产品有关的文件,即竣工资料等。

在国际工程承包合同关闭阶段应当从上述两个方面审查承包商合同义务的履行情况,并且应当审查业主是否已签发机械完工证书、临时验收证书及最终验收证书等国际工程承包合同要求的证明承包商合同义务履行情况的证书,上述证书是否在国际工程承包合同规定日期之前签发,是否存在延误的情况。同时还要审查承包商其他合同义务的履行情况,如为工程项目服务的人员、施工机具的遣返,剩余材料的处理,施工现场的清理等是否符合国际工程承包合同的要求等。

(2)业主合同义务的履行情况。

业主的合同义务主要有如下几个方面:

① 在合同规定的时间内按进度比例支付所有工程款项;

② 在合同规定的期限内释放履约保函、质保期保函、保留金或保留金保函(根据国际工程承包合同的具体要求);

③ 按时签发机械完工证书、临时验收证书、最终完工证书或最终验收证书等证明承包商相应阶段合同义务履行完毕的文件。

在国际工程承包合同关闭阶段应当从上述几个方面审查业主的合同义务

履行情况,对于业主的违约行为要抓住最后的机会行使国际工程承包合同或项目所在国法律赋予承包商的索赔权利。

2)合同权利的行使方面

(1)承包商合同权利的行使。

从承包商角度,合同权利的行使是指承包商是否已全部行使了合同中赋予承包商的所有相关权利。合同关闭前,不仅应关注合同及法律方面的责任和义务是否履行完毕,同时也要注意合同或法律赋予承包商的权利是否已全部行使。在合同关闭阶段,承包商应当主要从以下几个方面审查合同权利的行使情况:

① 申请业主签发最终验收证书。

在国际工程承包合同规定的质保期到期,没有质保期重新起算的情况发生,并且所有质保期中出现的施工中的问题均已获得解决,合同要求的所有文件均已提交给业主的情况下,承包商应向业主申请整个工程的最终验收证书。承包商应当根据国际工程承包合同规定的颁发最终验收证书的条件尽早准备相关文件,争取尽可能早地取得最终验收证书。因为最终验收证书的颁发时间影响到质保期保函/履约保函或保留金的释放,并可能对最终付款产生影响(如果国际工程承包合同要求在每笔进度付款中扣除一定比例的保留金作为履约担保,那么业主在颁发最终验收证书后才进行最终付款)。

② 申请业主最终付款。

在业主签发临时验收证书后的一定时间内(根据国际工程承包合同的具体规定)承包商应当按照合同规定的格式编制最终报表,说明根据合同完成的所有工作的价值以及承包商认为根据合同或其他规定应当获得支付的任何其他款项。业主应当在收到最终报表后的一定时间内(根据国际工程承包合同的具体规定)向承包商支付没有争议的款项。有争议的款项应按照国际工程承包合同关于争议解决处理的规定解决。

③ 申请业主释放相关保函/保留金。

通常国际工程承包合同中作为承包商履约担保的履约保函/质保期保函/保留金应当在项目最终验收后的一定时间内释放(具体的释放时间根据国际工程承包合同对保函的规定),承包商应当密切关注是否有业主向保函的开具银行提出申请扣留保函/保留金的情况,并保证在保函/保留金到期后立即向业主申请退还保函原件交由相关部门处理。

在行使合同关闭阶段的权利时,承包商需要注意的是权利行使的顺序。通常,承包商应当先要求业主签发最终验收证书,因为最终验收证书的签发表明业主承认承包商已经按照合同规定履行了全部合同责任和义务,之后才是最终付款和履约保函/质保期保函或保留金的释放。

(2)业主合同权利的行使。

① 结清证明。

业主向承包商支付全部款项后有权要求承包商出具书面的结清证明,确认最终报表上的总额代表了根据合同或与合同有关的事项,应付给承包商的所有款项的全部和最终的结算总额。业主可以通过承包商出具的结清证明来证实已履行完毕全部付款义务,承包商无权就合同履行事宜要求业主额外支付任何款项。

② 扣留相关保函/保留金。

通常在国际工程承包项目最终验收后的一定时间内业主应释放作为承包商履约担保的履约保函/质保期保函/保留金,但如果承包商未履行合同义务,例如未修复质保期内设备的瑕疵,或未承担违约责任,又如承包商工期延误按照合同应承担误期损害赔偿费,但承包商既未向业主支付相应款项,业主也未从应付的工程进度款中扣除,则业主有权扣留保留金或向相关保函的开立银行申请扣留相应款项。

③ 最终责任解除证明。

有些国际工程承包合同要求,在合同关闭阶段,业主完成了最终付款后承包商应向业主提交一份最终责任解除证明,表明业主所有的合同责任和义务已履行完毕,承包商放弃对业主进行任何追索的权利。从业主的角度来说向承包商做出最终付款后应当要求承包商出具最终责任解除证明,以防止承包商在获得全部合同款项后继续向业主提出权利主张。但从承包商角度来说,该证明是承包商对按照合同或工程项目所在国法律享有的对业主进行追索的权利的弃权,因此,在发出该证明之前,承包商应当仔细审查是否已从所有分包商以及供货商处获得了类似的证明,并应当审查业主是否已履行全部合同义务,是否存在尚未解决的争议或潜在的对承包商不利的情况等。

3)法律责任的解除方面

法律责任的解除是指承包商在国际工程项目所在国经营业务涉及的相关法律义务是否履行完毕。承包商除了履行合同规定的责任和义务之外,还要遵守工程项目所在国相应的法律法规。因此,在合同关闭前,承包商应当确认在工程项目所在国应承担的法律责任和义务是否已全部解除。承包商的法律责任通常包括如下几个方面:

(1)纳税责任。

承包商在工程项目所在国最主要的法律责任和义务就是纳税,即便是免税项目,通常也只是免除作为永久性工程一部分的工程设备物资的进口关税、增值税等,而营业税、个人所得税通常是不予免除的。合同关闭时,承包商需要向工程项目所在国税务部门申请完税证明,以此证实本工程项目已按该国法律履行完毕所有纳税方面的义务。有些国家法律要求由业主代扣代缴承包商的税费,有些国家要求承包商自行到税务部门缴纳相应税款。对于由业主代扣代缴的情况,承包商要注意收集每笔代扣代缴的证明文件;对于自行缴纳税款的情况,承包商要注意按照国际工程承包合同及当地法律的要求按时完成纳税义务。

(2)保险责任。

有些位于北非使用法语的国家,如阿尔及利亚等,其国家法律规定,工程项目最终完工后要在当地保险公司为工程项目的建筑物投保十年民事责任险,承包商在这类国家执行项目时要注意应在合同要求的投保日期之前完成投保工作。

(3)消清施工机具临时进口记录。

国际工程建设项目使用的施工机具等设施通常采用临时进口的方式。一般而言,项目所在国要求承包商在海关抵押与临时进口的施工机具等值的保函,待承包商在临时进口期限内将施工机具返运后再予以释放。由于临时进口有期限要求,因此需要注意在项目延期的情况下要及时办理临时进口延期手续,以免造成施工机具在项目所在国非法滞留。项目完工后临时进口的施工机具应当运出项目所在国,不得在项目所在国进行转卖或转移至其他项目使用。如果必须在当地转卖或转移至其他项目使用,应向项目所在国海关部门补缴关税或重新办理相关手续。

(4)满足项目所在国技术监督部门的要求。

通常项目所在国对工程建设项目某些关键环节的质量标准会作出明确规定,如土建、压力容器制造等,承包商在合同关闭阶段还要审查是否已向相关的技术监督部门提交所有法律法规要求的技术文件。

(5)消清外籍人员劳动许可记录。

项目所在国通常对外籍人员在本国工作采取比较严格的管理,例如,要求办理劳动许可证以及居住证等。国际工程建设项目完工后需要将非本地员工遣返回国,承包商为这些人员办理的劳动许可证、居住证等证明人员合法逗留的证件应当交回项目所在国劳动部门,同时应当将已遣返回国的人员的信息从已上报当地劳动部门的人员情况记录上删除。

（6）妥善处理劳动合同终止事宜。

国际工程建设项目完工后承包商应当注意妥善安排为项目服务的当地雇员，以避免不必要的劳务纠纷。承包商如果意图终止与当地雇员的劳动合同，应当在项目所在国法律规定的期限前（如提前一个月）通知雇员本人，以便使其有充足的时间寻找工作，或额外支付一个或几个月的工资作为未提前通知的补偿。有些国家法律要求雇主与当地雇员终止劳动合同后还要向雇员出具工作关系证明，并由本人签收。另外承包商还要注意与当地雇员的劳动关系解除后应当按照当地劳动法律的规定办理终止社会保险关系的手续。

（7）履行与国际工程承包合同有关的法院判决或仲裁裁决。

在国际工程建设项目执行过程中业主与承包商之间的纠纷如果无法通过友好协商解决，那么任何一方均可向有管辖权的法院提起诉讼或向双方选择的仲裁庭申请仲裁（根据相关合同对争议解决方式的具体规定）。在合同关闭阶段承包商要注意审查与国际工程承包合同有关的所有法院判决或仲裁裁决是否履行完毕。

2. 与国际工程承包合同相关的合同关闭前的审查

"与国际工程承包合同相关的合同"是指为履行"国际工程承包合同"而需要签订的各类合同/协议，包括但不限于设计服务、施工分包合同、设备材料采购合同、代理合同、租赁合同、保险合同、劳动合同等。签订与"国际工程承包合同相关的合同"的目的是为了履行"国际工程承包合同"的某一部分工作，因而一般来说，"与国际工程承包合同相关的合同"的工作范围、双方的权利义务比"国际工程承包合同"相对简单，履行期限也相对较短。

与国际工程承包合同相同，对与国际工程承包合同相关的合同是否具备关闭的条件也应当从合同义务的履行、合同权利的行使以及法律责任的解除三个方面进行考察，只是考察的内容相对简单。

1）合同义务的履行方面

（1）承包商合同义务的履行情况。

在与国际工程承包合同相关的合同中承包商的合同义务主要是按合同规定的时间及价格付款、按合同规定的条件释放合同相对方提交的履约保函/保留金（如有）、按合同规定的条件签发证明合同相对方履行合同义务的证书（如有）以及合同规定的其他义务（例如，承包商代为返运临时进口的施工机具等）。在与国际工程承包合同相关的合同关闭阶段合同相对方应从上述几个方面考察承包商履行合同义务是否符合合同要求。

（2）合同相对方合同义务的履行情况。

在与国际工程承包合同相关的合同中合同相对方的合同义务都是围绕提供符合国际工程承包合同要求的产品或服务展开的，例如，在施工分包合同中施工分包商应当在合同规定的工期内完成符合合同质量要求的土建、安装等工作；在工程物资采购合同中供货商应当在合同规定的交货期内向承包商交付符合合同要求的货物。与国际工程承包合同相关的合同关闭阶段承包商应当从合同相对方履行合同义务的时间、质量是否符合合同的要求等方面来考察合同相对方对合同义务的履行情况。

2）合同权利的行使方面

（1）承包商合同权利的行使情况。

在与国际工程承包合同相关的合同关闭阶段承包商应当考察合同相对方是否按照合同的要求履行完毕合同义务，例如，保险公司是否就所有索赔案件支付了赔偿金，以及在合同相对方履行合同义务不符合合同要求的情况下，承包商是否行使了合同赋予他的要求相对方承担违约责任的权利，即根据国际工程承包合同的具体规定要求合同相对方修理、更换不符合合同质量标准的产品或支付违约金/赔偿金等。如果承包商不打算放弃上述合同权利，要注意权利的行使不能超过合同或相关法律规定的期限，例如，物资采购合同通常规定承包商如果认为货物不符合合同要求的质量标准时，应当在检验后一段时间内提出，否则可推定货物无瑕疵，承包商不得就此事实主张权利。

（2）合同相对方合同权利的行使情况。

从合同相对方角度，在与国际工程承包合同相关的合同关闭阶段，也要考察在承包商履行合同义务不符合合同要求的情况下，是否行使了合同赋予他的要求承包商承担违约责任的权利。例如，承包商未按时付款、未按时释放履约保函/保留金等给合同相对方造成了经济损失，合同相对方是否已向承包商提出索赔或提起诉讼或仲裁。

3）法律责任的解除

（1）纳税。

在与国际工程承包合同相关的合同关闭阶段，承包商应当审查按照相关法律规定就履行本合同产生的所有税费是否已向有关部门缴纳完毕。对非由承包商代扣代缴的税费合同相对方应自行缴纳并向承包商提供相应的完税凭证。

（2）履行有关的法院判决或仲裁裁决。

　　在与国际工程承包合同相关的合同执行过程中承包商与合同相对方之间的纠纷如果无法通过友好协商解决,那么任何一方均可向有管辖权的法院提起诉讼或向双方选择的仲裁庭申请仲裁(根据相关合同对争议解决方式的具体规定)。在合同关闭阶段承包商要注意审查所有有关的法院判决或仲裁裁决是否履行完毕。

三、合同关闭的实施

1. 国际工程承包合同关闭的实施

1)合同关闭会议

　　国际工程承包项目进入质保期后承包商应当积极主动地与业主协商,尽早地就未决事项与业主达成一致,为合同关闭做准备。所有未决事项处理完毕后,承包商按照本节二小节从合同义务的履行、合同权利的行使以及法律责任的解除三个方面审查,如果认为国际工程承包合同具备关闭条件,应当与业主协商召开合同关闭会议,共同商讨国际工程承包合同的关闭事宜。承包商应当提交如下文件证明已履行完毕所有与国际工程承包合同相关的合同义务及法律义务:

　　(1)项目最终验收证书;

　　(2)最终付款证明;

　　(3)结清证明;

　　(4)与国际工程承包合同有关的所有分包商以及供货商对承包商的最终释放证明;

　　(5)对业主的释放证明;

　　(6)完税凭证;

　　(7)承包商临时进口的施工机具的消清记录;

　　(8)承包商国内人员劳动许可的消清记录;

　　(9)项目最终验收后承包商应当履行的合同义务(例如,投保建筑物十年民事责任险);

　　(10)法院的最终判决或仲裁庭的裁决以及承包商执行完毕的证明;

　　(11)其他证明。

　　业主应结合国际工程项目的实际情况从上述几个方面审查承包商提交的合同关闭证明文件是否完备,如有遗漏或其他不符之处,业主应当要求承包商

补充提交证明文件。

2）合同关闭协议

在承包商提交的合同关闭证明文件无误、承包商与业主一致同意关闭国际工程承包合同的情况下，双方应签署正式的合同关闭协议。通常合同关闭协议应包括如下主要内容：

（1）项目基本情况介绍。

说明项目名称、业主名称、承包商名称、工作范围简要介绍、项目主要里程碑的完成情况（机械完工日期、临时验收日期、最终验收日期等）、合同签订时的价格等。

（2）最终合同价格。

说明在原合同价格基础上考虑合同非正常履行情况，例如，合同变更、业主或承包商索赔以及承包商或业主承担的违约责任（如承包商支付误期损害赔偿费）等最终确定的合同价格。

（3）承包商义务履行完毕。

① 承包商合同义务履行完毕。

说明承包商已解除合同工期责任，已向业主承担违约责任（例如，支付误期损害赔偿费），已履行最终验收后的合同义务（例如，投保建筑物十年民事责任险）等所有国际工程承包合同规定承包商应当履行的义务。

② 承包商法律义务履行完毕。

说明承包商已取得完税凭证，已获得所有分包商及供货商的释放证明，已消清人员劳动许可记录以及施工机具临时进口记录，已履行所有与项目执行相关的法院判决或仲裁裁决等项目所在国法律规定承包商应履行的义务。

（4）业主义务履行完毕。

说明业主已签发所有国际工程承包合同规定的证明承包商合同义务履行情况的证书（例如，机械完工证书、临时验收证书、最终验收证书等），已支付所有与国际工程承包项目执行有关的款项并获得承包商出具的结清证明，已释放承包商提交的履行保函/质保期保函/保留金等，已履行所有与项目执行相关的法院判决或仲裁裁决等项目所在国法律规定业主应履行的义务。

（5）合同双方对追索权的放弃。

说明通过签署合同关闭协议承包商放弃对业主就由国际工程承包合同直接或间接产生的索赔进行追索的权利。与此相对应，业主放弃（除法律另有规定外）对承包商执行的工程项目存在的瑕疵进行追索的权利。

（6）其他。

① 对承包商项目执行情况的评估。承包商相关业务部门应提供相关信息的输入，说明项目执行过程中采取的降低合同成本和/或缩短合同工期的有力措施、不足之处以及有待改进的工作。承包商对整个项目执行情况全面客观的分析既可以作为对自身经验的总结，同时也可以为与相同业主今后更好的合作奠定良好的基础。业主也应当在合同关闭协议中对承包商项目执行情况做出反馈，提出改进建议。

② 合同关闭协议的生效。通常合同关闭协议自业主与承包商的法定代表人或授权代表人签字或盖章之日起生效。当然也可以根据实际情况设定合同关闭协议的生效条件，在满足条件时合同关闭协议方可生效。

2. 与国际工程承包合同相关的合同关闭的实施

与国际工程承包合同相关的合同双方义务履行完毕且所有未决事项处理完毕后，承包商按照本节二小节从合同义务的履行、合同权利的行使以及法律责任的解除三个方面审查，如果认为与国际工程承包合同相关的合同具备关闭条件，应当与合同相对方进行协商完成合同关闭工作。

承包商应当与合同相对方签订合同关闭证明，内容应主要包括如下事项。

1）所签分包合同或供货合同的基本情况介绍

说明合同名称、承包商名称、合同相对方名称、工作范围简要介绍、合同签订时的价格、最终合同价格、合同主要里程碑（如有）、合同相对方主要合同义务、履行完成时间等。

2）承包商义务履行完毕

说明承包商已支付与合同有关的所有应付款项以及已完成其他合同规定的承包商应履行的合同义务，已履行所有与本合同相关的法院判决或仲裁裁决等项目所在国法律规定承包商应履行的义务。

3）合同相对方义务履行完毕

（1）合同相对方合同义务履行完毕。

与国际工程承包合同相关的合同种类繁多，合同相对方的合同义务也不尽相同，大体说来可以划分为提供符合合同要求的货物和/或服务。合同关闭协议中合同相对方合同义务履行情况应当说明相对方已提供符合合同要求的货物和/或服务，并已承担违约责任（如有）。

（2）合同相对方法律义务履行完毕。

说明合同相对方已获得完税凭证，已履行所有与本合同相关的法院判决或

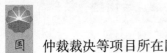

仲裁裁决等项目所在国法律规定合同相对方应履行的义务。

4）合同双方对追索权的放弃

说明通过签署合同关闭协议，合同相对方放弃对承包商就由国际工程承包合同相关的合同直接或间接产生的索赔进行追索的权利。与此相对应，承包商放弃（除法律另有规定外）对合同相对方提供的货物或服务的瑕疵进行追索的权利。

5）合同关闭协议的生效

通常合同关闭协议自承包商与合同相对方的法定代表人或授权代表人签字或盖章之日起生效。当然也可以根据实际情况设定合同关闭协议的生效条件，在满足条件时合同关闭协议方可生效。

四、合同关闭后的工作

1. 合同文件的保管

国际工程承包合同关闭后，合同管理人员应协助项目部将所有国际工程承包项目执行过程中的文件进行收集、整理、分类并归档，返还合同规定的在项目结束后应当退还业主的文件。国际工程建设项目执行过程中涉及的文件包括但不限于国际工程承包合同、分包合同、供货合同、竣工文件、各种测试记录、项目计划、承包商的工作记录、付款记录及凭证、合同变更/索赔文件、项目所在国政府部门指令、法院判决或仲裁裁决等。所有合同文件应当保存在承包商总部档案管理部门，在合同规定或法律规定的销毁日期之前不得擅自销毁合同原件，对非原始文件可以保存电子版。对合同文件的保管不仅是为了满足审计的需要，同时与项目执行有关的合同文件也是今后可能发生争议时的证据资料。因此合同关闭后无论是业主、承包商还是分包商都应当注意妥善保管合同文件，做到善始善终。

2. 合同执行情况的总结

合同关闭后业主、承包商以及分包商都应当从各自业务的角度认真总结国际工程承包项目执行过程中的经验和教训，从技术管理以及商务管理方面检查还有哪些工作有待提高，并制定切实可行的整改方案，同时应当注意与用户积极沟通，多听取用户的建议，为后续国际工程建设项目积累宝贵的经验。其中，合同管理人员应对项目合同管理方面的经验和教训进行总结。

附录 某国油田地面设施合同关闭情况

某国油田地面设施 EPC 国际工程承包合同于 2005 年 12 月 17 日生效,原定临时验收日期为 2006 年 12 月 17 日,缺陷责任期为 24 个月。由于工期延误,该项目于 2007 年 3 月 28 日完成临时验收。24 个月缺陷责任期届满后该项目承包商即按照上述原则及程序准备合同关闭并在具备关闭条件时及时履行了关闭手续,避免了合同久未关闭可能造成的纠纷,并为承包商将此项目资源尽早用于其他项目创造了便利条件。

在合同关闭阶段,该项目承包商编制了 EPC 国际工程承包合同及分包合同检查清单,审查合同义务、法律责任的履行情况以及合同权利的行使情况,以确认是否具备合同关闭的条件。具体见表 6-1 和表 6-2。

表 6-1 EPC 国际工程承包合同关闭检查清单

检查事项	具体内容	责任部门	完成期限	完成情况
承包商合同义务履行情况	2009 年 3 月 28 日完成临时验收并于 2009 年 6 月 8 日消清所有尾项工作	施工部	—	已完成
	缺陷责任期内修复产品瑕疵	施工部	—	已完成
	缺陷责任期将所需备品备件于临时验收后 2 个月内运至现场	采购部	—	已完成
	向业主移交剩余工程材料	施工部	—	已完成
	承包商人员及施工机具回迁	施工部、行管部	—	已完成
承包商合同权利行使情况	向业主申请最终验收证书	计划控制部	缺陷责任期满后 2 周内	未完成
	向业主申请最终付款	计划控制部	与业主就合同索赔达成协议,确定最终付款金额后	已完成
	申请业主释放履约保函	财务部	业主签发最终验收证书后 30 日内	未完成

续表

检查事项	具体内容	责任部门	完成期限	完成情况
承包商法律责任履行情况	向当地税务部门纳税并取得完税证明	财务部	—	已完成
	向当地保险公司投保建筑物十年民事责任险	合同部	最终验收后 2 个月内	未完成
	向当地海关部门消清临时设备进口记录	采购部	—	已完成
	向当地劳动部门消清人员劳动许可记录	人力资源部	—	已完成
	向当地质量监督部门提交所有所需文件	质量部	—	已完成
	按照当地劳动法规定解除与当地雇员的劳动关系,出具工作证明,终止社会保险关系	人力资源部	—	已完成
	与保险公司关于分离一体化装置运输损坏诉讼案申请当地有管辖权的法院强制执行	合同部	法院已启动执行程序,预计缺陷责任期满后 1 个月内完成	未完成

表 6-2　分包合同检查清单

检 查 事 项	具 体 内 容	履行情况
承包商合同义务履行情况	是否向分包商支付全部合同款项	未完成
	是否释放保函/保留金	未完成
	是否签发里程碑证书	已完成
	是否履行完毕其他合同义务	已完成
分包商合同义务履行情况	分包商提供的产品或服务是否符合合同对质量的要求	符合
	分包商提供的产品或服务是否符合合同对交付时间的要求	符合
承包商合同权利的行使情况	是否要求分包商承担违约责任	已完成
法律责任履行情况	分包商是否已缴纳与合同有关的全部税费	已完成
	法院判决或仲裁裁决是否已执行完毕	已完成

分包合同的履行期限通常短于国际工程承包合同,因此在分包合同缺陷责任期满或合同义务履行完毕后承包商首先按照表6-2分包合同检查清单对所有的分包合同履行情况逐一进行了审查,对符合关闭条件的分包合同与分包商签署了合同关闭证明。还有一部分分包合同,如设计分包、土建施工分包、安装工程分包等,这类分包合同履约保函的释放以及剩余工程款项的支付以EPC国际工程承包合同的最终验收为条件,因此在业主为国际工程承包合同签发最终验收证书之前这两项承包商的合同义务尚未履行完毕。在业主签发最终验收证书后承包商与上述分包商签署了合同关闭证明。

在该项目缺陷责任期届满后承包商根据表6-1EPC国际工程承包合同关闭检查清单确认尚有权利未行使及法律责任尚未履行完毕,处理情况如下。

1. 向业主申请最终验收证书

承包商首先按照国际工程承包合同关于申请最终验收证书的规定向业主提交了所有相关文件,业主审核无误后签发了最终验收证书,最终验收日期为2009年3月28日。

2. 向业主申请履约保函

按照国际工程承包合同的规定,履约保函的有效期至最终验收后30日。承包商在取得最终验收证书后立即向业主申请释放金额为合同额5%的履约保函。因为不存在扣留履约保函的事项,因此业主在保函到期日将履约保函原件返还承包商。

3. 投保建筑物十年民事责任

根据国际工程承包合同的规定,承包商应当在业主签发最终验收证书后2个月内向业主提交已生效的由项目所在国保险公司出具的建筑物十年民事责任险保单。承包商在缺陷责任期内已完成向保险公司询价、保险条款的谈判及保费谈判等工作,因此在业主签发最终验收证书后即要求保险公司按照双方已确认的保险条件出具了保单,提交业主并经业主审查批准。

4. 申请项目所在国有管辖权的法院强制执行当地保险公司支付赔款的判决

在国际工程承包合同执行期间承包商就分离一体化装置运输损坏向项目所在国保险公司提出索赔,但保险公司拒绝赔付。承包商根据保险协议约定的争议解决方式向项目所在国有管辖权的法院提起诉讼,法院判决货物损坏在保险责任范围之内,保险公司应当支付赔款。该判决已生效,但保险公司直到国际工程承包合同缺陷责任期届满仍未履行付款义务,承包商向工程项目所在国有执行权的法院申请强制执行,法院已启动执行程序,预计缺陷责任期满后1个月内完成。

至国际工程承包合同缺陷责任期届满后2个月内,国际工程承包合同关闭检查清单及分包合同检查清单所有尾项工作已完成,国际工程承包合同已具备关闭条件。在此情况下,承包商与业主协商,召开了合同关闭会议,并签署了合同关闭协议,至此某国油田地面设施EPC国际工程承包合同关闭。

第七章 合同索赔与争议管理

第一节 合同索赔

一、合同索赔的含义

1. 索赔的含义

合同索赔是合同管理人员的一项重要工作。索赔的英文原词为 Claim。在普通法系中,Claim 的意思侧重于要求对方给予"补偿"或请求对方给予"损害赔偿"的一种民事权利。作为一个法律术语,其基本含义是"主张权利与权益"(A claim is a legal action to obtain money, property, or the enforcement of a right against another party. 可翻译为"索赔是一方向另一方主张获得金钱、财产、实施某种权利的法律行为")。索赔是指在合同一方根据法律、合同规定及惯例等,对于并非自己的过错而遭受损害向合同相对方提出给予弥补损害的行为。在国际工程中,索赔既包括承包商向业主索赔,也包括业主向承包商索赔,同样也包括分包商向承包商索赔等。为便于论述,在本章中,如无特殊说明,"索赔"的含义均指承包商向业主索赔。

依据上述定义,结合国际工程实践,索赔要求成立须同时具备如下四个条件:

(1)承包商已经遭受了实际的额外费用或工期等损失。

(2)造成费用或工期等损失的原因不是由于承包商自身过错所造成的。这意味着原因可能是业主的工作范围与义务,也可能是因为业主承担的风险,或者是基于公平合理的原则。

(3)这种损害也不是由承包商依照法律、合同或者国际惯例应承担的风险所造成的。

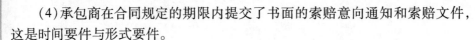

（4）承包商在合同规定的期限内提交了书面的索赔意向通知和索赔文件，这是时间要件与形式要件。

上述四个条件必须同时具备，合同管理人员提出的索赔才可能成立并索赔成功。

2. 索赔的法律基础

索赔的法律基础，即索赔的理论基础，目前主要有两种观点：

（1）业主违约论，即对业主或业主代理人违约而引起的损失，承包商有权索取补偿。

（2）合同变更理论，即根据合同条款规定，承包商有权利为合同变更或追加工作取得额外费用补偿或延长工期。

不管采用哪种理论，有一点是相同的：损失不是由承包商的过错造成的。

此外，还有不可抗力理论以及道义理论，在此不详述。

3. 工程索赔的重要性

工程索赔是项目合同管理的核心工作之一。由于国际工程中某些不确定的、不可预见的因素，导致合同的初始条件发生改变，形成索赔的机会和条件，承包商尤其是其合同管理人员必须抓住时机主张自己的索赔权利。

1）工程索赔是合同管理人员减少风险获取经济利益的有效途径

国际工程项目尤其是石油化工项目的实施过程中会隐含着各种各样的风险，如政治风险、市场风险、合同风险、地质气候自然条件的风险以及设计采购施工试车开车本身的风险等。工程索赔与风险有着密切的联系，从风险转移的角度来讲，索赔是因承担了本不应由自己承担的风险损失而向对方索要补偿的行为。因此，工程索赔是承包商减少风险损失、获取经济收益的重要手段和有效途径。如果承包商在项目执行过程中缺乏索赔意识，对造成索赔的事件反应迟钝，那么他就等于主动放弃了应该得到的利益。

目前国际工程界流行的"中标靠低价，盈利靠索赔"，在一定程度上说明了索赔对于维护承包商经济利益的重要作用。后文中将进一步论述并通过相关案例证明索赔在获取经济利益上的重要作用。

2）工程索赔是合同管理人员维护其合同权益的重要手段

合同条件是规定业主和承包商双方权利义务的关键性法律文件，它清晰地阐明了业主及承包商之间工作范围、权利义务以及风险与责任的划分，体现了双方对于项目执行完毕后的合理经济与社会效益预期。承包商只有提高灵活运用合同条件的能力，通过合同赋予承包商的重要权利即工程索赔来减少经济上的损失,才能维护其合理合法的合同权益,实现预期可得和应得利益。什么情况下可以索赔,通过什么样的程序进行索赔,如何确保索赔最终成功,都是承包商需要在项目执行全过程中关注的重点问题。可以说,工程索赔实际上是承包商维护其合同权益的最基本的管理行为。

3)工程索赔是承包商经营管理综合水平的体现

承揽工程的主要目的是获取经济收益,国际工程项目的经营管理自然也就围绕这一中心展开。任何一个有实力的承包商不仅应具备技术上的优势,还应该具备很强的合同管理和工程索赔的能力。只有既能提高技术、优化内部管理以降低工程成本,又善于运用工程索赔的手段减少损失争取盈利点的承包商,才能使自身的竞争力不断发展强大。从这个意义上说,能够成功且合理地进行工程索赔的承包商,一定是综合经营管理水平比较高的承包商。

4. 工程索赔的特点

合同管理人员了解国际工程建设项目索赔的特点,有助于索赔工作的开展。

1)索赔具有双向性

承包商可以向业主申请索赔,业主也可以向承包商申请索赔,同样承包商与各级分包商之间同样也可以互相索赔。

在国际工程实践中,业主向承包商索赔发生的频率相对较低,而且在索赔过程中,业主始终处于主动和有利地位,对承包商的违约行为业主可以直接从应付工程款中扣抵,或扣留保留金,或没收履约保函来实现自己的索赔要求。因此,在国际工程实践中大量发生的、处理比较困难的是承包商向业主的索赔。承包商的索赔范围非常广泛,一般只要非因承包商自身责任造成其工期延长或者成本增加,都有可能向业主索赔。有时业主违反合同(如未及时交付图纸或合格的工程现场、决策错误等造成工程修改、停工、返工,未按合同规定支付工程款等),承包商合同管理人员就可向业主提出索赔要求;也可能由于发生应由业主承担责任的特殊风险或遇到不利自然条件等情况,使承包商蒙受较大损失而向业主提出补偿损失要求。

有索赔,必有反索赔(Counter – claim,所谓"反索赔"就是一方反驳、反击或者防止对方提出的索赔,不让对方索赔成功或者全部成功,"反索赔"同样也要坚持"以事实为依据,以合同为准绳"的基本原则),在业主和承包商、总包和分包、联营体成员之间都有可能出现索赔和反索赔。

本文如无特殊说明,均指承包商向业主索赔。

2）索赔具有前提性

只有实际发生了的经济损失或者权利损害，一方才能向对方索赔，即"无损失，无索赔"。经济损失是指非承包商自身原因造成的额外支出（如人工费、设备材料费、运输费、管理费等额外开支）；权利损害是指虽然没有经济上的损害，但造成了一方权利上的损害，如由于恶劣气候条件对工程进度的不利影响，承包商有权要求工期延长等。

发生了实际损失或者权利损害，是一方提出索赔的基本前提条件。如果这种损失与损害仅仅是可以预见的而还未实际发生，合同管理人员则应建议项目部通过工程变更、建议书、合同谈判等方式与业主进行协商，力求就工期延长或经济损失达成一致。

3）索赔具有不确定性

索赔是一种未经对方确认的单方行为，其索赔要求对被索赔方尚未形成法律上的约束力。要想得到索赔要求的最终实现，必须通过一定的确认程序（如对方认可、双方协商、谈判、调解甚至是仲裁与诉讼），所以，索赔的一方的合同管理人员则应该积极准备材料（不仅包括对自己的索赔要求有利的材料，也应当包括对自己不利的材料，必要的时候要权衡利弊，确定是否有必要提交索赔报告），同时思考如何应对对方可能采取的反索赔策略，准备己方的谈判方案等，以确保自己的索赔主张能够最大限度地实现。索赔是一场持久战，合同管理人员切不可以为提交了索赔报告就万事大吉了。

二、合同索赔的分类

按照不同的标准，会有不同的索赔分类，以下为五种主要的索赔分类。

1. 按照索赔原因分类

导致索赔的原因是多种多样的，按照 FIDIC 合同条件总结归纳承包商索赔的原因，主要包括如下情况：

（1）业主违约。

① 业主未按照合同规定及时交付设计基础资料、图纸、地质勘察报告等；

② 业主未按照合同规定及时交付合格的场地、道路、水电等；

③ 业主拖欠工程款；

④ 业主负责供货部分拖期；

⑤ 工程师未及时批准图纸、验收工程。

(2)业主的单方面变化。

① 业主新决策改变原有合同条件;

② 提高工程质量标准;

③ 附加合同外工程;

④ 业主指令终止工程;

⑤ 增加特殊要求与措施;

⑥ 业主要求加速赶工。

(3)客观外界条件变化。

① 工程地质与合同规定不一致;

② 法律、法令、政策的修改;

③ 货币贬值和汇率变化;

④ 材料价格上涨;

⑤ 工程标准规范的变化。

(4)工程量增加。

(5)合同文件自身的缺陷。

(6)不可抗力事件。

但需要注意的是,虽然上述事项都可能导致工程索赔,但在实践中,很多都是通过"变更"的途径得以解决的(如附加外合同工程、业主要求加速赶工等),此类情况下,只有"变更"被业主无理拒绝成为"争议"后,才通过索赔途径解决。

2. 按照索赔目标分类

(1)费用索赔(或称经济索赔)。由于非承包商的责任导致承包商增加费用支出时,承包商可以要求对超出合同预定成本的附加费用给予补偿,以挽回不应由承包商承担的经济损失。

(2)工期索赔。由于非因承包商的原因而导致工程进程延误,承包商有权要求业主批准顺延合同工期的索赔。工期索赔的真实目的在于:避免在原定合同竣工日不能完工时,被业主追究拖期违约责任。一旦获得业主批准合同工期顺延后,承包商不仅免除了承担拖期违约赔偿费的严重风险,还为将来可能将工期提前得到奖励埋下伏笔,即最终仍归结于经济收益。

3. 按照索赔的理论基础分类

(1)以业主违约理论为基础的索赔,通常称之为违约索赔;

(2)以合同变更为基础的索赔,通常称之为变更索赔;

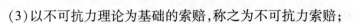

(3)以不可抗力理论为基础的索赔,称之为不可抗力索赔;

(4)以道义和公平理论为基础的补偿,称之为道义索赔。

在"道义索赔"中,承包商无论在合同内还是合同外都找不到进行索赔的依据,没有提出索赔的条件和理由,但因为承包商在合同履行中诚恳可信,为工程的质量、进度及与发包人配合上尽了最大的努力,这时,业主为了使自己的工程获得良好的进展,出于同情、信任和合作等因素而对承包商慷慨予以费用补偿。业主支付这种道义救助,能够获得承包商更理想的合作,最终业主并无损失。

4. 按照索赔的处理方式分类

(1)单项索赔。即一旦出现索赔事项,立即就该事项造成的损失向对方提出索赔。

(2)综合索赔(俗称一揽子索赔)。一揽子索赔一般发生在工程竣工前和工程移交前,由承包商将工程实施过程中因各种原因未能及时解决的单项索赔集中起来进行综合分析考虑,提出一份综合索赔报告,由合同双方在工程交付前后进行最终索赔谈判,以一揽子方案解决全部索赔问题。

实践证明,单项索赔成功率远大于一揽子索赔。进行一揽子索赔,往往由于涉及事件较多、时间久远、关系错综复杂、失去工程制约的有利条件等,导致索赔量大,索赔难度增加。一揽子索赔常使承包商处于被动地位且不能尽快得到补偿。

例如,在中国某公司承接的科威特某集油站总承包项目中,为了便于索赔和充分做好索赔准备,提高索赔的针对性和专业性,项目部内部将所有索赔分为7类,几乎囊括了国际工程实践中可能发生的主要索赔类型:

合同规定不合理;合同基础资料不准确;技术规定变化;政策性变化;合同以外新增加的工作;由业主(科威特石油公司)原因引起的工期延误;施工方法的改变。

项目执行完毕后合同管理人员统计发现,技术规定的变化引起的索赔最常见,占索赔总包数 60.94% 。

5. 按索赔的合同依据分类

(1)合同中明示的索赔。即承包商所提出的索赔要求,在该工程项目的合同文件中有明确的文字依据,承包商可以据此提出索赔要求。

(2)合同中默示的索赔。即承包商的该项索赔要求,虽然在工程项目的合同条款中没有专门的文字叙述,但合同管理人员可以根据该合同的某些条款的含义、签约目的或商业交易习惯,依据一定的原则或技巧可以推论出承包商有索赔权。这种索赔要求,同样有法律效力,有权得到相应的补偿。

三、工程索赔的依据

1. 工程索赔的依据

合同索赔必须以合同为准则,以事实为依据,这是合同管理人员必须时刻遵守的索赔总原则,同时还应该参照工程所在国的法律规定和国际工程的惯例做法。

依据工程实践,构成索赔的主要依据如下。

1) 合同文件

这是索赔最核心最重要的依据与准则。合同的载体即合同文件(Contract Document)是双方合意与承诺的体现,直接约束双方,其范围非常广泛,不能仅仅局限于开工前双方签署的商务合同❶。

2) 当地法律法规与政策

当合同约定不明时,合同约定的适用法律可以起到补充作用;当合同约定与适用法律的强制性规定相违背时,合同相关约定无效,必须适用相关法律(参见案例 7-2)。这里的"法律",也应该做广义的解释,不仅限于当地立法机构制定的法律,也包括全国性(或州的)条例、法令、命令、规定等法律文件以及任何合法建立的公共当局(Public Authority)制定的相关规则和细则等。在中国某工程公司总承包的越南某化工项目(合同金额 5.7 亿美元,总工期 43 个月)中,合同管理人员要求越南政府书面承诺承担法律变更的风险,这实际上为日后的索赔提供了充分依据。

按照契约自由原则,合同就是双方的"最高法律",但在某些伊斯兰国家,当合同与法律规定以及宗教法规定不一致甚至矛盾时,宗教法常常优先于国家法律和合同(参见案例 7-4)。而该宗教法的法律来源有两个基本部分:

(1)主要法律来源为神圣的《古兰经》。在法律实践中常常由学者采用类推的方法对《古兰经》进行解释,并比照过去的大家一致认可的一些常见法律事件,以解决当前的复杂的现代经济问题。

(2)为了弥补主要法律来源的不足,在合同争议解决中还要引用第二法律

---

❶ 关于合同文件的具体范围等,请参见本书第八章相关内容。

来源,包括:

① 公平原则,法律应避免作不公平的判决,假设两个事件表面相同,则解决结果也应该相同或类似。

② 政府和法院应保护公众和私人利益的原则:防止有一些人利用法律条款的不完备和漏洞达到自己的险恶目的。

③ 通常的风俗习惯被承认原则。

这种法律特点常常让中国承包商很不适应,所以这种情况下,合同管理人员应当建议项目部必须着眼于严格履行合同,在争执中不能期望得到较多的法律依据与法律援助,合同管理人员自身则要加强合同履约的监督与控制。

3）国际惯例与行业惯例

国际工程中已经形成一些比较成熟并为工程界所熟知和遵守的惯例,合同管理人员既可以直接引入合同,也可以在合同没有约定时作为索赔依据。在南美洲的一项石化总承包工程中,业主编制的合同文件中规定:"无论工程量如何变化,现场是否新增土建和安装工作,工程师都可以在不构成变更的情况下要求承包商按照其确定的单价实施新增工程或继续完成工程量变化后的剩余工作",最后承包商合同管理人员却依据国际工程行业中存在"可推定变更（Constructive Variation）"惯例成功索赔。

4）先例或法院判例

先例或判例具有重要的参照作用,合同管理人员引用的案例相似的程度越高（如工程性质、违约行为、适用法律等方面的类似程度）,说服力越强,对于索赔能否成功的预判力也越强。在由世界银行提供贷款的毛里求斯某油气储运项目中,中国承包商认为油料也属于进口施工材料,据此可以向业主申请该油料的免税证明,但毛里求斯财政部却以柴油等油料可以在当地采购为由拒绝签发免税证明。因此承包商提出索赔,要求业主补偿油料进口关税。合同管理人员在起草索赔报告的过程中,从其他在毛里求斯的中国公司那里了解到毛里求斯财政部曾为刚刚完工的中国政府贷款项目签发过柴油免税证明,这说明有这样的先例。合同管理人员将财政部给这个项目签发的免税证明复印件也作为证据附在索赔报告之后,有力地增强了索赔文件的说服力。

5）各类证据文件

如工程日志、传真、会议纪要甚至新闻报道,等等,这些文件里,都可能隐含着索赔的机会与证据。

所以,如果事先已经知道属于以下几个方面,则合同管理人员最好不要提出索赔:

(1)无合同文件或法律依据,且无类似情况的成功案例可以参照;

(2)属于己方责任与风险的(如投标漏项、设计错误、迟延供货、施工组织不当等);

(3)索赔事件发生时,因为己方未采取积极措施防止事态扩大而造成的损失等。

否则,会让自己贴上"恶意索赔"的标签,进退失据,也影响项目的执行与双方的进一步合作。

2. 工程索赔的原因

国际工程项目尤其是石油化工等能源相关项目一般都具有投资额高、规模大、专业技术性强、工期漫长、材料设备价格变化快等特点,工程项目的差异性大、综合性强、风险大,使得工程项目在实施过程中存在许多不确定的变化因素,而合同则必须在工程开始前签订,它不可能对工程项目所有的问题都做出合理的预见和规定(即使作出了预测,双方对于具体问题的性质认定存在分歧),而且在实施过程中业主还会有许多新的决策,这一切会使工程索赔(无论是合同内的还是合同外的)变得不可避免。

国际工程承包项目索赔的常见原因可以归纳为如下几类。

1)环境因素(意外风险)

这里所说的环境,不仅包括地质气候环境,也包括社会环境、经济环境、法律环境等。环境因素的多变性与复杂性,反映在合同条款里,实际上就是一个项目意外风险如何合理分担的问题,包括不可抗力的风险。

工程建设与水文气象地质条件密切相关,比如雨季过长,开挖时出露的土石比及高程与招标文件出入较大,在地下或隧洞施工中出现汹涌的地下水或泥石流而严重超出招标文件所述的气象、水文条件等。这些施工条件的变化即使是"一个有经验的承包商"(An Experienced Contractor)也无法事前预料,更何况各国的地质勘探水平参差不齐。英国某著名国际工程咨询公司曾成功做过许多大型项目的索赔,如英法海底隧道项目、香港新机场项目、河南小浪底水库项目、山西万家寨水电站项目、吉隆坡新机场项目等。据该公司对64项水电工程进行索赔的专门调查统计发现:22%的项目遇到过意料之外的地质问题,65%的土建工程都突破概预算。因此,地质水文条件的异常变化往往引起工程量的较大变化从而必然会引起索赔。但工程实践中,业主和工程师往往会以现场气

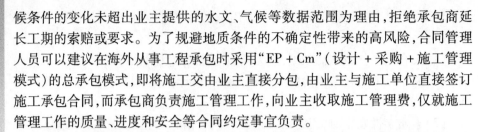

候条件的变化未超出业主提供的水文、气候等数据范围为理由,拒绝承包商延长工期的索赔或要求。为了规避地质条件的不确定性带来的高风险,合同管理人员可以建议在海外从事工程承包时采用"EP + Cm"(设计 + 采购 + 施工管理模式)的总承包模式,即将施工交由业主直接分包,由业主与施工单位直接签订施工承包合同,而承包商负责施工管理工作,向业主收取施工管理费,仅就施工管理工作的质量、进度和安全等合同约定事宜负责。

其次,工程所在国家法律变更(广义上,提出进口限制、税率提高、外汇管制、税收变更指令、劳工政策调整等均属于法律变更的范围)、货币贬值、物价上涨、工资上涨、安全局势恶化等,都可能引起工程费用增加和工期延长,按国际惯例,允许给承包商予以补偿。变更的时间标准,一般是从投标截止日期(一般均为开标日期)之前的第 28 天开始。尤其是工程所在国法律的变更,在工程实践中很常见,在工程合同中往往也都比较明确地规定此类情况是属于可索赔的范畴。在某中国公司承建的伊朗某化工项目 EPC 交钥匙固定总价合同条件中,明确规定无论是工程量增加还是通货膨胀引起的物价上涨都是合同规定不允许索赔的,但却明确规定法律变更可以索赔。而伊朗就是一个法律种类繁多、相互矛盾且经常变化的国家。至项目完工,合同管理人员已利用法律变更的矛盾向业主的工程师提出了社会福利保险扣减、永久设备进口关税征收、合同税扣减三项索赔要求和意向,并最终经过艰苦的索赔谈判取得了 100 余万美元的索赔款。

2)业主违约

业主未按规定为承包商提供(未能提供或迟延提供)设计基础条件、入场条件与开工条件,未按规定时限向承包商支付工程款,工程师未按规定时间发布指令或批复(工程师是业主授权的代表,其授权范围内的行为视为业主的行为,其责任视为业主的责任),或者由于业主坚持"指定的分包商"(Nominated Subcontractor)拖期等情况给承包商造成了损害的情况下,承包商有向业主进行索赔的权利(参见案例 7-4)。

此类索赔要想获得成功,有两个重要的前提,一是合同管理人员必须熟悉整个合同文件尤其是工作范围与风险责任的划分;二是合同变更管理人员要提醒项目部在项目执行过程中对于业主违约行为及时留存书面证据或影像资料。实践中,业主总是千方百计地将损害结果的原因归结于"非业主工作范围"或"非业主风险",双方陷于扯皮推诿的境地。要解决这类索赔,一个比较迅捷的方法就是引入双方都接受的第三方专家或专业机构进行权威鉴定,尽快确认损失造成的原因。在一个采用亚洲开发银行贷款建设的某国际工程项目中,施工承包商完工后发现出水量达不到合同规定的标准。在索赔的时候,承包商合同管理人员和工程师对责任归属问题争执不下,承包商认为是设计问题,工程师认为是施工问题。后来,亚洲开发银行专门派技术专家来,与施工承包商和工程师共同调查,最终确定是业主聘用的设计方的工程设计有问题导致出水量不达标。最后,业主和工程师批准了施工承包商的索赔要求,不仅如数支付了全部工程款,还补偿了相关的利息和调查费用。

3）工程变更分歧

国际工程合同中一般都有专门条款规定"变更"(Variations),对变更的范围、程序甚至补偿的计算方法等有明确的约定。广义上说,工程变更本身也是索赔,但鉴于变更在工程承包中已经形成一整套自己的运行机制❶,所以,本节不将工程变更纳入索赔的范畴,只有双方对变更"无法达成一致"时,才适用索赔的理论与程序。比如:当工程量的变更所涉及的工期与费用调整悬而不决,双方形成争议,变更才会成为一个索赔事件,否则,合同管理人员可以通过正常的变更程序(如签署"工程变更单")顺利解决。

变更争议的焦点往往集中在:业主要求承包商承担的工作是否已经超出了合同规定的工作范围。工程量变更导致的索赔在变更导致的索赔中很有代表意义。即使是在模糊的工作范围内,如果承包商施工时完成的工程量超过或少于工程量表(Bill of Quantities,BOQ)中所列工程量的一定比例以上(FIDIC1987年版"红皮书"第52.3条将此比例约定为15%,而在1999年版"新红皮书"第12.3款中,该比例调整为10%),或者在施工过程中,工程师指令增加新的工作、改换建筑材料、暂停或加速施工等变更也会引起新的费用增加,或需要延长工期等,所有这些情况,承包商都可以依据变更条款申请变更指令,如果不能适用变更程序或者双方无法对变更达成一致,则承包商合同管理人员可以提出索赔要求。

在国际工程承包中,业主往往利用其招标时的优势地位不合理地要求承包商必须接受诸如"无论工程量如何变化,承包商均不得索赔"等不平等条款,导致承包商索赔变得异常困难。但是该条款的存在并不意味着索赔成功毫无希望,途径之一是如前文所述合同管理人员要灵活运用国际惯例和法律原则,途径之二则是在项目执行的过程中,合同管理人员要随着双方地位的变化寻找索赔时间,晓之以理,迫使业主体面地修改原合同确立的不平等

---

❶ 详见本教材第六章第三节。

原则。

4）合同缺陷

合同管理人员要熟悉合同，这是对合同管理人员的基本要求。合同是工程索赔的主要依据，但合同文件本身却可能矛盾重重。

国际工程合同文件浩瀚繁杂，往往由业主和承包商之间的合同协议书、中标通知书、投标书（承包商建议书）及其附件、专用条款、通用条款、技术规范、招标书（雇主要求）、设计图纸、工程量清单等一系列文件组成，厚达数百页甚至上千页，各文件之间互相联系，互相说明，交叉频繁，但由于只有有限的时间和经费去准备和审查合同文件，毫无瑕疵是不可能达到的，这就为合同索赔埋下了导火索。

合同文件的缺陷主要指合同文件中的错误、矛盾、遗漏、疏忽、模糊、不一致以及或二义性等。比如，常常在合同条款中看到的"设备运转良好"、"世界一流水平"、"达到业主满意"或者"足够的尺寸"等词语，不同的人从不同的角度解释就会得出完全相反的结论。这些合同文件的缺陷往往导致工程索赔。按照国际惯例，这属于合同文件起草方的责任（实践中往往由业主亲自起草合同文件或委托专业的工程咨询公司起草），承包商有权提出索赔。美国某机构曾对政府管理的各项工程进行了调查，在被调查的 22 项工程中，共发生索赔 427 次，其中由于合同文件的缺陷导致的索赔达 196 次，占索赔次数的 46%，占合同索赔金额的 40%。据不完全统计，自 1991 年 9 月至 1997 年 12 月的 76 个月内，在二滩水电工程建设主体工程国际合同实施中，共评定索赔 50 项，其中有 1/2 的索赔是由合同缺陷导致的。

对由于合同文件的缺陷引起的索赔，合同管理人员要把握处理的基本原则：合同文件的缺陷责任将归咎于引起和最有能力控制缺陷的一方。编制起草合同文件的业主有"暗含的合同责任"来保证其合同文件的正确性和充分性；建筑师或工程师等在起草合同文件时，应该运用适当的标准合同，以尽量避免疏忽和错误；处于确认和修改这些缺陷最佳位置的承包商，在投标前有义务进行工地检查和合同审阅，应对合同文件中"明显的缺陷"负责。

在案例 JOHN F. MILLER COMPANY, INC. vs. GEORGE FICHERA CONSTRUCTION CORPORATION & another 7 Mass. App. Ct. 494 中，法庭陈述如下：

"The test for resolving disputes of this kind is the degree of obviousness of the omission, error or discrepancy in the specifications. If the discrepancy is subtle, so that a person furnishing labor and materials, who examines the specifications reasonably conscientiously, might miss a requirement which is out of sequence or ineptly expressed, the burden of the error falls on the issuer of the specifications, usually the owner, or the person relying on them, as the contractor does in this case. "也就是说, 只要承包商或分包商投入了人力物力合理审慎地审查了"设计说明"即 Specifications("设计说明"是非常重要的合同文件之一,一般包括在"业主要求"中)仍不能发现文件缺陷时,设计说明的起草者(通常都是业主)或发出者将承担其中所含错误的责任。

5)非合同规定的索赔

又被称为"超越合同规定的索赔",即承包商的该项索赔要求,虽然在工程项目的合同条件中没有专门的文字叙述,但合同管理人员可以根据该合同条件的某些条款的含义、立约意图以及交易习惯等,推论出承包商有索赔权。该索赔要求应同样有法律效力,承包商有权得到相应的补偿。这种有补偿含义的合同条款,在合同管理工作中被称为"默示条款"或称为"隐含条款"(Implied Terms),根据《布莱克法律词典》的解释,所谓"默示条款"是指:"合同双方没有在合同中明确约定,但是由法院推断当事人默示的意图添加进合同的条款(A provision not expressly agreed to by the parties but instead read into the contract by a court as being implicit.)"

四、合同索赔的处理

要做好索赔工作,提高索赔的质量与成功率,承包商应当做好以下工作。

1. 建好工程项目

这是索赔成功的总前提,即承包商要认真地按照合同要求实施工程,诚信履约,使该工程项目按期、保质、安全地建成,让业主和工程师满意,从而建立良好的合作共赢和彼此信任的工作关系。因此,从项目一开工,承包商人员就应当以"严格履约"为最高原则,精心组织,科学管理,合同管理人员也有义务有责任提醒和监督项目部按照合同严格履约。尤其是承包商如果在工程实施过程中克服了重重困难,甚至进行了设计优化或提出合理化建议,被业主和工程师采纳,既节约工程造价,又提高了项目的性能指标,给业主创造了额外的经济效益,在这种情况下,承包商在以后的索赔工作中往往比较容易取得业主的谅解和认可,减少索赔的对抗性,索赔的成功率较高。相反,如果承包商的工程质量不符合合同约定的技术规范的要求,工期不断拖后,合同管理混乱,使业主和工

程师屡屡不满意,这样的工程项目,即使是颇有合同与法律依据的索赔事项,一般也很难索赔成功,甚至先行被业主索赔。

同理,承包商提出索赔时,停止项目建设是也常被认为是非常不明智的做法。项目正常施工推进甚至直接显示效益,业主才能以一种理解与宽容的心态看待承包商的索赔请求。

可以说,以良好的项目实施进度、质量和工程形象,使业主和监理工程师相信承包商的信誉和能力,是承包商说服业主和工程师理解、支持索赔的基石。

2. 充分论证索赔权

这是成功索赔的关键。

要进行索赔,合同管理人员的第一步便是论证索赔权,即索赔理由的成立,对索赔权的论证不充分或引证不准确,就会遭到业主或工程师的拒绝。要论证索赔权,合同管理人员十分熟悉本工程项目的全部合同文件(无论是商务部分还是技术部分,甚至包括技术规范和往来信件等文件资料),善于从合同文件中直接引证索赔的依据,证明自己索赔要求的合理性。

论证索赔权的依据主要来源于合同,但又不要拘泥于合同,要拓宽视野。为了取得索赔的成功,除引用合同有关条款以外,合同管理人员还需要了解工程所在国的法律法规与政策,引证该国的法律中允许承包商进行索赔的条文,或引证在该国类似情况下索赔成功的先例或者司法判例,来进一步强化自己的索赔权论证。

3. 评价方法正确

这直接决定着索赔的额度。

如果说索赔权的论证是属于定性的,即某项索赔要求能否成立,而通过科学合理的评价方法计算索赔款额则是定量的,即能够取得多少索赔款,两者相辅相成。在苏丹某油田生产设施项目中,中国的承包商为了挽回因业主频繁变更/追加工程以及分包商违约造成的损失,项目部专门成立了以合同部、控制部为主导的索赔管理领导小组,由合同部的专业合同管理人员负责索赔定性问题,控制部负责索赔定量问题,其中控制部里有不少是工程经济、预算与报价方面的专家。

关于索赔款的计算方法,国际工程承包界通常采用的有总费用法、合理价值法、实际费用法,等等。根据实践经验,采用"实际费用法"更容易为业主所接受,即以承包商为某项索赔事件所支付的实际开支为依据,向业主要求经济补偿。在计算索赔款额时,数据应尽量做到准确无误,不应漫天要价。

无论采用哪种索赔款的计算方法,都应当遵循如下计算原则。

1)实际损失原则

费用索赔都以补偿实际损失为原则,实际损失为索赔事件对承包商工程直接成本、管理费用与工期的实际影响。这个原则并不排出合理利润的索赔,但在实践中,除非合同明确规定可以索赔利润,承包商在索赔报告中都应当避免出现"利润"字眼,但可以策略性地将利润隐含在其他费用类别中。

2)合同原则

费用索赔计算方法符合合同的规定。合同作为双方合意的体现,既是索赔的重要法律依据,又是索赔值计算的基础条件。合同条款中对经济损失的索赔范围以及工期的计算,一般都会有原则性的规定。

3)合理原则

指符合合同规定的或符合国际工程惯例与习惯做法,或通用的会计核算准则。

4. 严控索赔时限

这是索赔成功的时间要件。

索赔工作具有时效性,这是国际惯例,即使合同没有规定,也要尽量遵守。承包商提出索赔意向或正式索赔报告,无论是费用索赔或工期索赔,都应在合同规定的时限内或合理的时限内以书面形式提出。按照国际惯例,自索赔事件被察觉之日起28天以内由承包商提交书面的索赔意向,并每隔28天报送索赔事件处理情况的资料。如果承包商没有在规定时限内提出书面的索赔意向,按照合同的"默示条款"(Implied Terms)精神,可能会视为承包商已经放弃了索赔的权利,所以业主与工程师可以不予受理或拒绝索赔。也是因为这个原因,实践中鼓励承包商采用单项索赔模式,而不是"一揽子索赔"模式。

在东非的某石化改扩建项目上,由于遇上军方实施强制性的安全措施影响了工期,中国的承包商在合同规定的时间内向工程师先行提出了书面的索赔意向。由于这一事件是持续发展的,中国承包商合同管理人员与专业技术人员非常注意积累相关的证据和其他材料,并按时呈报工程师备案。直到军方解除强制性的时间限制后,中国承包商迅速向工程师提出了正式索赔报告。最后,中国承包商在工期和费用方面得到合理的补偿。

在把握好时限的前提下,选择合适的索赔时机也很重要。一般认为,在工期进行到 25% ~75% 这个时间段内,工程进度及各方面关系都已理顺,工程处于良性运转的状态,业主也比较依赖承包商的技术与供货,这时候承包商有较强的主动性,是加大力度解决索赔的最佳时期。必要时,合同管理人员可以建议项目部采取适当的强硬措施对业主施加压力(如暂停工作、撤走设备、降低施工效率甚至提交仲裁等),做到"该出手时就出手",索赔往往能够得到对方较快的批准。若将索赔拖到工程接近尾声,工程主体已完工,业主的未支付款项已不多,但业主手中还握有相当比例的无条件见索即付银行保函,此时业主多采取拖延、扯皮甚至威胁聘用第三方完成剩余工作等方式使索赔大事化小、小事化了,工程索赔成功的几率就降低了。

5. 规范索赔报告

这是索赔成功的形式要件。

一般来说,在索赔事件被察觉之日起 28 天以内,承包商应提出正式的索赔报告书,以确切的数据和计算,提出要求的索赔款或工期延长的天数。合同管理人员负责起草和完善索赔报告。索赔报告一般包括五个部分,即:标题、索赔事件描述、索赔权论证(包括理由、影响、因果关系论证、结论等)、计算(索赔款计算、工期延长计算)、索赔证据资料(证据文件、图片、录像,等等)。

索赔报告书在项目部发出之前应认真逐词逐句检查,要求证据充分、推理清晰、分析合理、计算准确,尤其要避免前后矛盾以及条理不清。另外,索赔毕竟还是属于双方解决争议的初期阶段,所以合同管理人员在遣词造句方面,仍然要以委婉为主,不宜用词尖锐强烈,激化矛盾。

下面这份索赔报告格式的样本(表 7 - 1),可以作为合同管理人员编制索赔报告的基础与参考。

另外,为了便于审查,业主常常会要求承包商采用业主指定的索赔报告格式或者合同中直接约定了索赔报告的格式,这时候,承包商就必须采用此类格式,否则,索赔可能会被业主直接拒绝。

6. 重视文件管理

成功的索赔基于多种基础,而索赔证据的提供是索赔成功的最基本要素。索赔证据就是成功索赔中物的因素。

表 7 - 1　索赔报告格式(样本)

起草人:	审核人:	最终签发人:
签发日期:		编号:
接收方:		

索赔报告书(××××索赔事件)

1. 索赔事件

简明扼要地说明项目背景,叙述事件起因与经过,需要提出事件发生的时间、地点和结果,并引用报告正文后所附证据作为证明

2. 理由

总结上述事件,同时引用合同文件、法律法规或国际惯例等,论证对于并非自己的过错而因索赔事件遭受损害,业主有责任对由此造成的承包商损失做出补偿

3. 影响

简要说明事件对承包商的影响,而这些影响与上述事件有直接的因果关系。重点围绕由于上述索赔事件造成承包商的费用增加和工期延误,每项具体损失的计算应当与附件中所附证据一一对应

4. 结论

由于上述索赔事件的影响,造成承包商延误工期和成本费用的增加。通过详细的索赔值(补偿费用)计算(包括工期和各项费用损失的分项计算)提出:

(1)总费用补偿值;

(2)延误工期的总补偿值

5. 索赔证明文件一览表

列表中各证明文件均应按顺序编号,便于前述正文引用

附:索赔证明文件(证据)

××××公司项目部

项目经理(签字):_____

日期:_____

任何一个索赔的成功都必须有完备的现场第一手资料与证据的支持,因此承包商在项目实施过程中必须建立完整的档案资料,合同管理人员随时可以调阅查证。文档管理是一个基础性工作,力求做到:全面收集、随时积累、及时建账、按时归档、收集人责任明确。以最常见的施工索赔为例,除了狭义上的合同文件之外,这些档案资料还包括:

① 工程所在地的全天候气象资料、气象部门的分析和预测;

② 工程所在国政策、法律、法规等的修订;

③ 项目所适用的技术规范以及技术规范的修改;

④ 工程所在国汇率、税率、利率、物价指数等;

⑤ 详细分类的雇员档案、工卡;

⑥ 施工材料的发运及支付单据、到场记录及使用记录;

⑦ 施工机械的到场记录和使用记录;

⑧ 各施工班组的施工日志;

⑨ 施工计划及施工进度记录;

⑩ 各种突发事件、事故的发生及相应措施的音像、书面记录;

⑪ 施工图纸及数据、试验结果、账单批复、验收申请、会议纪要、函件、业主或监理的工程指令等所有与工程有关的文件;

⑫ 工作报告与总结;

⑬ 财务资料,主要包括月账单明细、工资支付清单、社会保险费交讫凭证、税费交讫清单、进出口单据、设备物料的价格指数资料、外籍人员工资指数资料等;

⑭ 项目相关的影像资料,录音资料;

⑮ 与工程有关的新闻及报刊报导等。

尤其是对于业主所做书面的批准、审核、签署、指令、同意、确认等文件,一定要留下业主或监理的相关签字文件,不能只是口头允诺。即使在特殊情况下必须执行其口头命令,亦应在事后立即要求其用书面文件确认,或者致函监理及业主确认。在巴基斯坦某工程施工合同的索赔中,中国承包商的合同管理人员在索赔证据中却发现,许多可索赔的项目由于缺乏工程师的签字认可而失去了索赔机会。

另外,证据的获取不能总是被动地收集,必要时要主动出击。在工程实践中,有两类重要的证据资料往往被大家忽视,未能及时主动地去获取:一类是类似案例的类似处理凭证;二是聘请第三方专家或机构独立作出调查报告。

7. 重视索赔人才

要想索赔成功,最后一个因素就是人的因素,即高素质的索赔人才。不仅索赔的前期,即寻找索赔机会、论证索赔理由、计算索赔额度、编制索赔报告等需要专业化的索赔人才,在索赔报告递交之后,高素质索赔人才的重要性更加显现出来。实践中,索赔报告递交,业主或工程师不可能轻易批准索赔,总会千方百计地竭力进行"反索赔"甚至诡辩,于是双方陷入漫长持久的索赔与反索赔的争斗中。在这场争斗中,接下来实际上就是在进行一轮接一轮的谈判拉锯战,因此,索赔小组人员尤其是合同管理人员不仅在知识结构上要求熟悉法律、经济、工程、商务、管理和国际惯例等,更要求具备一流的协调能力与谈判能力,说服业主承认索赔的合理性与准确性,而后者正是目前国内工程公司所缺少的。

当然,在索赔进程中,合同管理人员一定要非常注意与业主人员(尤其是高层管理人员与高级技术专家)、工程师及相关人员保持良好的工作关系,多交流和沟通,消除彼此之间因为跨国因素导致的各种误解,争取他们对承包商索赔的理解和支持,这对索赔的成功与否也是非常重要的。

五、合同反索赔策略

索赔与反索赔,就像一对孪生兄弟,相伴相生。可以说,索赔报告由哪几部分组成,被索赔方就可以从哪几个部分一一进行反击或择其一进行驳斥,即可论证索赔不成立,也就是反索赔。

为了论述的方便,本节提及的"反索赔"概念仅仅指业主的反索赔,即业主对承包商提出的索赔要求进行评议和反击,使其索赔要求被全部或部分否定或去除索赔计价中不合理的部分,也包括业主根据合同条款赋予的权利,在反击的同时对承包商违约的地方提出索赔要求,以维护业主合法利益或平衡承包商的索赔。

下面就业主常见的反索赔策略以及承包商合同管理人员的应对措施进行分析。

1. 反驳索赔依据

索赔有三大主要依据,即合同、法律与国际惯例,反索赔也就意味着要反驳索赔方引用的依据的合理性。业主往往通过对合同的深入研究可以从有利的合同条款、具有优先效力的合同文件、强制性的法律法规、类似案例以及逻辑推理等角度进行反索赔。

要应对此类反索赔,合同管理人员必须做到:首先,要全面了解全套合同文件与合同条款,全面了解工作范围与权利义务分配,对承包商不利的合同条款更要深入分析并制定反击预案。其次,要熟悉合同适用法律(通常为工程所在国法律)。再者,要熟悉国际惯例与工程案例,全面了解,不可断章取义。

2. 反驳索赔权的论证

论证索赔权,实际上就是论证索赔事件与损失之间是否存在因果关系,所以,反索赔一方这需要论证其因果关系不成立。业主常常反驳:损害结果并非全部由索赔事件导致;索赔事件并不必然导致损害的发生;索赔权论证存在逻辑错误等。

对此,合同管理人员无论是在编制索赔报告还是反击业主的反索赔时,都要确保论证的严密逻辑性,不能想当然地轻率得出结论,所以建立审查报告的多级审查机制是必要的,同时,还要对整个工程项目有深入的了解和掌握。

3. 反驳计算方法

在索赔理由比较明确的情况下,双方争议的焦点就会集中在索赔金额上。业主面对索赔可以通过如下方面反驳:索赔费用类别是否符合合同约定或符合合理公平的原则;索赔方式是否合理(实践中多用"实际费用法");是否重复计算损失;单价(如延期索赔中的日人工费)选择是否合理或符合合同约定;工程量是否经过审核确认,等等。

对此,合同管理人员必须熟悉合同条款:合同条款有约定的,必须按照约定执行;约定不清楚的,承包商则要依靠合同解释的原则与技巧争取有利的索赔金额计算方法;合同没有约定的,则往往按照国际惯例执行。所以,承包商的合同管理人员必须熟悉国际上常用的一些工期索赔和费用索赔计算公式。

4. 向对方提出索赔

索赔是双向的,但当索赔成为业主反索赔的一项策略的时候,业主的真实目的可能是为了平衡对方索赔数额,但也不能排除其想通过索赔来弥补损失。对于这类索赔,承包商的合同管理人员同样可以从本节提及的质疑索赔依据、反驳索赔权、反驳计算方法等方面论证业主索赔的不合理性,也可以通过提高原索赔金额的方式进行反击。

以1987年第四版FIDIC施工合同条件为例,涉及业主索赔权的有11条(详见表7-2)。

表 7 - 2 　1987 年第四版 FIDIC 施工合同条件中业主向承包商索赔事项一览

业主向承包商索赔条款一览		
序号	合同条款号	业主索赔事项
1	25.3	承包商保险失效
2	30.3 与 30.4	损坏了公路或桥梁
3	37.4	拒收材料或设备
4	39.2	承包商不遵守指示
5	46.1	施工进度拖后
6	47.1	误期损害赔偿
7	49.4	承包商未修复工程
8	59.5	未向指定分包商付款
9	63.3	承包商违约
10	64.1	紧急维修
11	65.8	终止合同后的付款

5. 反驳索赔期限

国际工程中的索赔都是有严格的期限规定,如果不在合同约定的期限内提出索赔意向或正式索赔报告,则会被对方拒绝。

对此,承包商的合同管理人员要及时提醒项目部及时主张权利,按照合同约定的期限提交索赔通知或索赔意向,留存好相关书面凭证。另外,索赔期限的起算点,往往也是承包商反击的着力点之一。

6. 质疑索赔证据

索赔要靠证据,所谓"有几分证据说几分话",但实践中却不乏漫天要价而证据不全的案例。实践中,证据不全、证据不真实、证据过旧、证据不能与索赔要求对应、证据之间存在矛盾等都会成为反索赔的理由。承包商在索赔中要避免前述不当行为的出现,因为这不仅会使索赔失败,而且会给业主留下"恶意索赔"和不讲诚信的印象,影响工程项目的继续执行与双方的长期合作,因此,合同管理人员有必要在提交索赔报告之前对整个证据链以及证据效力进行一次周密的审查。

7. 反驳责任归属

"任何人都应当对自己的行为负责",这是一条基本的法律原则。业主可以从划清工期拖延的责任、确定关键路径是否受影响、索赔方是否有明示和暗示放弃施工工期索赔以及索赔方是否及时采取合理措施弥补工期损失等方面进行反驳。对此,承包商要想获得尽可能长的工期索赔,首先是要竭力做好项目,严格履约,减少自身违约行为,其次是对于业主违约行为或其他第三方原因造成的工程拖延事件,要留下相关凭证,为工期索赔打下基础。在面对费用索赔时,也会面临类似的情况。

另外,对于业主可能采取的各种反索赔策略与技巧,合同管理人员可以建议项目部事先进行模拟演练,做到提前策划,有备无患,完善自己的索赔报告与反索赔应对机制。与索赔一样,反索赔能否成功,需要两个前提:高素质的索赔—反索赔团队与完善的文档管理,缺一不可。

最后需要强调的是:反索赔最有效的途径并不是上述的事后反击,而是事先的预防,即在工程执行过程中严格按照合同办事,防止自己违约,加强工程管理,特别是合同管理人员要熟悉各类合同,及时提醒和预警,使对方找不到反索赔的理由和依据。这和索赔成功最重要的是严格履约、执行好项目是一个道理。

为了更好地理解索赔与反索赔的策略与技巧,请仔细阅读案例 7 - 3 与案例 7 - 4。

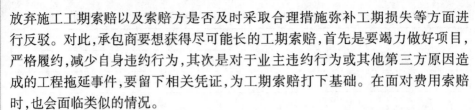

第二节 合同争议

一、合同争议的含义

合同争议,是指合同当事人对于自己与他人之间的与合同相关的权利行使、义务履行与利益分配有不同的观点、意见和请求的法律事实。某事项是否构成合同争议,主要看:

(1)该事项是否与合同相关,纯技术问题的分歧不应纳入合同争议来进行解决和管理。

(2)双方是否就该事项达成一致意见,如果只是单方意见或者双方已经协商成功,均不再视为争议。

(3)该事项的后果是将影响到合同权利义务。实践中,像合同是否成立、合同是否生效、合同工作由谁履行、合同工作如何履行、合同履行是否符合合同与法律的要求、合同责任由谁承担、承担责任的方式与大小等合同相关事宜,在双方无法达成合意之时都可能成为合同争议。

二、合同争议的分类

国际工程承包因为自身的复杂性、不确定性以及跨国性,是一项合同争议频发的经济活动。根据争议的性质,合同管理人员一般将国际工程的合同争议划分为技术性争议、合同条款争议和法律性争议三种类型。

1. 技术性争议

国际工程尤其是炼油、石化、制药等专业工程的技术含量很高,其核心工艺往往只为世界上少数几个专利商所垄断。实践中业主与承包商对工艺包本身的理解程度不一,基础设计(或详细设计)与工艺包本身的冲突,工艺包与工程设计本身又会直接影响后续采购与施工的成本、进度、安全与质量,工程量计算核算方法的冲突,地勘报告与实际地质条件的差异等,再加上不同国家技术标准与规范的差异,很容易在技术层面产生争议,继而影响双方合同权利义务、责任风险的分配。

在处理合同争议的时候,不能认为这只是项目经理与合同管理人员或律师的职责,项目专业工程师或者对技术问题进行专业鉴定的第三方机构对争议事实的定性与定量分析,将直接影响引用合同条款和适用法律法规的准确性,而这对于争议的最终解决是至关重要。

2. 合同条款争议

从合同文本本身看,国际工程承包合同大多内容繁杂(如1987年第四版的FIDIC施工合同条件,仅通用条件就达73条,内含数百个详细条款——这还不包括专用条件、众多的技术附件与商务附件以及其他合同文件等),合同文件之间难免自相矛盾,法律语言晦涩难懂,合同风险分担不合理,不同国家尤其是不同法律文化的当事人对合同条款与词语含义理解差异很大,争议变得不可避免。从动态的合同履约角度看,项目工期长达数年,期间合同所面临的情势发生很大变化,如设备材料价格上涨、技术规定与标准规范更新、工艺路线提升、货币汇率变动、业主做出新的决策等,合同条款无法对各种情况均做出详细规定和预知,往往是笼统带过甚至只字未提,而这些变化的因素往往因为直接影响项目的费用、工期和质量等,从而成为导致合同争议的导火索。

实践证明,指望编制一份完备的无懈可击的合同是不可能的。

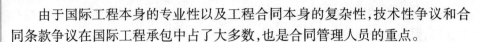

由于国际工程本身的专业性以及工程合同本身的复杂性,技术性争议和合同条款争议在国际工程承包中占了大多数,也是合同管理人员的重点。

3. 法律性争议

国际工程的综合性程度非常高,尤其是对于 EPC 总承包项目,往往糅合了工艺技术转让、货物进出口、国际劳务合作、国际海运与保险、技术服务与培训、工程监理、投资融资等诸多民商事法律行为,牵涉的合同主体众多,法律关系复杂,项目受到不同领域的法律法规的规制。在工程实践中,涉及违法转包分包、知识产权侵权、社会保险、税法等方面的法律性争议非常突出。

无论何种性质的争议,都直接或间接地与合同当事人之间的跨国差异和沟通不畅有关。国际工程承包作为一项跨国经济活动,涉及不同的国家、不同的民族、不同的政治、经济、文化、法律背景、宗教传统以及不同的语言和习惯,而且当事人常常为了各自不同的经济利益而处于一种不信任甚至敌对的状态,缺乏有效的交流沟通以及团队精神,彼此之间不容易相互理解与合作,对双方权利义务和风险的分配很容易产生分歧,争议无法避免。

当然,上述三种争议在实践中的界限并不是泾渭分明,而是互相交融在一起的。正是因为这三种性质的争议的存在,作为争议解决的主要成员合同管理人员必须要掌握工程技术、项目管理、合同解释、国际惯例以及法律方面的技能或知识,还需要有语言的优势以及对跨国文化乃至宗教的了解。

三、合同争议的处理

正是因为国际工程领域争议频发,各行各业的专家一直在探索一条能够有效解决国际工程争议的机制。目前在国际工程领域,形成了一套比较有特色的循序渐进的争议解决机制,即:"友好协商—工程师决定—专家评审—仲裁",合同管理人员有必要熟悉这套机制。

1. 友好协商

在合同履行过程中,合同双方的协商是可以不拘形式、不分场合进行的。从实践意义上理解,协商应该是广义的。在启动争议解决程序之前,任何为消除双方分歧的往来函件、正式或非正式会议、索赔谈判、承包商的施工人员与工程师现场代表的日常交流等,都可以视为协商的不同形式,也包括正式的商务谈判。协商的内容可以是技术方面的,也可以是商务方面的,甚至是法律方面的,后两者是合同管理人员必须亲自参与甚至主持的。总之,凡与合同履行相关的一切问题都可能涉及,只是随着协商的问题的性质不同,参与协商的人员的身份和交流的层级有所不同而已。

实践证明,这种协商对于消除争议的根源或减少争议的发生是十分有益的。

如果可能,通过协商解决争议对合同双方来说都是首选。它不仅节约时间和财务开支,而且通过协商解决问题还有利于维护合同当事方既有的合作关系,对于公司长远发展以及项目后续执行是很有益处的。对于业主来说,协商解决争议不至于影响合同工程的进展,也免使自己陷入旷日持久的纠纷之中;对于承包商来说,仲裁不仅耗时耗财,而且最后的结果存在着极大的不确定性(国际工程承包中,业主尤其是第三世界国家的业主往往利用自己的强势地位要求合同适用的法律为业主所在国家的法律,仲裁机构也是业主所在国家的仲裁机构),即使最终胜诉也没有把握得到全额赔偿,而协商解决争议则有可能使其非常便捷地将双方达成一致的索赔金额纳入进度付款证书,并在合同规定的期限内得到支付。

鉴于友好协商的优势,FIDIC专门引入了"友好解决"(Amicable Settlement)机制,将其作为启动仲裁程序的前置性程序和对DAB裁决有异议后的必经程序,这种机制再次为双方通过友好协商解决争议创造了条件,任何一方不必担心因主动提出重开谈判是向对方"示弱"的表现。这显然是FIDIC为尽可能避免合同当事方将争议提交仲裁所做的又一努力。

通过友好协商解决争议,要注意协商的层次性。实践中一般按照如下层级进行:"专业负责人(如合同管理人员)—项目经理—项目主任—公司高层管理人员—公司总经理"。必要的时候,专业的律师、审计师与会计师也介入协商谈判。实践中要尽量将合同争议解决在较低层级,为较高层级的介入留下缓冲的余地。

2. 调解或仲裁

调解和仲裁有其共同点,就是民间中立第三者的介入争议解决。

通过调解解决合同争议,意味着第三者即调解者的出现。与传统领域的争议调解者只是居间调解说服不同,国际工程承包领域的调解者开始具有了类似"仲裁员"裁判的功能,目前主要有工程师决定机制和专家评审机制。

1)工程师决定

在FIDIC合同中,启动争议解决程序的第一步是将争议提交工程师做出决定,由工程师来评判是非曲直,即工程师成为解决争议的"准仲裁员":

（1）提请工程师确认其对争议事项所持的立场和观点；

（2）工程师的决定使得启动争议程序的一方重新审视己方的立场和观点，对自己的索赔（或反索赔）能力做出评估，然后制定下一步的策略。

"工程师的决定"的另外一个作用是确认"争议"的确成为争议。国际商会（ICC）案例6238（1989）及6535（1992）都曾强调这样一个问题：在争议事项被提交仲裁之前，"争议"必须成其为争议。仲裁庭认为：在一项索赔或抗辩被提交仲裁之前，它必须是已根据合同提交并被否决过的。这意味着任何一方意欲通过仲裁解决合同中的争议事项，他必须首先将该事项提交工程师做出决定，仅当该决定未能成为最终时才可提交仲裁。按照 FIDIC 的规定，如果当事方在规定时间内没有对工程师的决定表示不满，工程师的决定即成为最终，对双方均有约束力。如果一方对工程师的决定不满，他应在规定的时间内向另一方发出表示不满意的通知，这是当事方将争议事项提交仲裁的必要前提。

工程师在这里实际上充当着"第三方调解人"的角色，他依靠自己的专业知识、工程经验以及相对中立的地位为合同争议的解决提供了可能，其决定的合理性与权威性尽量避免了双方将争议提交仲裁等法律途径。

在采用此类争议解决机制时，合同管理人员可以在如下方面发挥作用：

（1）与工程师进行商务、合同与法律方面的协商、沟通与谈判。

（2）为项目部提供相关合同与法律方面的咨询意见。

（3）审查提交给工程师的相关报告与证据等。

2）专家评审机制

在工程合同中，承包商往往处于劣势。因此，一个简便的、中立的、由真正独立的第三方介入的争议解决办法对承包商总是有利的。专家评审机制就是具有此类性质的方法。这一解决机制，有别于传统的争议解决方式，目前主要在体育、医疗以及工程等专业领域存在，尤其在国际工程领域发展最为成熟，目前该机制仍然处于一个不断发展和完善的过程中。

如前所述，工程师不是中立的第三方，他是作为业主雇佣的人员，其解决争议的公正性与权威性最受质疑。世界银行在其1995年1月正式出版的工程采购标准招标文件中提出了用"争议评审团（DRB，Dispute Review Board）"取代工程师解决争议的程序，并规定5000万美元以上的贷款项目必须建立 DRB。FIDIC 对此做出了积极的反应，在1999年版合同条件中，FIDIC 规定由"争议裁决委员会"（DAB，Dispute Adjudication Board）取代工程师对争议事项做出决定。此后，这一制度逐步完善和发展，形成了国际工程领域特有的专家评审机制，即业主与承包商共同聘用1~3名独立专家来对争议事项进行裁判。这一制度不断发展完善与发展,包括国际商会的 DB 制度(Dispute Board),英国的裁决人(Adjudicator)制度,中国的"争议评审组"❶等,均发源或借鉴于此。

无论是 DAB、DRB、DB 还是裁决人模式,专家评审机制都具有如下特点。

(1)独立性。

与工程师属于业主人员不同,这里的专家由双方出资聘用(可以在工程开工之前聘用,也可以在争议出现后临时组建),不属于任何一方,其中立地位得到保障,其做出的裁决才可能不偏袒任何一方,具有公信力,符合"任何人都不能做自己案件的法官"这一基本法律原则。

(2)专业性。

鉴于国际工程本身的复杂性以及石油化工行业的专业性,实践中经常聘请3 位专家组成评审组来裁决争议,这 3 位专家往往是不同领域权威人物,有法律与合同专家、有技术专家、有工程经济专家、更有对工程合同管理和处理争议有丰富经验的专家,在宗教、文化、语言与国家背景方面也提供了多重选择。这样一些有不同业务专长的专家组成一个稳定的解决争议的小组。相比于工程师而言,专家们联合做出的裁决显然会更有权威性,更有说服力。

(3)友好性。

合同双方与聘用的专家之间组成了一个相对封闭的体系,大家的地位是完全平等的,争议双方有机会充分陈述自己的观点和举证并进行充分的辩论,专家则除了居间裁判,还可以充分调查与沟通,具有强大的劝说与调解功能,这里没有任何公权力的介入,法律色彩较淡,尊重意思自治,在合同与事实面前,合同双方在专家的评审下往往能够达成一致的解决方案或者接受专家做出的裁决。

以上三点,使得专家针对争议做出的裁决足可使合同当事方在启动对抗性的仲裁程序之前预知争议提交仲裁的可能结果,然后对自己所处的地位有一个初步的判断和评价。实践中,双方往往均接受专家所作裁决,或者是在专家裁决的基础上双方举行进一步的技术与商务谈判来最终解决争议。

至于专家裁决的效力,一是通过合同约定约束双方,合同中一般均约定"对于裁决结果,除非一方在约定的期限内提交仲裁,双方均接受该裁决并受其约

❶ 具体条款可以参阅 2007 年 11 月由国家发展改革委等九部委联合发布的《＜标准施工招标资格预审文件＞和＜标准施工招标文件＞试行规定》(以下简称《试行规定》)及相关附件(以下简称《预审文件》、《标准文件》),该文件于 2008 年 5 月 1 日起在全国实施。

束";二是如果按期提交仲裁,按照国际惯例,专家的评审决定是仲裁的证据(Be Admissible in Evidence in the Arbitration),仲裁员做出的仲裁裁决往往也都支持专家裁决。他们认为:一个由具有丰富国际经验的专家组成的评审团做出的决定应该是公正、公平、可为当事方所接受的,除非案情本身发生了重大变化或当事方提供了新的有力证据。

更重要的,专家评审机制不限于事后对争议的解决,还能够有效预防争议的发生,这种预防机制,主要通过常设的专家评审组(即开工前就设立的专家评审组)的定期项目现场考察,提交考察报告,组织双方交流沟通等方式来发现和预警任何实际存在的或潜在的问题及索赔事项。实践表明,DAB的这种例行考察对于防止和减少现场争议的产生具有积极作用。

DAB包括其他专家评审形式的目的不是要惩罚对方,而是要实现自身的战略目标。只要有可能,就要争取双赢、多赢乃至共赢的结局,争取一个各方都能接受的解决方案。这种争议解决方式,可以说就是"妥协的艺术"。

专家评审机制是国际工程领域很有特色的争议解决机制,但从法律上而言它毕竟不是争议解决的最终解决方式,当双方可能拒绝专家给出的建议或决定的时候,当事人就只能求助于仲裁这种法律途径了。

通过专家评审机制解决合同争议,合同管理人员可以在如下方面发挥作用:

(1)选聘评审专家、对专家资历进行调查与审核。

(2)为项目部提供相关合同、法律以及专家评审制度尤其是如何做裁决以及裁决的效力方面的咨询意见。

(3)审查提交给评审组的相关报告与证据等。

(4)参与专家评审组组织下的与业主的调解、协商与谈判。

3)仲裁(Arbitration)

前述调解机制作出的决定或建议的约束力是有限的,只能通过合同约定的方式进行确认,缺乏法律上的直接强制力与执行力。按照国际惯例,仲裁才是国际工程合同争议解决的最终阶段。可以说,国际仲裁是工程建筑行业律师们之间的较量,而DAB等专家评审等调解机制则是职业工程师之间的博弈。

国际工程承包合同范本(如FIDIC合同条件)和工程实践中,最终的争议解决方式基本上都是仲裁,而非诉讼,原因在于:

(1)一般情况下,仲裁的对抗性以及所花的时间和费用均低于诉讼,还具有更好的保密性,但却同样与诉讼一样具有终局性。

(2)权威的国际仲裁机构拥有国际上相关专业领域内一流的专家学者,他们的丰富经验和智慧使他们能够恰如其分地处理那些牵涉到复杂的商务、法律及工程技术背景的争议问题,这是一般的法庭所难以企及的(法官仅在法律的解释与法律技能的运用方面具有专长)。

(3)避免裁判时法庭偏袒本国合同当事人,也避免执行时遭遇的本国保护主义,因为国际仲裁裁决较之外国法院裁判更容易得到法律上的承认与程序上的保证(根据《纽约公约》即《关于承认和执行外国仲裁裁决公约》的规定,缔约国的仲裁裁决能直接申请在140多个缔约国法院得以强制执行)。

关于仲裁机构❶,FIDIC 合同条件推荐的是国际商会(ICC)仲裁院。除此之外,影响较大历史悠久的权威的常设商事仲裁机构主要有瑞典斯德哥尔摩商会仲裁院、英国伦教仲裁院、美国仲裁协会、苏黎世商会仲裁院等(详见表7-3)。目前,瑞典的斯德哥尔摩商事仲裁院(SCC)目前在国际上处于商事仲裁的领头羊地位:斯德哥尔摩作为仲裁地点在国际上享有可信、公正的盛誉;在管辖权方面,因为瑞典仲裁历史悠久,体制完善,加上瑞典是中立国,所以斯德哥尔摩还是一个可以接受的,最接近中立的仲裁院;与其他仲裁地点相比,它的仲裁费用也相对较低,仲裁规则容易被人接受。因此,斯德哥尔摩是一个较好的选择地点。

中国国际经济贸易仲裁委员会也是享有信誉的国际仲裁机构,合同管理人员应当努力争取其成为合同规定的仲裁机构。

目前国际商事仲裁机构的基本情况详见表7-3。

表7-3　世界主要国际商事仲裁机构基本情况一览

名　　称	英 文 缩 写	简　　介
国际商会仲裁院	ICCCA	1923 年成立,总部在巴黎,是附属于国际商会、迄今为止唯一独立于任何国家的民间性的常设仲裁机构,也是全球最大、最权威的国际商事仲裁机构
斯德哥尔摩商会仲裁院	SCCCA	成立于1917 年,是在斯德哥尔摩商会下的仲裁机构,专门解决工商及海运中发生的争议。由于瑞典政治中立,是东西方国家商事仲裁中心
伦敦国际仲裁院	LCA	成立于1892 年,是国际上最早的常设仲裁机构之一。它可审理提交给它的任何性质的争议,尤其擅长审理国际货物海事争议

❶ 仲裁分为机构仲裁与临时仲裁,但因国际工程合同中普遍约定机构仲裁方式,所以本书所谈仲裁仅指机构仲裁。

国际工程建设项目合同与合同管理

名 称	英文缩写	简 介
瑞士苏黎世商会仲裁院	Court of Arbitration of ZCC	成立于1910年,是苏黎世商会下设的常设仲裁机构,但审理仲裁案件时是独立于苏黎世商会的。该院既受理国内案件,也受理涉外经济贸易争议案件。由于瑞士是政治中立国,国际上较多的经贸纠纷都交给它仲裁
美国仲裁协会	AAA	成立于1926年,是一个非盈利性为公众服务机构,其目的在于:在法律许可范围内,通过仲裁、调解、协商、民主选择等方式解决商事争议。AAA的受案范围很广泛,从国际经贸纠纷、劳动争议、消费者争议、证券纠纷等无所不包。与此相适应,AAA有许多类型的仲裁规则,分别适用于不同类型的纠纷,其中就有专门的建筑业仲裁规则
中国国际经济与贸易仲裁委员会	CIETAC	成立于1988年,总部设在北京,在上海和深圳设有分支机构。现在已经发展成为世界上最重要的常设仲裁机构之一
香港国际仲裁中心	HKIAC	成立于1985年,是一家民间仲裁机构,不受政府的影响和控制。它现在具有特殊的法律地位,从国籍上讲是中国的仲裁机构,但它不受中国仲裁法关于仲裁机构规定的约束
新加坡国际仲裁中心	SIAC	地区性常设仲裁机构。受理国际商事及海事仲裁案,是新加坡法定的仲裁员指定机构。新加坡拥有亚洲最佳司法体制,各国企业及律师通常愿意选择新加坡作为相对中立的第三国进行仲裁

在国际工程合同谈判中,要争取适用第三国法律或在中国仲裁是很有难度的,但是如果合同管理人员通过谈判能争取到如下三个有利因素,则对于避免在争议解决中处于被动状态也是很有帮助的:

(1)仲裁机构为国际著名仲裁机构;

(2)仲裁地点为中立的第三国,或被申请人所在国(这种选择对当事双方来说基本上是机会均等的);

(3)三人组成仲裁庭(双方各指定一名,仲裁委员会主席为第三名仲裁员并兼任首席仲裁员)。

其中在选择第三国仲裁时,应当考虑该国的如下因素:该国政治上对中国友好(如新加坡)或持中立(如瑞士);该国仲裁法律及仲裁规则比较公平合理;该国仲裁机构及其仲裁水平与能力在国际上享有良好声誉;该国为《纽约公约》缔约国等。

国际工程承包的仲裁条款具有完备性和严谨性，否则可能导致仲裁条款无效。一条完备的仲裁条款，应当包括：仲裁范围、仲裁机构、仲裁地点、仲裁规则、仲裁语言、仲裁员选择与仲裁费用。合同管理人员在熟悉各类仲裁规则与仲裁法律的基础上，还可以参考各仲裁机构提供的仲裁示范条款：

（1）ICC 提供的仲裁示范条款。

All disputes arising out of or in connection with the present contract shall be finally settled under the Rules of Arbitration of the International Chamber of Commerce by one or more arbitrators appointed in accordance with the said Rules.

所有因本合同引起或与本合同有关的争议，应提交国际商会仲裁院通过仲裁方式最终解决，该仲裁应当按照前述仲裁规则任命一名或多名仲裁员。

（2）SIAC 对采用 UNCITRAL 规则的仲裁示范条款。

Any dispute, controversy or claim arising out of or relating to this contract, or the breach, termination or invalidity thereof, shall be settled by arbitration in Singapore in accordance with the UNCITRAL Arbitration Rules as at present in force.

所有因本合同引起或与本合同有关的（包括但不限于违约、合同终止及合同无效）纠纷、争议和索赔请求，应在新加坡通过仲裁解决，仲裁应当遵守现行有效的联合国国际贸易法委员会仲裁规则。

The appointing authority shall be the Chairman of the Singapore International Arbitration Centre ("SIAC"). The arbitration shall be managed by SIAC in accordance with its practice rules and regulations.

仲裁员应由新加坡国际仲裁中心主席任命。仲裁应当由新加坡国际仲裁中心按照其自有的先行有效的制度和规定进行管理。

The number of arbitrators shall be _____ .

仲裁员人数：_____。

The language to be used in the arbitral proceedings shall be _____ .

仲裁中适用的语言为：_____。

（3）CIETAC 提供的仲裁示范条款。

Any dispute arising from or in connection with this contract shall be submitted to China International Economic and Trade Arbitration Commission for arbitration which shall be conducted in accordance with the Commission's arbitration rules in effect at the time of applying for arbitration. The arbitration shall take place in Shenzhen or in any other city located in China or other country chosen by both parties, The arbitral award is final and binding upon both parties.

所有因本合同引起或与本合同有关的争议,应当提交中国国际经济贸易仲裁委员会根据申请仲裁时其有效的仲裁规则仲裁解决。仲裁地点在深圳或任何当事人双方选定的其他国内城市或其他国家。仲裁裁决约束双方并具有终局效力。

In the above – mentioned arbitration clause,the parties may also include the following matters:

Venue of Arbitration, Language of Arbitration, Applicable Law, Nationality of Arbitrators, Number of Arbitrators, Application of Ordinary Procedure or Summary Procedure,etc.

在上述仲裁条款中,双方当事人还可以约定下述事项:仲裁地点、仲裁语言、适用法律、仲裁员国籍、仲裁员人数、适用普通程序还是简易程序等。

在启动仲裁程序与仲裁进行过程中,为了争取有利的仲裁结果,合同管理人员应当注意如下事项:

(1)证据问题 。

"谁主张,谁举证(He who asserts must prove)"是一个国际公认的民商事法律基本原则,它同样适用于仲裁。翔实、充分的证据是支持当事方主张的坚实基础。只不过与诉讼相比,仲裁对取证范围规定得更为广泛。对于一个国际工程合同而言,证据主要包括费用记录、进度记录、现场指令、来往函件、会议纪要、工程日志、工程照片以及各种技术文件等。

需要注意的是,时间是证据的大敌。时间拖得越久,证据的收集就越发困难,索赔事件的详情也会被当事人逐渐遗忘。并且,国际工程工期漫长,随着人事的更迭,相关人员的召集也越发不易,因此建立一整套完善的文档管理制度就变得格外重要(关于国际工程合同文件管理的详细论述请参阅本书第八章)。

(2)技术人员的作用。

一项争议提交仲裁后,除外聘律师与合同管理人员外,是否就与其他人无关了呢? 答案是否定的。有人认为,一旦启动仲裁程序,案卷和其他记录移交给律师,技术人员之间的谈判即告终结,项目经理、专业工程师、现场工程师们就可以袖手旁观了。这种看法显然是不正确的,将事实认定与法律定性分割开来,将难以取得仲裁的成功。在实践中,技术人员一定要充分认识自己在仲裁前及仲裁过程中的补充职能,随时为他们的合同管理人员提供技术支持并保证他们随时能够查阅所有相关的资料,而项目经理,设计经理以及工艺工程师等关键技术人员,则应当与合同管理人员和律师组成"仲裁策略小组",不仅要参加仲裁前的仲裁策略会谈,而且要参加后续的与仲裁相关的内部会议,要保证随时沟通,信息对称。合同管理人员在这个过程中应当能够充当外聘律师与公司技术人员之间的沟通桥梁。

仲裁是一项法律性很强的专业性程序,不但对抗性强,而且费时费力,国际仲裁的花费更是不低。所以双方对于是否启动仲裁都是非常谨慎的,大多数索赔都不会走到仲裁阶段,即使对仲裁有必胜的把握,也会力争通过谈判解决。在工程实践中,除非一方过错明显、证据充分且损失重大,而对方又拒绝赔偿,一般不会轻易启动仲裁程序,如果迫不得已启动,也不会放弃寻求友好解决争议的机会。这时候,仲裁更是逼迫对方进行友好协商的"工具"。例如,在非洲某国的一个石化工程改扩建项目中,爆发了承包商无法预料的"燃油危机",无法开展施工工作,中国承包商据此向业主提出索赔,但业主一直态度强硬,拒绝协商,甚至威胁要没收承包商的履约保函。中国承包商在充分了解合同条款,并充分审阅了相关证据后,确信有相当把握其索赔主张会得到仲裁庭的支持,于是果断按照仲裁条款启动仲裁,并聘请了著名的国际仲裁律师备战,同时寻求驻外使馆和经参处的外交帮助与支持。最后业主通过权衡利弊,态度瞬间软化,同意协商,中国承包商通过谈判,据理力争,拿到了将近 500 万美元的"燃油危机"补偿款。

尽管仲裁是解决争议的最终途径,但开始仲裁并不意味着已没有和解的可能。相反,在仲裁过程中,合同管理人员应随形势的进展,在适当的时机建议项目部尝试和解。需要注意的是,因为这种时机只是存在可能性,所以,仲裁一旦启动,合同管理人员负责的与仲裁相关的准备工作必须按部就班地组织(可以参考案例 7–5 中业主的仲裁准备工作)。在某国际化工程项目中,由于承包商的一揽子索赔数额巨大,而且 DRB 对大部分争议的建议对承包商有利,所以起初承包商的立场非常强硬,双方分歧很大,无法在一开始达成和解,因此业主不得不拒绝 DRB 建议并在约定期限内提起进入仲裁程序。在仲裁开庭前,业主精心准备提交了高质量的答辩书,而承包商却没能提交一个很强的答复,业主感觉到形势对己有利,于是同承包商展开和解谈判。双方终于在仲裁庭开庭前达成一揽子和解协议,提前终止了仲裁程序,避免了对抗,实现了共赢。

3. 诉讼

在国际工程承包领域,尽管仲裁因其特有的优势(特别是相对的中立性和可执行性)在合同争议最终解决方式上占有明显优势,但是并不能排除诉讼的可能性。在业主地位非常强势的时候,业主常常坚持工程所在国法(往往也就是业主所在国法律)为合同的适用法律,坚持工程所在国法院为诉讼管辖机构,这对于承包商是非常不利的,承包商合同管理人员要竭力避免此类条款。

诉讼是国家强制力直接保障的司法程序,如果承包合同规定通过诉讼解决争议,或者在合同条款中未提及解决争议的方式而双方又未能达成新的仲裁协议,那么这类争议就不得不通过诉讼来解决。在国际工程承包中,采用诉讼方式解决合同争议,对于承包商来说会面临很大法律风险:

(1)对于承包商而言,对工程所在国法律体系、法律传统、司法审判与执行制度不熟悉,因而难以制订应诉策略,诉讼成本大大增加,赢得诉讼成功的可能性很低。

(2)因为本国法院对业主的偏袒与保护,使得诉讼一开始,双方的诉讼地位就不平等。

(3)漫长的审判(两审终审甚至三审终审),全过程的公开审理,既不利于纠纷的解决,也不利于企业的长远发展和树立良好信誉。

当然,选择诉讼并不意味着一定对承包商不利。如果承包商败诉且承包商在项目现场又没有足够可以执行的财产,对于业主来说,该国法院判决在中国的执行会面临困难。因为每个国家的司法是独立的,中国法院可能不会承认和执行该国法院的判决,除非该两国之间签订了司法互助协议。而截至目前,与中国签订商事司法互助协议的国家也就十余个,而且与中国经济贸易有密切交往的国家大都不在此列。在这个意义上来说,选择诉讼对于中国承包商又有一定的保护作用。

在诉讼中,合同管理人员的作用非常重要,包括:熟悉并在项目部普及所在国诉讼程序、为公司人员提供相关法律咨询、选聘和审核外聘律师、协调为外聘律师提供各类项目文件资料、审查各类对外提供的证据材料、为公司人员和外聘律师提供沟通的桥梁等。

附 录 案 例

【案例 7-1】 沙特项目业主通过见索即付银行保函向承包商索赔误期赔偿金。

某公司关于项目业主进行索赔的公告:

本公司董事会及全体董事保证本公告内容不存在任何虚假记载、误导性陈述或者重大遗漏,并对其内容的真实性、准确性和完整性承担个别及连带责任。

2008 年 11 月 11 日,公司收到中国某银行北京分行索赔通知书,因沙特项目业主就公司承揽的该项目提出索赔,索赔金额为 1680 万美元,通知书要求公司在接到索赔通知书三个工作日内,将相应款项支付给中国某银行北京分行,由中国某银行北京分行办理对外支付。

一、事由过程

2004 年 11 月 20 日,公司与沙特阿拉伯某公司签署了工程工程承包合同,合同金额为 2.4 亿美元,合同工期为 26 个月。工程承包合同自 2004 年 12 月 1 日生效。此项目是公司大规模进入海外市场的第一个大型工程工程承包合同项目。

上述项目因供货和服务范围细节分歧、技术标准分歧、项目双方配合问题等原因,至 2007 年 8 月实现开车投产,比合同工期拖延了 6 个月,目前项目运行超过设计产量 10%。根据工程承包合同第 13 条约定,因承包商原因,工程承包合同工期发生延误,承包商应支付给业主最高不超过工程承包合同金额 7% 的罚款,即 1680 万美元。

公司在项目可能出现工期拖延的情况下,曾多次与沙特项目业主进行协商并指出拖期的双方原因,就业主方放弃工期延误索赔达成了相关书面协议,其后就书面协议的细节进行了多轮交换意见,并为此做了大量的准备工作,目前此项工作仍在进行中。但日前沙特项目业主在没有告之其将采取行动的情况下通过利雅得银行向中国某银行北京分行发出电报,针对公司开具的该项目保函向银行提出索赔 1680 万美元,公司于 11 月 11 日收到中国某银行北京分行索赔通知书,公司将在近日先行支付相关款项。

二、上述索赔对公司的影响

上述索赔金额实际支付后会对公司 2008 年净利润产生影响。公司正积极研究如何减小因此引起的当期利润减少的措施。

三、公司拟采取的措施

(1)由于起因突然,公司已启动新一轮沟通,采取有效措施合法维护我方权利;

(2)确保后续项目的正常履约,减少和杜绝此类索赔事项的发生。

特此公告。

某工程股份有限公司

董事会

××××年××月××日

【案例 7-2】 依据适用法律(Governing Law)进行索赔。

在苏丹某石油开发工程项目中,合同约定适用法律(Governing Law)为工程施工所在地法律。中国承包商在管沟开挖中遇到了大量的石方段,与合同中"工作范围"描述的管线地质情况严重不符:承包商在其技术标和商务标中报价的石方段只有 70 千米,而实际开挖过程中碰到的石方段多达 600 千米以上。

承包商因此向对方索赔。

业主收到索赔通知书后回函,业主以合同中规定了"业主提供的任何数据和信息仅仅供承包商参考"以及"对现场条件的不了解不解除承包商的履约义务,也不能作为索赔依据"为由拒绝。

针对此拒绝理由,中国承包商除了证明"承包商在投标阶段无法预见"之外,还依据合同引用了该国的民法典(Act of Code of Civil Transaction)规定:"若由于不可预见的情况,使合同工作的实施变得繁重,并当工作量超过原来的 2/3 时,可以考虑将合同义务修改到合理的程度,任何与本规定有矛盾的合同条款,应予以取消"。据此,承包商认为本合同所遇到的情况符合适用法律的规定,原合同条款与法律的强制性规定相违背,法律应当优先适用。

【案例 7-3】 缺陷责任期内工程索赔案的索赔与反索赔。

一、项目概况

南亚某国工程项目,该项目按照合同于 2000 年 5 月 31 日竣工验收而进入缺陷责任期。

2000 年 8 月,山洪爆致使部分工程损坏,造成约 8 万美元左右的经济损失。

2001 年旱季,承包商根据工程师的指示,对损坏工程进行了修复,并按照"追加工程"的方式,以议定的新单价向工程师递交了修复账单。

二、索赔过程

该项目遭遇大洪水后,承包商一方面组织抗洪,同时向业主书面报告工程损坏情况,请求业主启动抗洪应急方案。业主收到承包商的信件后,立即书面

指示承包商组织人力、设备和物力进行抗洪。承包商遵照工程师的指示开展抗洪并明确向工程师致函(同时抄送业主)申明如下观点:

(1)根据合同第20.1款,缺陷责任期内工程照管的责任应由业主承担;

(2)抗洪期间业主临时使用承包商的设备和人员由业主按照合同第52.4款支付;

(3)根据工程师的指令,承包商可以按照合同第20.3款的规定承担工程修复的工作,但修复费用应按照合同第51.1款作变更处理由业主承担,其单价应按照合同第52.2款以该项目追加工程议定的新单价由业主支付。

工程师在收到承包商的函件后复函:"按照合同规定执行。"

2001年1月,承包商与业主等组成调查小组对损坏工程进行联合丈量、图纸绘制和报批,并对工程进行了修复。在修复的过程中,承包商一直都比较注重保存完整的工程修复记录资料,必要时请工程师见证、监督和签字确认。

2001年4月,承包商与业主代表对修复工程进行了联合验收,上报了账单,要求工程师批准并支付,但未获得工程师的及时批准。工程师仅答复:修复费用需要得到业主的批准才能支付。

2001年5月,业主在审查修复账单时因政治原因出现了反复,复函承包商并提出了如下问题:

(1)在缺陷责任期期间发生的工程损害是承包商的责任,承包商应自费修复。

(2)若承包商不对维修期内的工程损坏负责,那么缺陷责任期内承包商的维修工作是什么?

(3)发生水毁时的工程损害在工程保险有效期内,承包商应向保险公司进行索赔,业主不承担补偿的义务。

(4)参照其他中国公司修建的同一地区的类似工程,在缺陷责任期内发生的工程损害是他们自费修复的,为什么你们不能?

针对业主提出的问题,承包商逐条给予了答复(同时抄送工程师):

(1)根据合同第20.1款,"从工程开工起到颁发整个工程的移交证书的日期止,承包商应对工程、材料和待安装的工程设备等的照管负完全责任。照管工程的责任应随工程移交证书一起移交给业主。"承包商于2000年5月31日已经将工程移交给了业主,8月发生的损坏应是业主在工程使用期间发生的损害,属于业主风险,承包商不应对工程损害承担任何责任。

(2)根据合同第20.1(b)款和第49.2(a)款的规定,承包商在缺陷责任期的工作一是完成工程的剩余工作和对工程移交之前的任何损害进行修复,二是

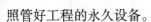

照管好工程的永久设备。

（3）根据合同第21.2款"保险范围"的规定，保险公司仅对"在缺陷责任期内，因发生于缺陷责任期开始之前的原因造成的损失或损害"承担赔偿责任，而对业主使用工程期间发生的损害不承担责任。

（4）不同的工程项目所签订的合同条件不一样，承包商仅对该项目的合同条件负责。

在无法驳倒承包商的情况下，业主为了避免支付可能带来的政治上的麻烦，遂将索赔账单转交给业主律师办公室，要求业主律师按照合同条款从法律的角度给予论证和裁决。

业主律师首先调查保险公司对该项目工程移交日之前的索赔情况，认真了解整个索赔事件的过程，审查了承包商递交的索赔文件，邀请承包商一起研究合同条款。

三、索赔结果

承包商一直与业主律师保持着良好的合作关系，经过多次深入讨论，业主律师最终认同了承包商对合同理解的正确性、索赔要求的合理性和索赔文件的完备性，做出了业主应支付承包商修复款项12.3万美元的裁决。

业主律师申明其裁决的依据和理由如下：

（1）根据合同第20.1款的规定，以工程移交日（2000年5月31日）夜间0时为界，0时以前发生的损害由承包商负责修复，费用自理。0时以后发生的损害由业主负责。鉴于工程移交日之前的损害承包商已经修复，免除了承包商的责任，所以移交日之后的损害修复由业主承担。

（2）鉴于承包商已经根据工程师的指示修复了业主在工程使用期间发生的工程损害，并进行了联合丈量验收，形成了"事实上"的变更工作。根据承包商递交的索赔文件的完备性，工程师没有实质性的反索赔文件给予支持。所以，业主应按照已经执行的该项目追加工程的新单价给予支付。

【案例7-4】 国际工程索赔与反索赔分析与策略运用案例。

一、项目概况

业主（A方）与承包商（B方）签订了由政府投资的某石化工程工程承包合同，由B方承担工程的全部设计、设备供应、土建施工、设备安装、调试与试运行等工作。工程所在国为业主所在国 A 国,合同总价 2.75 亿美元,适用法律为 A 国法(A 国为政教合一的伊斯兰国家),争议最终解决方式为在 A 国仲裁。

二、索赔与反索赔要求

(1)因为各种原因,整个工期比原计划延长 3 年,承包商成本大幅度增加。在工程结束前,B 方向 A 方提出 1 亿美元的一揽子费用索赔。

(2)在试车中发现,2 号区域设备投产出现故障,A 方立即发出警告,要求 B 方按合同规定清算损失,即 B 方必须承担 A 方因工期拖延,工程不能投产所产生的全部损失。工程结束前,A 方又向 B 方提出工程延期罚款 5000 万美元的反索赔。

三、B 方对索赔、反索赔的全面分析

1. 对己方的分析

1)己方的基本目标分析

(1)使工程顺利通过验收,交付使用,使 A 方认可并接受该工程;

(2)制止 A 方清算损失的要求;

(3)反驳 A 方的工程拖期违约金索赔要求;

(4)通过索赔得到额外收入约 1000 万美元。

2)己方索赔事项分析

(1)设计的基础数据与资料拖延交付;

(2)工程范围屡次变更;

(3)图纸批准拖延;

(4)由于 A 方干扰,使 B 方生产效率降低等。

通过分别按单位工程如土建、机械安装、电气工程等进行索赔值分项估算,确认 B 方有理由提出费用索赔的额度约为 9610 万美元。

3)基本目标实现可能性分析

(1)前述基本目标(1)、(2)易于实现。由于 A 方急等着工程使用,所以只要工程能够正常使用,A 方就会接收工程,但前提是 2 号区域设备试运行不能再出现质量问题。

(2)目标(3)有一定的难度,要求 B 方提出足够的理由与证据。

(3)目标(4)很难实现,但要争取。

4)索赔处理关键点分析

(1)对索赔谈判妨碍极大的是2号区域设备试运行出现的质量问题。为避免谈判中处于不利地位,在谈判开始前必须使机组试运行成功并顺利投产。

(2)在谈判中应强调"合理的补偿"和"合理的解决",而不是特别强调对方的违约行为和进行责任分析。这才是伊斯兰宗教法原则。

(3)谈判中A方可能的反击点:①B方没有在合同规定的索赔有效期内提出索赔要求;②B方没有工程受到干扰的详细证明;③B方有明显的工期拖延责任。

(4)避免将合同争执交仲裁或A国法庭裁决,应尽一切努力争取双方协商解决。

2. 对业主(A方)的分析

1)A方可能目标及其优先性的分析

通过对A方综合分析发现,A方的主要目标可能是按如下优先次序排列:

(1)2号区域设备尽快投产,当时该石化产品正处于价格上涨阶段且需求强劲。

(2)尽可能延长试运行期限(按照合同规定,试运行期间的费用由B方承担)。

(3)尽可能延长质量保修期。

(4)尽量少向B方支付赔偿费,不再追加工程投资。

(5)向B方索赔以弥补工程拖延与质量等问题造成的损失。

2)对A方索赔事项的分析

(1)由于工期延长的合同违约金。

(2)土建和机械安装未达合同工程量,应调整相应的合同价格。

(3)因土建、机械和电器工程设计和施工失误造成A方工程成本增加。

(4)由于B方失误造成A方的其他承包商损失。

(5)由于工期延长使A方工程管理费增加。

考虑到工程结束时,在B方向A方提出索赔后,A方可能再一次提高索赔值,估计A方的最终索赔最高值为12963万美元,最低可能为9550万美元。

3. 制订B方索赔策略

基于对A、B双方利益的分析,B方确定了索赔谈判中的基本策略:

（1）以反索赔对抗索赔，最终达到平衡或大部分平衡。

（2）在谈判中注重与第三方如 B 方的 A 国担保人和监理工程师的预先沟通和磋商，这比直接与 A 方会谈更为有效。

（3）A 国将持续投资石化工程项目，为长远利益，B 方打算与 A 方建立长期合作关系，所以在谈判中应强调双方长期的合作关系和利益的一致性，减少对抗。

（4）尽量争取友好解决，避免仲裁，所以，谈判中有做较大让步的心理准备。

四、A 方真实目标

经过几次索赔调解、磋商与谈判，B 方终于发现 A 方真实目标主要是：

（1）希望 B 方延长试运行时间，同时，相应延长质量保修期。

（2）不再向 B 方追加费用。

五、索赔的最终解决

最终双方达成一揽子解决方案为：

（1）双方各不支付，互作让步，即 A 方不要求工期罚款，B 方放弃 1 亿美元的索赔要求。

（2）考虑到 B 方的实际支出和 A 方延长保修期的要求，采用折中方案：B 方延长保修期一年；在保修期结束时，如果一切运转正常，B 方可获得 A 方 1500 万美元的费用补偿。

【案例 7 - 5】   某国际工程项目业主的仲裁准备工作。

一、项目基本情况

世界银行贷款项目，采用国际竞争性招标、国外承包商承建，执行 FIDIC 土木施工合同条件（红皮书），即合同争议必须首先提交给"争议审议委员会"（DRB）处理。实践中因为 DRB 给出的建议大多数未被合同双方接受，最终承包商作为申请人启动了国际仲裁程序。

二、仲裁准备

业主方为仲裁做了充分全面的准备：

(1)聘请某英国公司为仲裁管理提供咨询,负责制订《仲裁工作大纲》并统筹整个仲裁工作。

(2)指定某英国律师事务所律师担任仲裁代理律师,负责制订《答辩报告》的编写体系、答辩策略、修改审核《答辩书》等重大问题。

(3)聘请瑞典律师担任出庭律师,并提供其他相关的法律咨询服务(因为仲裁地点设在瑞典,瑞典法律为仲裁的程序法)。

(4)成立"仲裁领导办公室"进行协调,将答辩准备工作分配给了各专业小组(各小组设有组长,组员主要由在现场工作的咨询专家组成),分别处理时间争议、设计争议和费用争议。各专业小组根据律师制订的大纲,准备对仲裁申请书各部分的答复草稿。

(5)业主安排专门的熟悉现场情况的监理工程师配合咨询专家工作,负责在资料提供、证据提供、案情基础分析等方面提供大量协助。

(6)设立专门的合同工程师、文控工程师与信息工程师进行文件资料收集、甄别和计算机信息管理。

(7)遴选证人,证人证词由咨询专家负责制订/审定,以满足仲裁庭审的需要。

(8)指定了一名有英国背景的仲裁员(而英联邦国家的仲裁员、律师和工程专家大多具有 FIDIC 合同方面的专业知识和经验)。

答辩书初稿经业主审定后方可送达仲裁庭。

第八章　合同文件管理

第一节　合同文件管理概述

一、合同文件管理概述

合同文件管理作为合同管理人员职责的一部分,发展到今天,它不仅仅是为了解决争议、索赔和提交竣工文件,它在整个项目管理,乃至企业管理中有着更为重要的作用。它已成为项目管理与现代企业管理的重要组成部分。合同文件管理,以传递信息提升管理水平为目的,是实现整个工程科学管理的资源基础。

1. 合同文件管理的含义

合同文件管理工作主要有以下两部分组成:

(1)合同文件的静态管理。即合同文件的收集、归档等工作。确定合同文件的范围是静态管理的前提。合同本身包括许多资料与文件,合同分析又产生许多分析文件,在工程实施中又产生许多与合同直接相关的资料文件,如报告、指令、信函、会议纪要等。所以首先必须落实这些资料文件的收集工作,应由相应的职能人员收集这些原始资料按期将原件或复印件及时提交给专职的合同管理人员。所有合同管理中涉及的合同文件资料不仅限于目前使用,必须完整保存到合同关闭。为了查找和使用方便则必须建立资料的文档系统与检索系统。

(2)合同文件的动态管理。即合同文件的设计、编制、提供、调阅、输出、销毁等。合同管理人员有责任向项目经理作决策提供合同文件方面的支持;向各职能人员和各工程小组、分包商提供文件资料;为工程的各种验收、为索赔和反索赔提供资料和证据。

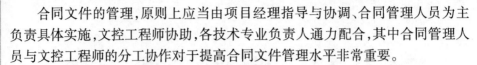

合同文件的管理,原则上应当由项目经理指导与协调、合同管理人员为主负责具体实施,文控工程师协助,各技术专业负责人通力配合,其中合同管理人员与文控工程师的分工协作对于提高合同文件管理水平非常重要。

2. 现实合同文件管理工作中的不足

合同文件的范围非常广泛,它不仅是项目执行的依据,也是记录和反映项目实施过程和项目权利义务变化等事宜的重要资料,更是工程索赔与反索赔以及解决争议的重要凭证,但是目前国内工程公司在项目实施过程中对合同文件的管理普遍没有得到应有的重视,管理水平偏低,集中表现在:

(1)缺乏统一的合同文件管理规范、标准或程序性文件;

(2)合同文件不能及时归档,保管和检索方式落后,文件不完整和原件缺失的情况非常常见;

(3)缺乏明确的合同文件管理机构与高素质的合同文件管理专业人员,权责不清,工作界限不明。

在工程实践中,具体体现为:额外工作未得到书面确认,变更指令不符合工程规定,错误的现场记录与会谈纪要未及时反对,重要的文件资料未能及时保存原件,业主违约等事实未能用文字或信函确认,索赔时无法收集整理完整齐备的支持性文件、泄密事件时有发生等。

3. 合同文件管理的意义

国际工程在建设过程中会形成大量复杂的合同文件,对合同文件的管理是一个专业化程度较高的工作,如能在项目建设之初就重视合同文件的管理,制定一个统一的标准,如合同文件的书面格式、装订标准以及保管借阅等方面的制度,采取现代化的保管、检索手段,由专人组织和协调,合同文件及时归档,对合同文件的完整性、安全性、方便查阅和永久保存非常重要,尤其是对工程索赔、争议解决、项目的竣工验收以及提高企业管理和项目管理水平具有重要意义。以工程索赔为例,承包商的合理索赔需要提交标准化系统化的索赔报告,而索赔报告除了清晰明确陈述己方索赔权利,准确合理计算索赔要求外,充分有力的证据是必不可少的。完善有序的文档管理尤其是合同文档的管理是实现成功索赔的关键。在一些大型工程项目中,甚至专门会设立独立的文档控制中心集中实施文档管理。另外,完善的文档管理也可以帮助承包商及时敏锐地发现索赔机会,避免己方合理的索赔权力丧失,如工程师的变更通知、不可预见性的天气地质报告等都是工程索赔的信息来源。

二、合同文件的含义

合同文件是合同的载体,是组成合同的文档的总称,或者说是双方订立合同的一种外在实体表现形式。

狭义的合同文件指双方签署的达成合意的,约定双方权利义务、责任与风险的一系列文件,是合同的外在形式。合同文件一般是在合同履行前形成的,但也有一小部分是在合同履行过程形成的(常见的形式如会议纪要、变更协议、补充协议、备忘录等)。狭义上的合同文件实际上构成了业主与承包商之间完整的契约。但仅仅是这个侠义的合同文件定义,在一个国际工程项目中也可能包含非常庞大复杂的文件。以中国某承包商承接的科威特集油站项目合同为例,其合同文件共有13卷,累计32000页,这还不包括在工程执行过程中新签署的各类补充与变更协议。

广义的合同文件则还包括在工程实施过程中与合同直接或间接相关的各类记录工程进行过程的证明文件,如各类传真、通知、各类信函、工程指令、工程记录、工程进度表、施工实施计划等。

本章如无特殊说明,仅指狭义的合同文件,即必须是涉及权利义务变化的双方合意的体现,也是合同管理人员关注的重点。

在国际工程中,依据不同的合同文本,合同文件的形式是不一样的。实践中,国际工程合同一般由合同协议书、专用条款、通用条款(整个合同的核心部分)、中标函、投标书、业主要求(或者称“招标文件”)、技术文件以及合同中约定的或者按照法律规定构成合同部分的任何其他一系列文件。在施工工程承包合同中,往往也将技术规范、图纸、已经标价的工程量清单等单列出来(在EPC – 交钥匙工程承包合同中,这部分文件则被包含在“业主要求”或“承包商建议书”中),作为合同文件的重要组成部分。在美国工程界被广泛采用的AIA系列文件中,适用于总承包模式的是A141“业主与设计—建造承包商协议书”,除了协议书之外还包括三个附件:合同条件、工程费用的确定方式、保险和担保,它们共同构成一份完整的合同。受不同法律体系以及法律传统的影响,国内合同(主要是各类分包与技术服务合同)的合同文件形式则相对比较简单,主要有合同条件、商务附件(主要是工作范围与价格清单)与技术附件三部分组成。

依据法理,在项目执行的过程中形成的由双方授权代表签字的会议纪要、备忘录、变更协议和补充协议等,也是合同文件的重要组成部分,而不论合同中是否有类似的条款。

　　一个文件一旦被纳入合同文件的范畴,这意味着文件中的内容,非经双方授权代表修改,自始至终约束着合同当事人,一旦违背,则可能承担合同违约责任或其他法律责任。

　　那么一个合同中完整的合同文件有哪些具体文件组成呢? 不同的国际工程承包模式通过工程实践已经形成了各自的惯例,可以作为编制与签订合同的参考。

　　1. 工程施工合同

　　国家发改委等九部委借鉴 FIDIC 等国际通用的合同条件联合编制的《中华人民共和国标准施工招标文件》(2007 年版)在合同协议书中开宗明义地明确合同文件的范围:

　　"(1)本协议书与下列文件一起构成合同文件:

　　① 中标通知书;

　　② 投标函及投标函附录;

　　③ 专用合同条款;

　　④ 通用合同条款;

　　⑤ 技术标准和要求;

　　⑥ 图纸;

　　⑦ 已标价工程量清单;

　　⑧ 其他合同文件。

　　(2)上述文件互相补充和解释,如有不明确或不一致之处,以合同约定次序在先者为准。"

　　此合同文件的组成,与原建设部与原国家工商行政管理局编制的《建设工程施工合同(示范文本)》(GF 1999—0201)中相比,后者还包括了"工程报价单或预算书",并且明确规定"双方有关工程的洽商、变更等书面协议或文件视为本合同的组成部分",显然,这里的合同文件指的是狭义上的合同文件。

　　2. EPC 工程承包合同

　　住房和城乡建设部发布的《工程工程承包合同示范文本(征求意见稿)》也参照了国际通行的工程承包合同模式,明确规定合同文件的范围(通用条款第1.2.1 条):

　　"1.2.1 合同文件的组成。合同文件相互解释,互为说明。除专用条款另有约定外,组成本合同的文件及优先解释顺序如下:

（1）本合同协议书；

（2）中标通知书；

（3）投标书及其附件；

（4）本合同专用条款；

（5）本合同通用条款；

（6）标准、规范及有关技术文件；

（7）设计文件、资料和图纸；

（8）构成合同组成部分的其他文件。

双方在履行合同过程中形成的通知、会议纪要、备忘录、补充文件、指令、传真、电子邮件、变更和洽商等书面形式的文件构成本合同的组成部分。"

这里的合同文件形式开始向广义上的合同文件概念靠近，单方的指令或通知也成为合同的组成部分。

值得一提的是，如果是国际金融组织的工程项目，上述制约次序又必须全部在贷款指南的制约之下（这个大制约原则是不言而喻的，无需在合同条款中另作说明）。

1999 年出版的 FIDIC EPC – Turnkey 合同条件（新银皮书）在通用条件第 1.5 款中则约定"构成合同的文件要认为是互相说明的。为了解释的目的，文件的优先顺序如下：

（1）本合同协议书；

（2）专用条件；

（3）本通用条件；

（4）雇主要求；

（5）投标书和构成合同组成部分的其他文件。"

这里的雇主要求，类似于招标书及其附录，主要包括：工程目标、工程范围、设计基础资料、技术标准与规范、性能指标、图纸等。

需要特别指出的是，对于合同签订前双方达成一致的附加协议，除非在合同中明确表明其已失效，则也是合同的组成部分。而依据《合同法》原理，无论合同中是否明确规定，合同签订后双方签署的变更协议、新的附加协议、补充协议、会议纪要等，均是合同的组成部分，而且具有修改原合同的效力。在利比亚某天然气管道工程的光缆施工中，由于业主没有按合同要求提供 PVC 套管，在三方（业主、监理、承包商）的协调会上，因中方承包商急于施工，建议业主在《三方界面会议纪要》上增加一条，PVC 套管由承包商负责供货。由于当时现场对 PVC 套管由谁供货的合同要求不是很了解，尽管事后中方合同管理人员在合同文件中找到了 PVC 套管属于业主供货的明确而有利的证据,业主仍以签署的《三方界面会议纪要》为依据,认为会议纪要优于原合同,双方已经就此问题达成了新的合意,从而驳回了中方提出的索赔要求。

三、合同文件的优先次序

从理论上讲,构成合同的各种文件,应该是一个整体,他们是有机的结合,互为补充、互为说明,形成一个严密的逻辑体系。但是,如前一节所述,合同文件内容众多、篇幅庞大,实践中不同的合同文件由不同部门与个人负责编写,所以无法避免彼此之间出现解释不清或有异议的情况。因此,合同条款中应规定合同文件的优先次序(Priority Order),即当不同文件出现模糊或矛盾时,以哪个文件为准。但即使有了这样的规定,还是不能完全解决文件的优先性问题。比如,1999 年版 FIDIC EPC 交钥匙合同条件(新银皮书)中的"雇主要求",本身就可能是包含很多个文件,而这内部几个文件之间也可能出现冲突。这时候,谁更具有优先性呢? 合同条款显然没有直接给出答案。实践中,技术规范之间互相矛盾的也很常见。

要解决这个难题,就要明白合同文件的优先次序原则。

1. 合同约定优先原则

合同是由一系列合同文件组成的,当矛盾和含糊出现在不同文件之间时,则可适用合同约定优先次序原则。各个合同都有相应的合同文件优先次序的规定,并形成国际惯例与习惯。实践中,常常会约定:价格清单优先于通用条件中的总价描述、专用条款优先于通用条款、技术规范优先于图纸、招标文件优于投标文件(业主占据强势地位时)、合同协议书是最优先的合同文件等。

2. 时间顺序原则

依据《合同法》理论,合同成立的时间先后顺序依次为要约邀请、要约和承诺。各阶段的文件如下:(1)要约邀请阶段—专用条件—通用条件—说明—图纸—资料表;(2)要约阶段—投标函;(3)承诺阶段(合同成立并可能生效)—中标函;(4)合同生效阶段—协议书。

时间越往后,也意味着双方对于权利义务分配的不断调整与更新并逐步达成一致,从而取代或部分取代时间在前的文件。由于协议书是合同签署过程中最后形成的合同文件,所以合同协议书往往具有最高优先性,从理论上讲,它的内容应包括澄清并剔除组成合同的各文件中已发现的任何歧义或不符。

　　需要注意的是：在合同执行过程中形成的会议纪要、备忘录、变更、增补协议等书面协议或文件则因为具有时间上的最新性，即使未能明确列入合同文件的范畴，也往往优先于所有其他合同文件，但是在程序上会有比较严格的规定，如必须是经过双方授权代表签字。

　　国际工程合同谈判乃至其后的争议阶段，为了保护自己的利益，合同管理人员都可以争取和主张投标文件优先于招标文件，因为其时间靠后。

　　3. 特殊优于一般原则

　　特殊条件优于通用条件、规范和说明优于图纸、附件优于特殊条件等均体现了这一原则。比如，在国际工程合同中，因为技术问题的复杂性，很多的具体事项只能在特殊条件中笼统描述，最终需要在专门的附件中进行详细约定，由双方的专业工程师进行充分谈判与协商，如工作范围、技术要求、实施计划等，这时候，附件往往是优先于特殊条件的。

　　后两个原则实际上是对第一个原则的补充，只有在合同没有明确约定哪个文件优先的时候才适用。当不同的合同文件之间内容出现矛盾和不一致以及同一文件中条款之间的冲突与二义性，合同本身又没有约定谁具有优先效力，这实际上还涉及合同解释的问题，这时候，对起草者不利原则、反义居先原则、国际习惯与惯例居先原则、符合合同目的的原则、历史解释原则等常常会用到。关于合同解释，请参阅本书第六章第二节。

　　在谈及合同文件的优先性问题时，合同管理人员要注意以下两点：

　　首先，实践中，合同管理人员所熟悉和期望并大力气加以潜心研究的"通用条件"的优先性很可能屈居于合同协议书、中标函、特殊条件甚至招标书（或者称"雇主要求"）之后。因此，合同管理人员应十分谨慎地检查优先的合同文件是否与所期望的合同条件一致，是否有较大的偏离，特别是当某合同文件包含大量其他合同文件（如以附件形式）时，则应更加注意。在对招标文件进行仔细审核评阅的过程中发现的问题、错误、不一致，特别是施工图与规范之间的不一致，在投标前一定要向业主澄清，以获得正确的解释，否则承包商可能处于不利的地位。

　　其次，当合同文件互相矛盾、冲突、模糊和歧义时，1999 版 FIDIC 施工合同条件中的"1.5 文件优先次序"条款规定："构成合同的几个文件应看成是相互解释的，但在遇到模糊和歧义时，应由工程师对此解释和调整"，也就是说在合同约定的优先次序下，双方仍然不能解决合同文件冲突的，FIDIC 授权工程师来做出有关决定，进行"澄清、解释并发出有关指示"（Issue any necessary clarification and instructions）。但在1999版FIDIC的EPC交钥匙合同条件里，由于取消了工程师，所以没有规定当出现不同合同文件之间的模糊和歧义，谁来解释。

另外需要说明的是，不同国家的业主对于合同文件的内容以及优先性有不同的习惯，即使是同一个国家，不同的业主习惯也未必一样（参见案例8-2）。

四、合同文件的分类

对国际工程中的合同文件进行科学的分类也是后续合同文件管理的前提。合同文件的分类标准众多，下面仅谈谈国际工程实践中最常见的两类分类标准。

依据缔约对象不同，以总包商管理的合同文件为例，可以分为：融资合同文件、业主合同文件、分包商合同文件与其他关联方合同文件（如各类租赁合同、办公用品采买合同、招聘合同等合同的合同文件）。其中分包商合同文件按照合同性质，又可以分为：设计分包合同文件、采购合同文件、施工分包合同文件、技术服务合同文件等。工程实践中，依据缔约对象进行的分类对于合同文件的分类归档具有重要意义。

依据合同文件的内在属性，分为契约文件和证据文件。契约文件的范围类似于狭义的合同文件的范畴，以双方合意为基础，以双方权利义务为基本内容，主要表现形式除了双方签订的合同之外，还包括双方授权代表签署的会议纪要、备忘录、合作意向书、变更协议、补充协议、承诺书等，一般都有双方授权代表的签字。而证据文件则是在工程实施过程中形成的与合同相关的真实记录项目执行情况的文件资料，如通知、工程指令、工程计划、鉴定报告、检验报告、设备开箱验收证明、运输单证、索赔报告、气象地质资料等。一般认为，契约文件是双方执行项目的依据，违背契约文件，则可能导致违约责任，而证据文件则是证明项目是否按照契约文件进行执行的凭证，对于成功索赔和解决争议具有重要意义。

在国际工程中，传真是双方沟通的主要方式之一，任何比较正式的事项都通过传真进行通信和确认（由相关被授权人签字）。传真的内容非常广泛，有对事件的纯粹确认，也有是对合同的变更、补充或修正。也就是说，一部分传真是证明文件，而另外一部分传真则可能形成契约文件，但鉴于传真的重要性，在合同文件的管理中，往来传真都应当经合同管理人员知晓甚至事先评阅，项目执行中的各类会议纪要也是如此。

五、合同文件管理原则

合同文件科学规范的管理,对于项目依约履行、动态跟踪、工程索赔、解决争议以及竣工验收等都具有十分重要意义。合同文件的管理只有遵循如下原则,才可能实现前述功能。

1. 科学分类原则

科学分类,要求大类小类逻辑结构清楚,有层次有条理。实践中常常以缔约主体(业主、供应商、施工分包商、其他服务商)为大类分类标准,以合同文件性质(如合同、传真、会议纪要、投标书等)为小类分类标准,重要的专业性合同文件单列(如银行保函)的方式进行分类管理。

合同文件的分类,与合同文件的编号也密切相关(参见案例8-4)

2. 完整性原则

合同文件必须完整、连续,这不仅是合同文件管理的基本目标,也是项目管理的基本要求。要做到合同文件完整,最重要的是在工程实施之前就确定各类型合同文件的流转与收集程序,明确各程序的责任人,确保相关合同文件一旦完成相关签署手续就由专人及时提交归档,尤其是要建立项目经理、相关业务经理(主要是采购经理、现场经理)、合同工程师/合同管理人员与文控工程师在合同文件管理上的信息共享与流转机制(详见本章关于"合同文件管理流程"的相关内容)。另外,合同管理人员定期的检查与整理,以便及时发现缺失的文件和修改管理制度的漏洞,对于确保合同文件的完整性有重要作用。合同是项目执行与项目管理的"圣经",是最高准则,国际工程对合同文件的完整性要求非常高。工程实践中,不仅项目现场要有一套完整的合同文件(多为复印件),总部也需要有一套完整的合同文件(多为原件),一些重要的合同文件和证据文件合同管理人员更要随时完整地逐页扫描保存成电子文档备查备用。

3. 易于查询原则

如前文所述,合同文件管理不仅是静态的保存,即科学、安全、合理、规范地保存一整套已经形成的完备的合同文件资料,还要确保项目在后续实施过程中随时调用、借阅、复制与查证,如竣工文件验收、索赔与反索赔以及争议解决等,所以,能否迅捷地查找到相关文件,成为合同文件管理成功与失败的重要标志。实践中,创建合同文件目录清单、进行合同文件统一编号、设立合同文件分类档案袋/档案柜、建立合同文件检索系统等,都极大地提高了查询的效率与准确度。

4. 信息化管理原则

除了签订国际工程合同时形成的大量合同文件外,在工程实施过程中,各种与合同相关的文件资料与工程资料可以说是海量,而取得、处理、使用和保存这些文件和资料,如果通过传统的人工管理不但耗时费力,而且信息传递缓慢,延误时间,无法满足项目管理与项目实施的要求。要提高合同管理人员以及文件控制人员的工作效率与质量,使其适应国际化管理模式,就需要将现代先进的计算机技术应用到合同文件管理的日常工作中来,建立方便实用的计算机管理网络,建立重要合同文件以及证据文件的电子化文本,建立合同文件收集与共享的网络平台,必要时引入专业化的文档管理软件(如美国 EMC 公司开发的DOCUMENTUM 文档管理平台,它可以实现将正确的文档在正确的时间发送至正确的用户,同时打破地域界限,实现异地文档资源实时共享,能够便捷、安全、稳定地创建、存储、编辑、批注、查阅、分发和管理电子文档),同时结合企业的具体情况对文档管理软件进行二次开发与流程再造,实现信息化管理的规范性与有效性。

第二节　合同文件管理内容

一、合同文件的设计

在国际工程承包中,合同文件的编制权至关重要,谁主动起草编制合同文件,往往将占据合同谈判的优势地位。在很多情况下,特别是业主来自发展中国家或周边的欠发达国家,承包商是可以争取到合同的编制权的。虽然合同草稿还要经双方的协商、谈判之后才能最终定稿,但承包商合同管理人员可利用起草合同来"先入为主"巧妙地为自己增利避害,规避风险。例如,可利用"先重后轻""早收钱"的付款条件,在最大程度上避免现金流量处于或长时间处于负值状态,以减少资金压力及融资成本。又如,避免采用一揽子固定总价合同,设置价格调整公式及条款,并加大价格调整范围,设置有利的价格调整程序,以规避因通货膨胀、业主所在国政策法律改变、自然地质条件不明等因素带来的风险。当然合同管理人员在编制合同时,还要注意满足用词严谨、条款严密、完整等基本要求,可直接参考和借鉴 FIDIC 或 ICE 等权威机构推荐的合同文本,也可以借鉴政府部门编制的已经广泛推广运用的示范合同文本(这类示范合同文本应该更适合中国的语言习惯与法律环境,但要先翻译成英文)。

下面,笔者仅从 EPC 合同文件组成以及工程分包合同等角度系统说明如何进行合同文件的设计。

1. EPC 合同文件组成的设计

合同文件由哪几部分组成以及各合同文件包括哪些重要内容,这既要考虑国际惯例,又要考虑到中国人编制合同的习惯,结合国际通用的工程承包合同文本以及国内政府部门编制的工程建设合同(包括施工合同)示范文本。通常情况下,可以将 EPC 工程承包合同的合同文件组成设计如下(施工承包合同文件可以参照):

(1)合同协议书(Agreement of Contract)及其附录;

(2)合同条件(Conditions of Contract),包括通用条件、专用条件及其附录;

(3)业主要求(the Employer's Requirements)(或者称招标函及其附录);

(4)承包商建议书(Contractor's Proposal),主要包括技术报价与商务报价(或者称投标函及其附录);

(5)其他合同文件。

合同附录是其所在合同文件的组成部分,当合同附录的内容与所在合同文件有冲突的,应当以附录为准;不同合同文件的合同附录的优先性,按照其所在合同文件的优先性确定。

其他合同文件中可能包括的比较重要的内容有:双方代表共同签署的合同谈判会议纪要(Minutes of Meeting)、合同补遗(Addendum)、就待定事项双方签署的备忘录(Memorandum Of Understanding)。

1)合同协议书

合同协议书的特点是"精、简、明"。该协议书涵盖最基本的合同要素,内容一般比较简洁简明,在整个合同文件中起着提纲挈领的作用,通过浏览协议书即可了解该工程项目的基本信息。在合同协议书中一般要写明的内容有合同双方、项目概况、工期、合同价格、价格调整、合同文件的组成、合同生效的时间和前提条件,双方指定代表签字盖章等信息以及其他需要说明的关键事项或特定事项。也可以将双方十分关注的详细付款条件与计划直接列入或以附录的形式列入合同协议书。

合同管理人员在编写合同协议书时可以参考 1999 版 FIDIC"新银皮书"中

附有的合同协议书格式。

因为合同协议书在所有的合同文件中具有最高的优先性,为了避免歧义,对于双方在合同谈判中争议较大而最后达成一致的重大事项最好在合同协议书中体现,如工作范围。

2)合同条件

合同条件是工程合同的核心文件,由众多的合同条款组成一个严密的体系,既要明确双方的权利和义务,也要体现工程的商务要求和技术要求,有严格的项目执行程序,对项目的风险按照公平合理的原则进行分担。国际工程实践中通常将合同条件分为通用条件(General Conditions of Contract)和专用条件(Special Conditions of Contract)两部分,但是有时并不分开,这主要取决于合同双方的习惯。如果有专用条件的话,因为其针对性和内容的敏感性,专用条件往往也是双方谈判的焦点,其最终版基本上与合同协议书同时确定并签署,所以专有条件也具有较高优先性。

工程合同条款主要内容包括关键术语的定义、项目参与各方权利、项目参与各方义务与责任、合同价格和支付、工期、质量、HSE、各方风险、保险与担保、竣工验收、保修、变更和索赔、争议解决方法等,在各个条款中对合同双方在设计、采购和施工等各个方面的权利、义务以及双方应该遵循的原则、程序进行明确界定。EPC项目对设计、采购、施工的合同条款一般都会引用相应的附件,如设计基础资料、技术标准与规范、图纸资料、供货商短名单、进度管理规定、质量管理规定、HSE管理规定等,合同管理人员在进行合同文件的管理与研习时一定要全面了解。

合同管理人员在合同条件设计与编制过程中,无论采用何种编制模式,追求的目的都是一样的,就是力求通过逻辑严密周全的合同条款,对整个工程的执行流程进行一遍梳理,对每个流程中双方的权利义务以及风险进行预先分配。可以说,编制合同条款的过程,就是一场项目执行的"沙盘推演"与"战前演练"。为了确保合同条款的完备性,尽量将项目执行过程中可能遇到的问题进行事先约定,所以实践中常常需要借鉴FIDIC等比较成熟的合同文本作为编制的基础。以FIDIC合同为例,其工程执行流程基本上可以划分为如下几个阶段:

签署合同协议书—开立履约保函—工程开工—设计采购施工全面实施—竣工试验—颁发接收证书(工程临时验收)—竣工后试验—缺陷责任期(保修期)—颁发履约证书(工程最终验收)—退还履约保函。

3）业主要求

在 EPC 项目中,业主要求的性质类似于施工合同条件中的招标文件,其中应当列明工程的目标、工作范围、设计基础资料、技术标准与规范等,这些资料是承包商进行技术报价与商务报价的前提与基础,承包商需要根据业主的这些具体要求编写承包商建议书(类似于投标书),从而对业主的要求要么做出实质性的响应,要么做出技术或商务偏离。这些资料应当由业主在承包商报价之前提供,并应当对其完整性、充分性与时效性负责,这些资料的任何增补、删除或修改,都是一项新的要约,可能导致承包商建议书的变化,甚至影响整个合同价格与工程风险。

所以,在"业主要求"这类合同文件中,如果由承包商合同管理人员来编制目录的话,应当要求业主至少提供如下文件的详细资料:

（1）工程现场的位置、工程的目的、工程范围。

（2）工程现场的水文、地址、气候等条件或报告。

（3）工程设计的技术标准与规范。

（4）工程的质量标准。

（5）工程的性能考核指标。

（6）要求承包商提交的文件类型、份数与时间。

（7）业主负责提供的数据、设备、材料。

（8）业主负责办理的许可证、签证的类别等。

（9）业主交付的场地条件与时间。

（10）HSE 措施要求。

（11）竣工文件编制要求与份数。

（12）维护操作手册的编制标准。

（13）需要进行的检验、如何进行竣工检验和竣工后检验,以及检验未通过的具体处理办法等。

由此可见,业主要求所涉及的内容比较广泛,而且与合同条件紧密相关,是对合同条件中相关内容的具体化或补充。工程实践中,鉴于业主的强势地位,业主要求往往处于比较优先的位置,优先性超过通用条件甚至超过专用条件。例如,对工程的质量要求在合同条件中仅是对需要遵守的施工工艺、选用的工程材料进行了简单描述,而在业主要求中可以详细写明需要达到的标准参数或技术规范,使对质量的要求更具有可操作性。

4）承包商建议书

"承包商建议书"一般包含技术建议书(Technical Proposal)和商务建议书

（Commercial Proposal）两部分，是承包商针对业主要求做出的实质性回应。因此，合同管理人员参与编制的建议书相当于一般项目中的投标文件，是反映承包商整体技术、经济、人力与项目管理实力的重要文件。

技术建议书实质上相当于承包商编写的"投标方案"，主要反映承包商的项目管理水平和工程技术水平。一般应写明承包商的组织结构，包括部门设置以及相应的职责；工艺技术（自有的专有技术、自有专利技术或引进技术）、基本流程与性能介绍；实施计划，包括人力资源动员、施工机具安排，设备材料采购计划，包括设计、采购、施工等的整体实施工作计划；分包计划，包括主要设备材料的供货商长名单，拟分包出去的工程和主要施工分包商的名单、质量保证计划与措施等。虽然名为"技术"，但里面同样会涉及很多与合同权利义务、风险责任相关的条款，合同管理员有必要进行一定程度的审查。

商务建议书主要是向业主表明资金的分配与去向，说明投标报价的合理性。根据各个项目的特点以及业主要求不同，商务建议书的详略程度有所不同，可以对工艺包引进、工程设计、设备材料采购、土建施工、安装施工、技术服务、项目管理、临时设施、HSE费用、财务费用、税费乃至利润等各个分项价格详细分解，也可以只简要说明资金流向。

为了提高建议书的准确性与针对性，提高投标竞争力，在编制承包商建议书之前，合同管理人员与相关专业负责人应当对所在国如下事项做一个前期调查：

（1）工程所在国劳工制度与社会保险制度。

（2）工程所在国的技术标准与规范。

（3）工程所在国的进出口与清关制度与海关关税。

（4）工程所在国的宗教制度与文化传统。

（5）工程所在国的工程材料市场行情。

（6）工程所在国合同、工程建设以及税收等法律制度与政策。

（7）工程所在国工程建设市场的基本情况、施工效率与工程惯例。

（8）工程所在国类似工程案例的经验与教训。

（9）工程所在国货币现状与外汇管理制度。

此类调查形成的报告应当与合同文件一并存档备查与更新。

由于EPC合同文件类型较多，在编制时应注意保持各文件之间的一致性，避免出现前后矛盾的情况，合同管理人员进行通篇审查是必要的。对于优先性越靠前的文件，合同管理人员越要组织多级审核和交叉审核。

2. 分包合同的设计

利用承包商的优势地位,通过分包合同转移工程承包合同中承包商的合同风险,是国际工程总承包中的重要策略之一,尤其能够体现承包商的项目管理优势。承包商实际上在工程中承担的直接工作就是管理,设备材料采购、土建施工、设备安装甚至施工图设计都是通过分包的方式交由第三方承担。当然,合同管理人员应当明白:这里说的"转移"并不是说总包商对业主的合同与法律责任由分包商来直接承担了,而是说,当业主因为合同违约或侵权追究在承包商的责任的时候,虽然承包商作为工程承包合同的当事人需要承担第一责任,但是承包商可以依据分包合同相应地追究分包商的违约或侵权责任,以弥补自己的损失。

下面介绍通过分包合同进行转移的几类主要风险。

1)缺陷责任期

尽管工程承包合同对缺陷责任期的表述(如起算点与期限)不尽相同,但一般都规定在项目顺利通过性能考核、获得业主颁发的预接收证书 PAC 后(FIDIC 中则称为"接收证书"),工程进入缺陷责任期(一般为 12 个月),缺陷责任期期满后业主颁发最终接收证书 FAC(FIDIC 中则称为"履约证书")。在施工分包合同中,往往可以要求施工分包商承担一样缺陷责任期。在采购合同中,要强行要求供货商承担与工程承包合同一样的缺陷责任期有难度(尤其是面对比较强势的关键设备供货商时),实践中往往采用"货到现场×个月或者机械竣工后×月,以先到为准",这意味着设备的缺陷责任期与采购计划和施工进度挂钩,具有一定的不确定性,这就需要进行合理科学的估算,力争其时间能够涵盖工程承包合同约定的缺陷责任期。

2)支付条款

承包商在分包合同中设定的,以其获得业主支付作为其向分包商支付的前提条件的条款。也就是工程界经常谈起的"背靠背"条款(pay when paid)。虽然依据《合同法》的"相对性原则",国内工程并不鼓励"背靠背"条款,但在国际工程中却得到认可。在 FIDIC 施工分包合同条件(1994 年 第 1 版)第 16.3 款中,就规定了较为规范的"背靠背"条款,但其条款强调扣发或缓支付分包商的款项需要以"承包商已尽到合同义务"为前提,而不是随意克扣分包商款项。同时,为了一定程度上保障分包商的利益,FIDIC 还规定,如果承包商扣发或缓发任何款项,应及时将扣发或缓发的理由通知分包商。

在指定分包中,分包商的选择和定价主要是由业主完成的,指定分包商与业主往往有实际的直接的权利义务关系;承包商在指定分包工程中的经济利益与权力都很有限,一般仅限于照管费;承包商虽然名义上与分包商签订分包合同,但承包商实际更接近项目管理公司的角色。所以,在指定分包中,承包商更要力争通过规定"背靠背"条款以规避支付风险。

3)保函条款

国际工程承包中,业主一般会要求承包商提供不可撤销的见索即付的无条件预付款保函、履约保函以及保留金保函(或者称为"保修保函"/"质量保函")。承包商在分包合同中,针对合同总价或预付款较高的合同、主要的施工分包合同以及大型关键设备采购合同,均要求分包商提供预付款保函与履约保函,而且在保函性质与期限上均力争与工程承包合同一致甚至更加严格。而针对保留金部分,承包商一般采用直接扣留现金的方式转移风险,而不论业主是扣留保留金还是要求开立保函。

4)保险转移条款

国际工程承包中常见险种包括工程一切险、人员意外伤害险、雇主责任险、施工机具险、运输保险以及其他工程所在国特有险种。实践中,工程一切险一般由业主或承包商投保,具有保险利益的相关方均列为共同被保险人。而对于其他险种,均交分包商投保(承包商自己的人员与财产除外),而承包商只是按照工程承包合同的要求负责对相关保险的条款、险种对分包商是否及时投保以及投保是否符合要求进行审核与监督。分包商工作范围内的保险免赔额部分,应当在合同中规定由分包商承担。

5)承包商风险转移条款

国际工程中,承包商风险主要来源于现场地质条件风险、恶劣气候风险、法律政策变更风险、原材料价格上涨风险等,这些风险,可以通过签订固定总价包干合同、限制变更与索赔范围等方式在签订分包合同中转嫁大部分风险。

6)QHSE 条款

"质量是工程的生命",业主尤其是危险性较高的石化项目业主对 QHSE 会有严格的要求,国际工程合同中常常针对 QHSE 事项设立专门的附件进行详细的规定,承包商可以将这些附件列为分包合同的一部分,要求分包商承诺必须遵守,但以分包商承担的工作范围为限。

通过上述方式转嫁风险给分包商,需要坚持两个原则:合法与遵守国际惯例原则,风险转移与合同价格平衡的原则。在转嫁风险的同时,一定要牢记一个原则:承包商依然是工程项目的"第一责任人"。

3. 其他合同的设计

在公司现有合同范本以及政府发布的各类示范文本的基础上,结合具体的工程项目实际情况,由合同管理人员牵头编制适合本项目的合同范本,同时对合同文本的封面、字体、编号、排版等进行统一的规范。尤其是针对工程现场的办公用品采购与租赁、房屋与车辆租赁、外籍员工招聘等合同文件管理比较混乱的现象,做到这一点对于防范风险、规范操作以及树立企业在海外的良好形象非常重要。

二、合同文件管理方式

合同文件管理的方式多种多样,下列仅就最常见的三种管理方式进行讨论。

1. 合同档案

建立合同档案,是合同文件管理的基本方式,文件柜与档案袋是建立合同档案的基本设备。每一个文件柜,可以用来存档一类或多类合同,每一个档案袋用来保管一个合同下的全部或部分合同文件,每一个档案袋应粘贴合同文件目录清单,清单尽可能采用中英文对照模式。

每一份合同都必须有一个编号,不得重复或遗漏。每一份合同档案包括合同正本、副本及附件,授权委托书,合同文本的签收记录,变更、补充、解除或转让合同的协议(包括文书、电传等),合同谈判会议纪要以及合同纠纷卷宗材料等。

合同档案由专门的合同管理机构配备专人进行装订成册备查,合同管理人员对本项目的合同文件原件全程跟踪并收集,是第一责任人。

需要进行澄清的是,因为合同文件的范围非常广泛,尤其是证据文件非常多,上述合同档案主要指狭义的合同文件,且均指原件,有专门的合同管理机构负责。在合同实施过程中产生的各类证据文件,则主要由文控工程师统一协调保管,合同管理人员与各专业工程师提供必要的协助与指导。

2. 合同台账

合同管理人员通过建立合同台账,可以帮助项目管理者从全局角度透视本项目合同执行、项目实施、资金流动、风险控制以及财务管理等方方面面。通过微软办公系统的数据库软件 Access2000 提供的现有功能,合同管理人员就可以快速建立起一个功能足够完善的电子合同台账,实现合同台账自动化管理。

合同管理人员对每一个国际工程项目都应当建立合同统计台账。其主要内容包括：序号、合同号、合同名称、签约日期、签约方、合同标的、合同总价、履约期限、收款或支付状态、合同承办人基本情况、保函、保险等。其台账基本框架结构如下：

(1)收入型合同。

① 工程承包合同；

② 工程承包合同变更协议；

③ 工程承包合同补充协议。

(2)支出型合同。

① 设计分包合同；

② 采购分包合同；

③ 施工分包合同；

④ 技术服务协议；

⑤ 其他支出性合同。

(3)其他不涉及合同价格的协议。

① 保密协议；

② 战略合作协议；

③ 合作意向书等。

台账应逐日填写，做到准确、及时、完整。

除了合同统计台账外，合同管理部门还应当建立合同专用章使用登记台账、合同文本借阅登记台账等。

3. 电子化文本

随着项目的进行，合同文件不断增加和更新，各种与合同相关的文件资料纷至沓来，这类文件往往只有几页，但重要性却一点都不逊于合同本身，如项目例会会议纪要、各类传真、银行履约保函、商业发票、海运提单、保险单、文件接收单，等等。这类文件在项目执行过程中需要多次流转，经常性使用，随时供相关人员查询，在项目执行、索赔和争议解决中也常常被引用，如果能够通过激光扫描、光盘存储等技术手段成为电子化文本，不但可以提高效率，还能保证信息共享、推动项目的顺利实施。

然而，电子化文本的管理方式，合同管理人员在看到其带来合同文件使用与保管的快捷和便利的同时，也需要关注其不足之处：

(1)表面看来保存完好的光盘或计算机硬盘，由于环境（硬件、软件、加密、编码方式等）的变化以及计算机病毒攻击，信息便会变得不可读，所以必要的备份必须有。

（2）电子化文本的原始性界定比较困难。认定电子化文本的原始性是保证其凭证作用的关键。电子化文本的易更改性以及信息与载体的可分离性，使电子化文本在形成或传输过程中存在着被改动的可能。所以，电子化文本无法完全取代纸介质的合同文件原件，纸介质的合同文件原件才是最终有说服力的凭证。实践中，电子化文本要尽可能采用不可编辑格式，以最大程度保证电子化文本与纸介质的合同文件原件的一致性。

（3）电子文本具有易泄密性。电子文本易复制，易传播，在网络环境下很容易泄密。所以，对于重要的合同文件电子化文本，要通过设立密码等技术手段防止泄密。

三、合同文件管理的流程

要建立合同文件管理的流程，首先要明确合同文件管理的主要机构与人员，进而确定各部门各人员在合同文件管理各流程中的具体职责。

1. 文件管理机构与人员

在工程公司里，文件管理的职能部门一般是文控部（Department of Document Control，DCC），设置有专门的文控秘书/文控工程师负责文件的综合管理。合同文件管理属于文件管理的一个分支，但鉴于合同文件本身的专业性与重要法律意义，合同文件的管理往往独立于公司其他文件管理程序，在管理机构与人员的设置上有所区别。

合同文件的综合职能管理部门也是"第一责任人"是公司的合同管理部门（以下简称"合同部"），一般由该部门牵头负责合同文件管理规章制度的制定、实施与监督，负责合同文件范本的拟制与设计，合同文件的审核、盖章、编号、存档、借阅、保密等具体合同管理事项，就合同管理事宜负责与公司其他各部门的沟通与协调。

合同文件具有很强的专业性，尤其是合同文件的分类与范围以及合同文件的设计、审核与存档，一般的文控人员难以完成上述工作，所以，由专业的项目合同工程师牵头代表合同部来负责合同文件的管理更为合适，而文控人员在文件控制技术和联络上给予一定的协助是可行的。另外，合同存档是合同文件管理的重要内容之一，而且工作量大，所以，合同部一般会设立 1~2 位合同文档管理专员专门负责合同存档、登记以及相关事宜。

当然，并不是说合同文件管理只要有合同部与合同工程师/合同文档管理专员就可以完成了,他们只是在整个合同文件管理工作中处于核心的地位,是整个合同文件管理流程中的协调者与指导者,要完成合同文件管理工作全部流程,离不开其他部门与专业负责人的支持配合与协作,尤其是在合同文件管理技术上,文控部门以及文控工程师就更有优势。

2. 文件管理的流程

合同文件管理的流程,随着公司机构设置、职能划分以及项目管理模式等会有所不同,如下管理流程仅作为一个参考。

1)收入性合同的合同文件管理流程

(1)收入性合同(即国际工程承包合同)由公司国际经营部门牵头谈判,项目合同工程师代表合同部参与谈判,在签署之前,国际经营部门应当将定稿的合同文件交合同工程师做最后的形式上的审核,确保合同文件的完整性。

(2)国际经营部负责对合同文件的签署做全程跟踪。

(3)一旦合同双方均签署完毕,国际经营部应当立即将全部合同文件原件转交项目合同工程师,由合同工程师初步审核后提交合同文档管理专员登记和存档或由国际经营部直接提交合同文档管理专员。存档份数按照合同的约定,除合同部外,任何人或部门不能保存合同原件,包括合同副本的原件。

(4)合同履行过程中形成的补充协议、变更协议等,由项目部代表公司进行谈判,合同工程师参与,协议签署前应当由项目经理提交项目合同工程师征求意见和全面审核。协议一经签署,项目经理或文控工程师应当立即将协议原件转交项目合同工程师初步审核后提交合同文档管理专员登记和存档。

(5)合同履行过程中形成的备忘录、会议纪要等具有合同性质和内容的文件,应当经过项目合同工程师审核或向其征求意见。此类文件原件一般在项目部现场存档,由项目文控工程师存档,项目文控工程师应当将此类协议的复印件或扫描件提供给项目合同工程师存档备查。

(6)合同履行过程中形成的各类传真(收到的业主传真和发给业主的传真),必要时,在签发前由项目经理提交合同工程师审核或向其征求意见。传真的存档管理同备忘录等文件。

(7)合同文件的借阅。合同文件的借阅应当由借阅人所在部门或所在项目部的领导批准同意,并经合同部领导批准,方可与合同文档管理专员办理借阅登记手续,明确借阅目的、保密责任和归还期限,由合同文档管理专员负责跟踪与催促。

(8)合同文件的复印。合同文件的复印也需要借阅人所在部门或所在项目部的领导和合同部领导的双重批准,而且复印范围要与其职位/岗位相对应,原则上只有项目经理和项目合同工程师才可以拥有全套完整的合同文件。

(9)合同文件的日常保管、登记、统计、归档等,由合同文档管理专员负责。

(10)合同文件在履约完毕后满一定期限(一般是 3 年)后,由合同部移交公司专门的档案管理部门,如档案室。

2)支出性合同的合同文件管理流程

该管理流程与收入性合同文件的管理主要发生在办公地点不同,支出性合同文件的管理工作有相当一部分是发生在项目现场。合同部委派一名项目合同工程师常驻现场负责合同文件管理事宜。

(1)支出性合同(主要是项目项下的各类分包合同)由项目合同工程师结合项目具体情况编制合同范本提供给项目部。

(2)支出性合同由项目部相关业务负责人(如项目经理、采购经理等)牵头谈判,项目合同工程师参与谈判,在签署之前,项目部应当将定稿的合同文件交合同工程师做最后的形式上的审核,确保合同文件的完整性。

(3)项目部文控工程师负责对合同文件的签署做全程跟踪。

(4)一旦合同双方均签署完毕,如果:① 在公司国内总部签署的支出性合同,由项目部立即将全部合同文件原件转交项目合同工程师由其初步审核后提交合同文档管理专员登记和存档或由项目部直接提交合同文档管理专员;② 在项目现场签署的支出性合同原件,项目合同工程师统一存档,待项目竣工后,由项目合同工程师负责将合同原件移交到公司合同部。

(5)支出性合同在履行过程中形成的补充协议、变更协议等,合同文件管理流程同收入性合同,但在项目现场签署的支出性合同的补充协议、变更协议等,由项目合同工程师统一存档,待项目竣工后,由项目合同工程师负责移交到公司合同部。

(6)支出性合同在履行过程中形成的备忘录、会议纪要等具有合同性质和内容的文件,应当经过项目合同工程师审核向其或征求意见。此类文件由现场文控工程师存档,合同工程师持有复印件或扫描件。

(7)合同履行过程中形成的各类传真(收到的分包商传真和发给分包商的传真),必要时,在签发前由项目经理提交项目合同工程师审核或向其征求意见。传真的存档管理同前述备忘录等文件。

(8)合同文件的借阅。合同文件的借阅应当由项目经理和合同工程师批准,方可与合同文档管理专员/项目现场合同工程师办理借阅登记手续,明确借阅目的、保密责任和归还期限,由合同文档管理专员/项目现场合同工程师负责跟踪与催促。

（9）合同文件的复印。合同文件的复印也需要项目经理和合同工程师的双重批准，而且复印范围要与其职位/岗位相对应。

（10）合同文件的日常保管、登记、统计、归档等，由公司总部的合同文档管理专员与项目现场的合同工程师负责，公司总部的合同文档管理专员统筹管理。

（11）支出性合同文件在对应的工程承包合同履约完毕后满一定期限（一般是3年）后，由合同部统一移交公司专门的档案管理部门，如档案室。

四、合同文件管理具体内容

1. 合同文件的收集与保管

合同文件在经营部门或项目部完成签署和政府批准（如有）手续后，应当立即交由合同管理部门或合同管理人员统一保管。

无论是公司总部还是海外现场，保管合同文件均应设置专门的文件柜，并具备防火、防盗、防尘等安全措施，配备消防器材，保证消防设备处于随时可用状态。合同管理人员对每一份合同建立合同档案，每一份合同都必须有一个合同号，清晰地标注在合同封面的右上角，不得重复或遗漏。

2. 合同文件的存档

合同存档的首要要求，就是要确保合同文件的完整性。

应当存档的合同文件，不仅包括包括合同正本，副本（如有）以及合同中明确规定合同文件的范围以及各类附件、附录，也包括：

（1）合同订立过程中形成的意向书、备忘录、谈判纪要、批准书、确认书、达成协议的来往文电；

（2）在合同履行过程中形成的变更、补充、解除或转让合同的有效协议等，而无论其形式或名称为何；

（3）为解决合同争议而进行调解、仲裁、诉讼、终止等所形成的文件；

（4）双方授权代表签署的就工程索赔事项、工程变更事项所达成的协议。

3. 合同文件的借阅

合同文件保密性强，敏感信息多，除非用于政府审批或司法调阅等原因，不能外借和复印。合同管理部门应建立一套严格的文件借阅和复印制度，不能随意将任何文件私自带走，也不能在查阅时搞乱了文件原来存放的顺序。如果相关承办人确实需要外借或复印的,应当履行严格的批准与登记手续,而且应当明确归还期限,做好合同借阅和复印登记台账,及时催促借阅人归还。

4. 合同文件的保密

在国际工程实践中,合同范本、分包合同商务价格、谈判会议纪要、各类合同的技术附件与图纸、索赔与变更文件的保密十分重要。合同管理人员的保密制度设计应当针对文件流转的各个环节。

1) 保密专用章

合同管理人员对每页保密合同文件都要加盖"保密文件"之公章,无论是复印、借阅、发送还是存档;为了区别于非保密性文件,也可以为保密文件设置专门的封皮,比如保密文件用醒目且带有警醒义务的红色封皮,非保密文件用其他颜色的封皮。

下附合同文件保密章样式(也可以设计英文版的),如图 8 - 1 所示,供参考。

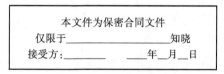

图 8 - 1　合同文件保密章(样式)

2) 文件发送

保密合同文件的发送必须建立专门的正式渠道,接收方必须在保密合同文件接收单上签字,并对盖有"保密文件"之公章的页码逐页签字。

3) 外借与查阅

合同文件的原件不外借,并有专门的防盗、防火、防湿文件柜保存;如确需查阅,应当经项目经理和合同管理部门领导签字批准,并由合同管理人员陪同查阅和监督。

4) 复印

可以专门留有一份复印件备查外,原则上不再允许复印,如果复印为必须,则应该经过项目经理和合同管理部门领导批准,且严格控制复印份数。

5) 电子化文件

存储电子化文件的计算机本身要设立不低于 6 个字符的开机密码与待机密码;尽量制作成不可编辑的文件;必要时设立打开和编辑密码,密码与文件要

分开保存和发送。

6）文件销毁

保密文件期满或作废的,要根据相关规定归档或者销毁(碎纸机销毁和电子文件的彻底删除),同时,做销毁记录,包括文件返回提供者、销毁者、简要说明及日期等。

受制于人力资源、资金和存储条件等因素,相对于国内总部而言,海外现场保密合同文件泄密的可能性更高,所以建立严格的现场合同文件保密制度更加急迫。

合同文件的保密管理,应当防止保密范围过广,导致不具有可操作性和影响合同文件信息的正常流通与共享。例如,在苏丹某石油管道项目中,合同文件(这里指的是广义上的合同文件)被分为4个安全级别:

第一级:公共领域信息。业主和承包商发布的正式新闻信息、公司声明、行业标准、信息共享和传输服务。

第二级:项目限制信息。项目计划、规范、财务信息、部门政策、标准、程序、通用规范、土木/结构/建筑图纸、管线图纸、电线图纸、数据表格/散装材料和大多数普通设备请购单等。

第三级:工艺保密信息。工艺设计包、专有技术等。

第四级:严格保密信息。工程承包合同执行策划书、分包合同成本信息、项目财务处理系统、合同索赔方案等。

项目部对每一类安全级别的信息与文件制定相应的保密程序,要求每一个项目成员严格执行。

5. 合同相关专项文件的管理

广义的合同文件范围非常广泛,但是考虑到项目执行过程中形成的各类合同文件的重要性、证明力、数量和相对独立性并不相同,因此,在按照缔约主体和合同性质进行归类保管的原则之下,有必要对个别合同文件由合同工程师/合同管理员直接进行专项分类管理,包括如下。

1）各类传真

按照不同的发送与接收主体分类,所有来往传真均及时按顺序扫描存档备查,这些文件往往是成功索赔与解决争议的重要凭证。此类文件可以由文控工程师整理和保管,但合同管理人员要定期进行监督、检查与指导。

2）银行保函

按照保函类型存档,并建立统计台账,尤其对保函金额、索赔条件、保函期限、延期程序等重要事宜进行登记与跟踪汇报,保函到期前一个月,合同管理员应当及时通知项目经理确认是否需要通知对方延期。

3)保险理赔文件

保险理赔文件自成体系,合同管理人员对每一次理赔(无论理赔成功与否)形成的系列文件单独成册,包括但不限于:保险单复印件、报案记录、事故证明或技术鉴定书、事故现场照片、损失清单、单价分析表、费用发票或单据、保险公估报告、往来传真与信函、支付凭证等。

4)索赔与反索赔文件

参照保险理赔文件的管理,核心文件是索赔报告。

5)会议纪要/备忘录

按照不同的会议主体和会议性质分类,所有会议纪要均及时按顺序扫描由合同管理人员存档备查,原件一般可以由文控部门负责保管。这些文件与传真往往也是成功索赔与解决争议的重要凭证。需要注意的是:经合同授权代表签字的约定双方权利义务的会议纪要,其实际上已经构成一份完整意义上的补充或变更合同,有可能对原合同进行了合法的变更与补充,双方必须遵守,除非被新的类似的会议纪要取代,这类会议纪要等由合同管理人员保管原件;非经合同授权代表签字的会议纪要,则只是记录事实与工程进展的凭证资料,这类会议纪要等由文控人员保管原件。

6)重要邮件

现代信息技术环境下,电子邮件往往真实而全面地记录了事件的来龙去脉与双方交涉商谈的进程,所以对关键岗位人员发送的重要电子邮件,合同管理人员要提醒相关人员保存电子邮件,必要时保存纸介质版备查。

7)所在国信息

合同管理人员有必要调查和保存工程所在国与本项目相关的政治、经济、社会、法律、政策等方面的资料,包括相关新闻报道。

8)合同示范文本

合同管理人员应当存放示范文本的电子版(最常用的是海外现场采购合同、海外专业施工分包合同、现场租方合同、现场租车合同、现场临时人员聘用合同),在必要的时候随时发给项目部相关人员作为洽谈与签订合同的基础。

其他在项目执行过程中形成的诸如施工现场记录、技术规范与标准、工程图纸、工程总体计划、工程月报表、运输文件、变更通知等,因为技术性比较强,虽然广义上属于合同文件,但是因为技术性较强,一般由文控工程师与专业工程师专门保管与存档。鉴于此类文件对于变更和索赔具有重要意义,必须确保此类文件的完整性与及时性,必要时合同管理人员通过计算机网络技术索要和留存电子文件,如海运提单、海运保险单。

6. 合同文件的检索

实质上,任何一个工程的合同文件再多,也没有图书馆的文件资料多,但为什么人们到图书馆几分钟就可找到自己所要的书?这是由于图书馆有一个很强的文档索引系统。在工程中也必须建立这样一个系统,才能符合现代项目管理的需要。

有效的文档管理和查询是以与用户友好的和具有较强的表达能力的文件编码为前提的,所以,在合同实施前就应专门研究和建立合同文件的编码系统。建立科学的文件编码系统,是实现合同文件迅捷检索的前提。

通常,资料编码由一些字母和数字符号构成,它们被赋予一定的含义,在合同实施前必须对每部分的编码进行设计和定义。这样编码就能被识别,起到标志作用。合同资料的编码一般由如下几部分构成。

1)有效范围

说明该文件资料的有效使用范围,如属于某项目或子项目,即项目号/装置号。

2)资料性质

表明这类合同文件的性质类别,如图纸(DRW)、合同文本(CA)、备忘录(MOU)、保函(LG)。资料性质可以在大类下设立小类,形成多级分类,例如,合同文本下有多种性质的,如采购合同文本(PO)、施工合同文本等。

3)内容和对象

这是文件资料编码最重要的部分,是合同文件区分的最重要标志,技术性较强,是针对资料性质的具体细化,如施工的标段号、采购的设备材料代码等。

4)日期/序号

对相同有效范围、相同种类、相同对象的合同文件资料可通过日期或序号来表达和区别,同时还具有统计功能。

5)其他

通过上述4个编码,合同文件基本上就能确定为唯一了(参见案例8-4),但工程实践中,为了更好地表示上述合同文件所做的补充或变更协议,还需要在最后加一个编码以示区分(这在图书馆中用得不多)。例如,用 A 表示第一个补充协议,用 B 表示第二个补充协议,依次类推。

例如,8020 – PO – P102 – 007B,表示这个合同文件编号为 8020 – PO – P102 – 007 的采购合同的第二个补充协议(B),该合同采购的设备为 102 号泵(P102),该设备将用于 8020 项目,该采购合同是该项目的第 7 个采购合同(007)。

建立了科学的文件编码系统,下一步就是建立完善的合同台账、合同文档、合同信息管理系统等,这些工作协同起来,才能保证检索的迅捷化与网络化。

在国际工程的合同文件管理中,也可以参阅《国家重大建设项目文件归档要求与档案整理规范》(DA/T 28—2002)中的规范做法,结合国际工程项目的具体情况加以必要的改造,对于短期内迅速提高国际工程尤其是项目现场的合同文件管理水平很有裨益。

附　录　案　例

【案例 8 – 1】　利用合同文件"中标通知书"的优先性进行索赔。

在非洲某炼油化工一体化项目中,承包商已经获得中标通知书,但业主由于受到邻国的政治和外交压力,在签订正式合同前突然变卦,改授给邻国政府指定的承包商。

尽管这时原已获中标通知书的承包商施工设备和人员尚未抵达现场,但根据合同第 5.2 款即"合同文件的优先次序",中标通知书在优先次序中排在第二,全部合同文件均须服从于该通知书。中标通知书具有法律效力,对业主和承包商均有约束力,这种约束是受到法律保护的。中标通知书的发出是一种有法律约束力的行为,它标志着招标工作已经全部结束,这时获得中标通知书的投标人将以承包商的身份出现,必须履约并开始转入工程准备阶段。可以说,发出中标通知书后,业主与承包商之间已构成了合同法律关系,双方必须开始诚信履约。这时承包商一定要按照合同规定进行人力以及工程机具等方面的动员,伴之就是发生各类费用,否则就将面临业主可能采取的一系列制裁和惩罚措施,如承担合同第 47 款"误期损害赔偿费"的罚款,甚至构成合同第 63 款"承包商违约"的承包商违约。

已获中标通知书的承包商就此向业主索赔工程准备动员费,以求获得公正

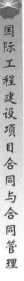

的解决,最终成功地拿回 400 万美元的经济赔偿。

【案例 8 - 2】沙特两项目的合同文件组成及优先顺序。

一、沙特聚烯烃项目

2005 年 1 月,中国承包商组织其两家子公司和克瓦纳荷兰公司以联合体的形式,联合投标沙特聚烯烃项目。9 月 14 日,沙特基础工业公司、克瓦纳、中国承包商三方签订 EPC 工程承包合同。

该合同的合同文件由如下三部分组成。

第一部分:主合同、投标指南、技术标格式、商务标格式。其中主合同里包括了通用条款、母公司保函、履约保函格式、预付款保函格式等。

第二部分:项目执行说明书、标准与规范、项目图纸与文件、基础设计数据、界面计划。

第三部分:其他技术资料(包括供货商名单、沙特境内分包商名单、消防环境保护方面的规定、地质情况等)。

合同文件的优先顺序在合同中没有明确说明,只是在主合同的整体性协议条款中提及主合同和项目的各种规范组成整个合同,任何修改、变更均以双方有效签订的书面文件为准。

二、伊朗炼油改造项目

1998 年下半年,上述中国承包商附属的子公司与融资方英国 Vitol 和香港亚联公司组成联合体,开始伊朗炼厂改造一期项目报价。2000 年 3 月,其子公司与伊朗国家石油公司(NIOC)签署 EPC 工程承包合同。

该合同的合同文件由五部分组成。

第一部分:主合同(包括母公司保函、NIOC 还款保函、串油协议三个附件)、合同通用条款、合同特殊条款、合同分项价、单价清单、采购程序。

第二部分:服务范围和工作范围(包括附件:工艺和消耗指标保证值)。

第三部分:NIOC 技术规范。

第四部分:附件(包括履约保函格式、预付款保函格式、项目进度计划、原油化验数据、NIOC 产品标准、制造商名单、发票程序等)。

第五部分:图纸内容。

按照合同规定,合同文件的优先顺序为:主合同、特殊条款、价格分项、工作范围及其附件、服务范围、NIOC技术规范、材料、单价清单、通用条款、图纸。

【案例8-3】　某EPC-交钥匙工程承包合同的合同文件构成。

中东某国油田扩建集油站和长输管线项目,合同模式为EPC-交钥匙,合同总价约为4亿美元,工程分为3个子项目,工期为37个月,工程机械竣工后有4个月试运期,缺陷责任期为2年。业主在合同中要求项目所需16种主要设备和材料必须从业主指定的厂商中购买(Vendor List)。

该项目工程承包合同约定的合同文件组成如下:

合同文件清单(Contents of Contract Package)

第一卷

　　　　合同协议书

　　　　投标书格式以及附件1~8和附录A

　　　　附A:合同通用条件

　　　　附B:工作范围

　　　　附C:预授标函

第二卷　技术说明书　第1部分

第三卷　技术说明书　第2部分

第四卷　技术说明书　第3部分

第五卷　技术说明书　第4部分(设备、电气、仪表)

第六卷　业主总说明书　第5部分

第七卷

　　　　附D:付款计划

　　　　附E:项目协调程序

　　　　附F:性能保证值

　　　　附G:机械竣工、开车、试运行

　　　　附H:已批准的供货商名单

　　　　附I:履约保函

　　　　招标书与投标须知

第八~十三卷

图纸

【案例8-4】　某公司海外总承包项目各类合同编号规则。

一、编号总原则

（1）海外工程承包合同："W＋年份＋序列号"。

（2）项目下各类合同："项目号－CA－合同类型代码－技术标志代码－序列号"。

二、具体编号规则与说明

（1）项目号：为公司分配的项目号。

（2）CA：Contract Agreement 的缩写，表示该文件性质为合同/协议，以区分于公司的其他文件类型，如设计文件、项目管理文件等。

（3）合同类型代码。

ESC（Engineering Sub－Contract），代表设计分包合同；

PO（Purchase Order），代表订单/采购合同；

CSC（Construction Sub－Contract），代表施工分包合同；

MC（Miscellaneous Contract），代表其他合同。

（4）技术标志代码。

设计分包合同：设计专业代码（如 15、18 等），由设计经理负责管理。

订单/采购合同：设备材料代码（如 2530、7610 等）或识别代码（如 LOG 代表物流运输，EI 代表催检），由采购经理负责管理。

施工分包合同：施工专业代码（如 P 代表桩，C 代表土建，M 代表安装，T 代表临设，O 代表其他）＋标段号（如分标段），由施工经理负责管理。

其他合同：识别代码（按合同标的内容编写，如 CR（Car Rent）代表租车合同，HR（Human Resource）代表现场人员招聘合同），由合同工程师负责管理。

（5）序列号。

设计分包合同：由设计经理负责分配，从 001 开始编写；

订单/采购合同：由采购经理负责分配，从 001 开始编写；

施工分包合同：由施工经理负责分配，从 001 开始编写；

其他合同：由合同工程师负责分配，从 001 开始编写。

（6）其他。

合同执行过程中如需签订补充协议或变更协议，可直接在原合同编号的序列号后面依次直接加字母 A、B、C…（不需加“－"）。

合同编号应统一标于合同封面右上角。

合同编号由合同工程师在项目经理的指导下统一协调管理。

对于合同中各类具体合同文件,在保证完整性的前提下,必要的时候可以对部分重要的、独立性较强的文件资料进行单独编号,如银行保函、会议纪要等。此类文件可以在合同编号基础上增加一级号码以显示其性质与序列号,如8034 – CA – PO – P21 –001 – APLG,表示为:8034 项目中 P21 泵采购分包合同的预付款保函(Advance Payment Letter of Guarantee)。

电子文档,采用"文件编号 + 文件标题 + 日期"作为文件存储名称。标题过长的,用关键词代替。

参 考 文 献

[1] 中国对外承包工程商会．国际工程承包实用手册．北京:中国铁道出版社,2007.

[2] 中国国际工程咨询协会．国际工程承包实施指南．北京:机械工业出版社,2007.

[3] 李慧平,张嘉伟．最新国际工程项目管理实务全书．北京:中国建材工业科学出版社,2006.

[4] 陈贝力．EPC 交钥匙总承包合同终止纠纷的产生与承包商解决技巧．国际工程与劳务,2007(1).

[5] 国际咨询工程师联合会,中国工程咨询协会编译．菲迪克(FIDIC)合同条款 设计采购施工(EPC)/交钥匙工程合同条款．北京:机械工业出版社,2003.

[6] 席相霖．现代工程项目管理实用手册．北京:新华出版社,2004.

[7] 党伟,黄岩．论到场货物所有权的转移．大连海事大学学报(社会科学版),2008(7).

[8] 刘亚利．国际总承包工程索赔实践．石油工程建设,2003(29),P36.

[9] 陈卓,吕文学．大型复杂国际工程索赔案例分析．国际经济合作,2008(8).

[10] 李莉华,林伯益．国际承包工程索赔技巧．国际经济合作,2003(6).

[11] 陈晓华,李萍莉．伊朗 EPC 项目索赔分析．国际工程与劳务,2008(9).

[12] 阮洪良,李娟．合同文件缺陷引起的索赔分析．重庆建设大学学报,2004(4).

[13] 王音辉．国际合同中的变更、索赔和争议．水力发电,1998(7).

[14] 张文来．FIDIC 合同条件下的国际工程索赔．国际经济合作,2001(2).

[15] 黄磊．国际工程承包的索赔取证研究．中国工程咨询,2003(4).

[16] 张永波,何伯森．国际工种中争议解决方式的演变与启示．水力发电,2000(7).

[17] 曹双群．案例分析:缺陷责任期内工程损害的索赔．国际工程与劳务,2005(3).

[18] 李太成．合同文件解释的原则及其应用．建设监理,2006(4).

[19] 江涌鑫．中东地区炼油化工项目 EPC 合同比较．中国石化,2006(12).